사악한 영을대적하라

찰스 H. 크래프트 지음
윤수인 옮김
이윤호 감수

Defeating Dark Angels

Breaking Demonic Oppression in the Believer's Life

Charles H. Craft

사악한 영을 대적하라
Defeating Dark Angels

초판 발행 1996년 11월 30일
개정판 발행 2021년 3월 30일

지은이 찰스 H. 크래프르
옮긴이 윤수인
발행처 은성출판사
등록 1974년 12월 9일 제9-66호
주소: 서울 강동구 성내로3길 16
전화: 031-774-2102
팩스: 02-6004-1154

출판 및 판매에 관한 모든 권한은 본 출판사가 소유하고 있습니다. 출판사의 사전 서면 허락없이 상업적인 목적으로 번역, 재제작, 인용, 촬영, 녹음 등을 할 수 없음을 알려드립니다.

Originally Published in English under th title, defeating Dark Angels by Charles H. Craft. Published by Servant Publications in U.S.A. in ˋ1993. All rights to this book, not specially assigned herein, are resereved by the copyrights owned. All nitn-English rights are contracted exclusively through Servant Publications. PO. Box 8617, Ann Arbor, Michigan 48107 U.S.A.

Printed in Korea
ISBN 89-7236-140-2 33230

차례

추천의 글/ 7
저자 서문/ 11
 1. 사탄과 그의 부하들은 존재하는가?/ 17
 2. 귀신들림에 대한 12가지 오류/ 47
 3. 그리스도인의 귀신들림/ 89
 4. 그리스도인의 능력과 권세/ 115
 5. 귀신들의 활동/ 147
 6. 귀신들림의 이유 및 귀신의 힘/ 175
 7. 내적 치유와 쓰레기/ 203
 8. 귀신에게서 정보 캐내기/ 231
 9. 귀신 축출/ 259
10. 축사 사역의 난제들/ 295
11. 질문과 대답/ 319
저자 후기/ 355
참고문헌/ 363

추천의 글

건전한 축사 사역을 위한 최고의 지침서

우리는 성경을 통해 "치유자"이신 하나님(출 15:26)을 만나게 된다. 하나님 자신이 치유자이시므로, 예수님을 세상에 치유자로 보내셨다(눅 4:18-19; 요 20:21). 따라서 예수님은 3년 6개월의 짧은 공생애 기간에 병자를 치유하는 사역에 많은 시간을 할애하셨다. 이는 4복음서의 약 1/5이 예수님의 치유 사역을 다룬 데서 근거를 찾을 수 있다. 물론 치유 사역은 축사 사역을 포함한다. 초대 교회와 교회사를 통해 "보는 복음"으로서의 치유 사역으로 교회가 폭발적으로 성장한 것을 부인할 수 없다. 예일대학 역사학 교수인 램지 맥멀런(Ramsay MacMullen)이 주장하는 대로, 3세기까지 기독교의 폭발적인

성장의 주요 원인 중의 하나는 축사 사역이었다.[1]

이처럼 성경적, 선교적 근거가 있음에도 불구하고, 한국 교회에서 축사 사역은 소홀히 대해지는 사역이 되었고, 특정 교회와 일부 사역자들의 "별난 사역" 내지 신학적인 논쟁을 불러온 사역으로 여겨진다. 이러한 현상은 축사 사역에 대한 신학적, 성경적인 이해의 부족 및 기존의 축사 사역자들에 대한 불신에서 기인한 것 같다.

본인의 박사학위 논문 지도교수 중 한 분인 크래프트 박사님의 책이 한국어로 출판된 것은 매우 다행스러운 일이다. 수년동안 크래프트 박사의 영적 순례를 지켜본 사람으로서, 이 책은 축사 사역에 관한 많은 책들 중 가장 우수한 책이라고 여겨진다. 왜냐하면, 선교사 출신의 문화인류학 교수가 능력 사역의 중요성을 깨닫고, 수년간의 축사 사역의 경험을 통해 이 책을 저술했기 때문이다. 축사 사역의 이론 및 실제를 균형 있게 썼을 뿐 아니라, 다른 축사 사역에 관한 책과 달리 내적 치유를 축사 사역에 접목한 것은 참으로 획기적인 일이다. 본인은 저자의 제자로서 축사 사역에 관한 강의를 듣고, 실제로 저자가 귀신을 쫓는 것을 목격했고, 저자가 지도하는 대로 사역했을 때, 효과적으로 축사 사역을 할 수 있었다. 따라서 본인이 개최하는 "치유 폭발" 클리닉에 필수 교재로 본서를 사용할 것이다.

이 책을 번역한 미국 교회개발원 윤수인 간사는 본서에 입각하

---

1). Ramsay Macmullen, *Christinaizing the Roman Empire*, New Haven, CT: Yale University Press, 1984.

여 실제로 축사 사역을 하는 치유 사역자이다. 따라서, 저자의 의도를 충분히 파악하고 번역하였으므로, 독자들은 한국 책을 읽는 느낌을 갖게 될 것이다. 본인 역시 감수자로서 본서를 영어로 읽었을 때와 같은 감동을 한국어판에서도 느끼게 됨을 고백한다. 이 책을 축사 사역을 포함한 치유 사역을 건전하게 감당하기를 열망하는 목회자와 평신도에게 적극적으로 추천한다.

감수자 및 "치유 폭발" 클리닉 주 강사 이윤호 선교사

저자 서문

"우리는 왜 악한 영을 대적해야 하는가?"라는 질문에 대답하기에 앞서 캐런이라는 젊은 여인에게서 온 편지를 소개하고자 한다.

박사님, 제게 변화가 생기면 알려드리기로 약속한 대로 소식을 전합니다. 제가 사역 받았을 당시에 일어났던 일을 다 이해할 수 없음을 고백합니다. 그러나 석 달이 지난 지금 제 행동과 태도에는 현저한 변화가 있습니다. (그동안 어려움이 없었던 것은 아니지만) 마음의 상태도 변하였습니다. 하나님께 감사와 찬양을 돌립니다. 제게 일어난 변화는 하나님께서 역사하심으로만 가능한 것으로 생각합니다. 제가 기도받고 집에 돌아온 후 많은 사람이 제 삶이 변화되었다고 말했습니다. 제 모습과 표정도 예전 같지 않다고 했습니다. 저는 이 놀라운 변화를 위해 수년간 기도해 왔습니다.

  이제 제가 어떻게 달라졌는지 말씀드리겠습니다. 먼저, 하나님께 대한 관점이 달라졌습니다. 하나님을 향한 제 사랑이 온전치 못하지만, 이제 하나님을 두려워하지 않고 사랑한다고 말할 수 있게 되었습니다. 저 자신을 생각하는 관점도 변화되었습니다. 제가 하나님 안에서 가치 있는 자임을 인정하게 되었습니다. 저는 하나님 나라의 공주입니다. 저는 지금 가치 있는 자가 해야 할 행동이 무엇인지 배우고 있습니다. 이제 저 자신을 발견하려고 싸움하지 않아도 됩니다. 왜냐하면 이미 그 싸움을 치렀으니까요. 제 삶을 파괴할 뻔했던 아픔은 완전히 치유되었고, 저는 하나님의 일군이 되기 위해 배우고 있습니다. 제 마음에는 하나님의 평화가 깃들어 있습니다.

나는 위의 편지 내용과 유사한 편지나 전화를 많이 받는다. 나의 치유 사역을 받은 대부분의 사람은 캐런처럼 열심히 교회에 출석하던 사람들이다. 그러나 그들이 출석하는 교회에서는 그리스도인은 절대 귀신들리지 않는다고 가르친다. 이렇게 가르치는 교회가 어떻게 캐런의 문제를 설명할 수 있겠는가?

교회는 캐런이 신앙적으로 성숙한 사람이 되려고 노력하지 않았음을 비난했을 뿐이었다. 교회의 이런 태도가 캐런의 문제를 악화시켰고, 캐런은 자신과 하나님에 분노했다. 그러나 예수님은 캐런이 자유로워지기를 원하셨고, 캐런이 친구의 인도로 내게 오게 해주셨.

우리 넷—캐런과 그녀의 친구, 예수님과 나—은 여러 시간을 함께 기도했다. 우리는 그 시간의 대부분을 그녀의 감정적 상처를 치유하는 데 보냈다. 그녀의 상처 중 어떤 부분은 귀신들이 가져다준 것이었다. 성령께서는 캐런의 감정적 상처를 치유하여 주셨을 뿐 아니라 귀신들도 쫓아주셨다. 그것은 조용히 진행되었다. 캐런에게 들어있던 귀신들은 정체가 드러나자 하나님의 능력을 감지하고는 더 머물

수 없어 그녀를 떠났다. 내가 도와준 대부분의 사람의 경우 귀신으로 인한 문제는 걱정하지 않아도 되는 작은 것들이었다. 큰 문제는 감정적인 상처이다.

하나님은 감정적인 문제를 치유하실 뿐만 아니라, 감정적인 문제에 기생하는 귀신들도 없애 주신다. 하나님은 수년간 영적 원수인 사탄의 세력에 눌려 있던 젊은 여인, 캐런을 자유롭게 해 주셨다. 캐런이 자유함을 얻게 된 것은 귀신들린 사람을 자유롭게 해주시는 하나님의 사랑과 하나님의 가르치심에 따라 귀신들린 자를 자유롭게 해 주는 일에 참여한 사람들이 있었기 때문이다.

악한 영을 대적하는 데 대한 다른 견해

이 책은 캐런처럼 그리스도인들에게 고통을 가져다주는 악한 영들을 대적하는 데 관한 책이다. 또 악한 영에 시달리는 자가 자유롭게 되도록 도와 줄 때 어떻게 해야 최대한의 사랑과 최소한의 소동(야단스러운 장면이 연출되지 않는)으로 하나님의 능력 안에서 일할 수 있는가 하는 것에 관해 적은 책이기도 하다.

귀신들을 대적하거나 쫓아내는 방법에 관한 책이 많이 나와 있을 뿐 아니라, 이런 책과 관련하여 텔레비전에 나와서 실제로 귀신들을 대적하는 것을 보여 주는 사람들도 많다. 그들이 텔레비전에서 귀신을 내쫓는 것을 연출하는 것은 자칫 초인적인 사람에 의해서만 시도되는 신비스러운 것이라는 인상을 줄 수 있다. 그리고 특별한 비법을 가진 전문가가 지나치게 감정적으로 대처하거나, 자기를 과시하는 차원에서 행해진다는 인상을 주기도 한다.

　이 책은 그런 종류의 책이 아니다. 사탄과 그의 부하들은 자기 과시 혹은 신비스러운 언어나 행동에 영향을 받지 않는다. 지나치게 과열된 감정은 하나님께서 일하시도록 하는 데 도움을 주는 것이 아니라, 자신에게 도취되도록 할 뿐이다. 예수님의 가르치심에 따르면, 귀신을 쫓아내는 일이 전문가에게만 국한된 것이 아님을 알 수 있다. 예수님은 함께 생활했던 제자들에게만 아니라, 오늘날 그의 제자 된 우리에게도 모든 귀신을 제어하며, 병을 고치는 능력과 권세를 주셨다(눅 9:1).

　나의 주변에서 나와 같이 경험을 나눈 사람들과 나는 귀신 들린 자를 다루시는 예수님의 사역에서 몇 가지 귀중한 사실을 배우게 되었다. 그것은 예수님 당시와 마찬가지로, 오늘날에도 예수님의 제자의 삶을 사는 그리스도인들에게 있어서 귀신을 쫓아내는 일은 당연한 것이라는 사실이다. 또한 귀신들림은 보통 일어날 수 있는 일이며, 축사 사역은 사랑과 겸손의 자세로 행해야 한다는 사실이다.

　이 책은 우리가 배운 바를 함께 나누기 위해 쓰인 책이지, 어떤 문제에 정답을 주기 위한 것은 아니다. 나는 매주 새로운 것을 많이 배우고 있다. 내가 배우는바 모든 것을 그대로 다 쓸 수 없음이 아쉬울 뿐이다. 그러나 언젠가는 귀신들을 대적하는 전반적인 원리를 다룬 축사 사역 교과서가 출간될 것을 기대한다. 우리 자신의 이해와 다른 사람의 이해를 도울 수 있는 원리들은 우리가 배운 바를 서로 나누는 데서 나올 수 있다.

　그래서, 나는 우리가 알지 못하는 것을 알고 있는 사람들의 인내와 협조를 구한다. 우리가 배울 수 없는 영역에 있는 것을 파악하고, 새로운 방법을 적용해 보았을 때, 그것은 효과적이었다. 우리가 대적들에게서 사람들을 자유롭게 해 주는 사역에 동참하여 일하는 것을 허락하신 하나님께 항상 감사한다. 여러분도 이런 사역을 감당하는 제자들이 되어 하나님께서 부여하신 특권을 누리는 기쁨을 맛보기 바란다.

도와주신 분들에게 드리는 감사

나는 이 책을 완성하는 데 많은 도움을 받았다. 도움을 준 동역자 중에는 프레드(Fred)와 수지 헤밍거(Susie Heminger), 몰리 서덜랜드 도드(Molly Sutherland-Dodd), 게리 힉슨(Gary Hixson), 알 레이즈(Al Reiz), 크리스티 바니(Christy Varney), 엘렌 커니(Ellen Kearney), 빌 스테포드(Bill Stafford), 알렉스 하브링크(Alex Haarbrink), 나의 아내 마가렛(Marguerite), 그리고 하나님께서 나를 통해 자유함을 얻게 해주신 많은 분이 있다. 풀러 신학교의 동료 교수인 피터 와그너(Peter Wagner)와 그의 아내 도리스(Doris)의 끊임없는 격려와 조언에 감사한다. 그들은 나와 비슷한 능력 사역의 길을 걷고 있다.

특히 크리스티 바니에게 감사한다. 그녀는 나의 원고를 정리하는 수고를 아끼지 않았다. 그녀가 나의 원고를 정리해 주는 데 그치지 않고, 문장까지 다듬어주었기 때문에 일이 빨리 진행될 수 있었다.

엘렌 커니(Ellen Kearney)에게도 감사한다. 그녀는 이 책의 10장과 11장의 내용을 수집하고 간추리는 수고를 아끼지 아니하였다. 그뿐만 아니라, 이 책의 원고를 읽고 필요한 조언을 해주었다. 그녀의 이러한 수고는 마감일에 맞추어야 했던 마지막 단계에서 많은 도움이 되었기에 특히 감사한다.

내 아내 마가렛에게 감사한다. 그녀는 내가 사역을 위해 많은 시간을 보낼 뿐 아니라, 글 쓰는 일로 인해 많은 시간을 빼앗김에도 불구하고 인내해 주었는데 그것은 결코 쉬운 일이 아니다.

마지막으로, Servant Publication의 편집장인 데이브 케임(Dave Came)에게 감사한다. 그는 기술적인 도움을 주었을 뿐 아니라, 이 책에 남다른 관심을 보여 주었다. 데이브와 함께 일하며 편집에 수고해준 오클리 윈터(Oakley Winter)와 교정을 보아 준 마르타 달링(Martha Darling)에게도 감사한다.

1992년 1월

California South Pasadena에서

제1장

사탄과 그의 부하들은 존재하는가?

바울이 에베소 교인들에게 편지한 내용 중 영의 실재에 관한 것을 접할 때 신실한 그리스도인들조차도 이상하다고 생각한다. 바울은 "우리의 씨름은 혈과 육에 대한 것이 아니요 정사와 권세와 이 어둠의 세상 주관자들과 하늘에 있는 악의 영들에게 대함이라 그러므로 하나님의 전신갑주를 취하라 이는 악한 날에 너희가 능히 대적하고 모든 일을 행한 후에 서기 위함이라"(엡 6:12-13)라고 말했다.

대부분의 사람은 바울이 말하는 사탄의 실재를 경험을 통해서 매우 힘들게 알게 된다. 한 예로 내 친구인 에드 머피(Ed Murphy)는 그의 가족에게 갑작스레 닥친 사건으로 인해 실재하는 영들을 경험했다.

에드 머피 박사의 변화

"아빠, 요즘 제가 이상해진 것 같아요. 내 안에 무엇이 있는데, 그것이 때때로 나를 사로잡아서 내가 이상한 행동을 하게 하는 것 같아요. 아빠, 좀 도와주세요. 정말 무서워서 못 견디겠어요. 전 예수님을 사랑하고 있어서 바른 일을 하기 원해요. 무엇이 잘못된 걸까요? 아빠."

이것은 머피 박사의 딸 캐롤린의 말이었다. 머피 박사는 존경받는 그리스도인 지도자로서 Overseas Crusade라는 해외 선교 단체의 부회장직을 맡고 있을 뿐 아니라, 바이올라 대학의 전직 교수이기도 하다. 머피 박사는 여러 나라에서 축사 사역을 한 적도 있었다. 그가 남미 선교사로 있었던 적이 있었음에도, 1960년대에 딸에게 문제가 생겼을 당시 그는 귀신들에 대해서는 지식적으로밖에 아는 것이 없었다. 그는 14살짜리 그의 딸처럼 신앙이 돈독한 사람이 귀신들릴 수 있다고는 절대 믿지 않았던 것이다. 머피 박사는 귀신들린 딸로 인한 경험을 빈야드 교회(캘리포니아 아나하임 소재)의 잡지에 글로 실었다.[1]

머피 박사는 겁먹은 아내의 요청에 따라 여행에서 급히 돌아와 딸과 대화하기 시작했다. 머피 박사는 즉시 다음과 같이 귀신들의 정체를 찾아냈다.

내가 이야기를 시작하자마자 캐롤린의 인격이 변했습니다. 이상한 눈빛을 하고 나를 향해 소리를 지르더니, 자기를 혼자 있게

---

1) Ed Murphy, *Equipping the Saints* (Vol. 1, No. 1, Winter 1990), pp. 27, 29.

해 달라고 하는 것이었습니다. 그 애의 눈빛은 영락없는 귀신의 그것이었습니다. 캐롤린과 나는 함께 무릎 꿇고 기도하기 시작했습니다. 나는 캐롤린을 누르고 있는 귀신을 하나님께서 물리쳐 주시라고 울부짖으며 기도했습니다.

나는 몇 주 전 캐롤린이 목에 이상한 둥근 물체가 달린 목걸이를 하고 있는 것을 보았지만 무심코 지나쳤었습니다. 그런데 우리가 기도하는 동안 나는 그 물체에 신경이 쓰였습니다. (캐롤린은 그것을 어떤 친구에게서 받았는데, 그 친구는 본인 스스로는 그리스도인이라고 이야기하지만, 신앙인의 삶을 살지 않고 있었습니다.)

나는 주의해서 그 물체를 살펴보면서 그것은 별 모양을 한 것으로 이단들의 표로 사용되고 있는 것임을 발견했습니다. 나는 딸에게 "네 목에 있는 목걸이를 없애버리고, 그것에 접해 있는 영의 세력에게 떠날 것을 명령하지 않으면 악의 영에게서 완전한 자유를 누릴 수 없게 된다"라고 말했습니다.

캐롤린은 즉시 나의 말대로 목걸이를 떼 내어서 마룻바닥에 내동댕이쳤습니다. 캐롤린은 알지 못하고 접했던 이단의 표와 악마의 음악에 관심을 가졌던 것을 회개하고, 이를 버리기로 하였습니다. 캐롤린은 이기적이었고, 반항적이었던 자신의 태도까지 회개하였습니다. 그런 후 우리는 즉시 악의 영과 대결하였습니다.

캐롤린은 "아빠, 저들이 나를 쫓아와요. 무서워요"라고 말했습니다. 나는 "내 딸에게서 떠나가라. 캐롤린은 너와 관련 있는 모든 것을 버렸으니 떠나가라. 그 애를 괴롭히지 말아라. 십자가에서 너를 이기신 나의 주 예수 그리스도의 이름과 권세로 명하노니 캐롤린에게서 떠나가고 다시는 돌아오지 말아라. 캐롤린에게

제1장 사탄과 그의 부하들은 존재하는가?

서 나가라"라고 말했습니다.

그 즉시 싸움은 끝이 났습니다. 캐롤린은 잠잠해졌고, 나는 주님께 기쁨으로 찬양했습니다. 악의 영들은 떠나갔습니다. 우리는 하나님의 은혜로 인해 감격의 눈물을 흘리며 기뻐했습니다.

위의 경우를 당한 후에 일련의 후속 조치가 있었는데, 그 이유는 캐롤린이 은연중에 히피 이단의 영향을 조금 받았다고 한 것이 사실은 매우 심각한 것이었기 때문이었다. 그러나 캐롤린이 이단과 관련된 것을 모두 포기하고, 그 죄를 고백함과 동시에 이단의 삶을 상징하는 표를 없앴기 때문에(캐롤린은 유사한 다른 장식들과 록 음악을 담은 앨범도 없앴다), 그녀를 괴롭히던 귀신들은 그녀에게 붙어 있을 이유를 찾지 못하고 떠났다. 캐롤린은 마침내 예수 그리스도 안에서 다시 자유와 기쁨을 누리게 되었다.

근본적으로 변화된 세계관

머피 박사는 딸의 사건을 일컬어 "그것은 내 신앙생활에서 가장 괄목할 만한 세계관의 변화를 가져다준 사건"이라고 말했다. 그는 에베소서에 나오는 악한 영들의 세력이 실재한다는 사실을 믿게 되었을 뿐만 아니라, 그리스도인들도 악한 영의 침입을 받을 수 있다는 사실을 알게 된 것이다. 에베소서를 비롯하여 여러 성경 구절들(벧전 5:8-9; 약 4:7; 요일 5:19)에 경고되어 있음에도 불구하고, 머피 박사가 생각한 것이나 대부분의 복음주의자들이 취하는 견해는 예수께서 십자가에서 이미 사탄을 이겨 승리하셨으므로(골 2:15) 사탄의 활동이 우리에게 영향을 미치지 못한다는 것이며, 따라서 사탄에 대해서는 그다지 신경쓸 필요가 없다고 믿고 있다.

머피 박사의 경험은 많은 복음주의자들이 사탄과 그의 부하들에 대해 가진 견해가 잘못된 것이라는 것을 알려주는 것이라 할 수 있다. 비록 그들이 이러한 사실을 인정하고 싶지 않아도, 사탄이 실재할 뿐 아니라 여러 가지로 활동하고 있음을 알아야 한다.

축사 사역은 내가 계획했던 것이 아니었다.

머피 박사나 나는 예수께서 하셨던 것처럼 실제로 귀신을 내쫓는 일을 하고자 계획한 바가 없었던 사람들이다. 나는 사람들이 삶을 계획할 때 누구도 귀신 쫓는 일을 하겠다 작정하지는 않을 것으로 생각한다. 돌이켜 보면 나는 귀신들의 존재 여부나 그 정체에 대한 지식이 없었기 때문에, 귀신들에 대해, 관심을 갖지도 않았다.

내가 선교사 초년생이었을 당시 나이지리아 교회의 한 지도자가 내게 "당신은 악한 영들의 존재를 믿습니까?" 라고 질문하여 나를 당황케 한 적이 있었다. 나를 방어하기 위해 매우 확신 있는 어조로 대답하긴 했지만, 내가 정말 악한 영들을 믿는지 안 믿는지 알지 못했다. 어쨌든 그 후 질문을 던진 지도자나 나와 함께 일하던 사람들은 내가 그런 주제를 달가워하지 않음을 감지하였는지 더는 내게 그런 질문을 하지 않았다. 따라서, 내가 나이지리아에서 있었던 첫 5년 동안 나는 한 번도 귀신을 상대해서 사역한 적이 없었다.

그러나 그 후 나는 그 나이지리아 교회 지도자의 질문을 곰곰이 생각해 보던 중에 신학대학원에 다닐 때 본 신학 서적에서 사탄과 귀신들에 관해 언급했던 부분이 있었음을 기억해냈다. 그런데 우리는 그 부분을 그냥 지나쳤고, 자세히 배우지 않았었다. 당시 담당 교수는 시간에 쫓겨 강의하면서 우리에게 그러한 주제는 역사적으로 고찰할 가치가 있을 뿐이라는 인상을 심어 주었다. 그 이유는 예수 그리스도께서 이미 사탄을 이겨 승리하셨으므로(골 2:15) 사탄이 힘을 잃었다는 것이었다. 따라서, 사탄과 귀신들의 존재를 현실적으로 인정해도, 그들의 활동에 대해 걱정할 필요가 없다고 생각했다.

하나님은 1982년에 나에게 새로운 것들을 보여 주기 시작하셨다(본인의 저서 『능력 기독교』를 참조할 것). 나는 피할 수 없는 사역을 준비하기 위해 책들을 읽기 시작함과 동시에 축사 사역 경험이 있는 사람들을 만나 닥치는 대로 질문하기 시작했다. 나는 하몬드(Hammond) 목사 부부의 『안방 속의 돼지 떼들』(Pigs in the Parlor); 부벡(Bubeck)의 The Adversary and Overcoming the Adversary; 하퍼(Harper)의 『영적 전쟁』(Spiritual Warfare); 펜 루이스(Penn-Lewis)의 성도들의 전쟁(War on the Saint)s; 그리고 매칼(McAll)의 가계 치유(Healing the Family Tre) 등을 읽었다. 그때 귀신 쫓는 사역과 관련하여 많은 책을 읽었지만, 나에겐 그런 이론을 뒷받침할 경험은 전무했다.

내가 처음으로 귀신에 접할 수 있었던 기회는 풀러 신학교에서 있었던 "표적과 기사"라는 강의 시간이 끝난 1986년초에 있었다. 한 학생이 어느 늙은 여인을 위해 기도하는 데 도와달라고 요청했다.

기도를 받는 동안 그 여인의 몸은 뻣뻣해졌고, 눈에 띄게 의식이 가물거리고 있었다. 그들이 사역하는 교실 한쪽에 다가갔을 때 나는 그 여인이 정말 죽은 줄 알았다.

내가 손을 그녀의 어깨에 얹고 "평화가 임할지어다"라고 말했을 때 그녀는 의식을 되찾았다. 그러나 그녀는 곧 심하게 몸을 떨었고, 나는 책에서 배운 대로 예수 그리스도의 이름으로 귀신들을 대적하였다. 우리는 그날 저녁 19마리의 귀신들을 내쫓았고, 이틀 후에 나의 사무실에서 한 귀신을 더 내쫓음으로써 그녀는 자유롭게 되었다. 그 후 그녀는 전에 전혀 맛볼 수 없었던 자유함의 세계에서 성령 충만하고 적극적으로 일하는 그리스도인의 삶을 살게 되었다.

이 일을 시작으로 하여 지금 나는 풀러 신학대학원 세계선교학교 교수로 재직하고 있으면서 일 년에 수없이 많은 세미나를 인도할 뿐 아니라, 매주 몇 사람을 위해 축사 사역을 하고 있다. 이러한 삶의 형태는 나 스스로 계획한 것이 아니었는데 이렇게 된 것을 보면, 하나님께서 내가 이런 사역을 하기를 원하심이 분명하다는 생각이 든다. 나는 지금까지 성령과 함께 적어도 200명 이상의 그리스도인을 자유롭게 해주는 일(이 과정에서 수천의 귀신들과 대적했다)을 해왔다. 이제 나는 하나님께서 내게 가르쳐 주신 것을 다른 사람들과 나누어야 할 때가 왔다고 믿는데, 그 이유는 하나님께서 이 책을 읽는 많은 사람이 이 사역에 동참하기를 원하시기 때문이다.

축사 사역은 하나님의 특별한 은사를 소유한 사람이 하는 것이 아니라, 그리스도인 모두가 해야 할 사역이다(눅 9:1). 그러나 대부분의 사람은 축사 사역이 모든 그리스도인이 갖는 특권이요 책임인 것을 모르고 있다. 극소수만이 사람들이 귀신의 압제에서 해방되는 모습을 보고 기쁨을 누린다. 이 책이 원수 마귀를 대적하는 데 대해 두려움을 가진 사람들에게 충분한 정보를 제공해 주고, 하나님의 놀라운 능력에 대한 확신을 갖게 하며, 사람들을 귀신에게서 해방시켜 주는 데 담대함을 갖게 해줄 뿐만 아니라, 예수께서 우리가 할 수 있다고 말씀하신 일(요 14:12)을 하는 데 동기를 부여해 주고, 예수께서 우리에게 주신 권위와 능력(눅 9:1)에 대해 일깨워 주기를 기도한다. 우리는 이런 일을 하는 가운데 하나님과 더 가까워지고 깊은 교제를 갖게 됨을 경험할 것이다. 우리는 귀신에 사로잡힌 자들을 자유롭게 해 줄 수 있다. 예수께서 그렇게 말씀하셨음을 기억하라.

사람들은 내가 이런 사역을 즐기는지의 여부에 관해 질문하곤 한다. 사람들은 모든 축사 사역이 "사람의 진을 빼고 지치게 하는 것"이라서 이런 사역에 참여하는 사람은 결국 힘들어하고 지치게 된다는 고정 관념을 갖고 있는 듯하다. 어떤 일을 즐기려면 피해 의식을 갖지 않고 그 일을 좋아하며 도전하는 자세가 바람직하다.

사람들이 관심을 표명한 대로 "내가 과연 이런 사역을 즐기고 있는가"라고 자문해볼 때 나는 분명 그렇다고 답할 수 있다. 그러나 결과를 보고 기뻐하는 것만큼 과정을 즐기지는 못하고 있다. 그런데도 공개적으로 사탄을 물리치는 과정은 매우 재미있다. 여기에서 괄목할 만한 사실은 하나님께서 정말 우리를 사랑하신다는 것이다. 하나님은 예수님이 마태복음 11장 28절에 약속한 안식을 그의 백성들 모두가 체험하기를 사랑하는 마음으로 고대하신다. 또한 바울이 갈라디아서 5장 1절에서 말한 자유와 고린도후서 5장 17절에서 말한 새로운 피조물을 그의 백성들이 체험하기를 원하신다. 예수께서 그의 택한 백성들이 자유를 누리기 원하신다는 사실만으로도 축사 사역은 필요한 일이다.

성경은 사탄과 귀신을 진지하게 거론한다.

나와 머피 박사, 그리고 다른 사람들의 체험을 통해 알 수 있는 것은 우리의 길잡이인 성경이 정말 믿을 수 있는 책이라는 것이다.

예수님은 공생애를 시작하시면서 이사야서 61장 1-2절 말씀에 있는 그가 오심의 목적을 선포하심으로써 사탄과 귀신들의 존재에 대해 말씀하셨다. 그 말씀은 누가복음에도 있다.

> 주의 성령이 내게 임하셨으니 이는 가난한 자에게 복음을 전하게 하시려고 내게 기름을 부으시고 나를 보내사 포로된 자에게 자유를, 눈 먼 자에게 다시 보게 함을 전파하며 눌린 자를 자유롭게 하고 주의 은혜의 해를 전파하게 하려 하심이라 하였더라.(눅 4:18-19)

예수님은 "세상 임금"(요 14:30)에 포로 되어 있는 사람들을 자유롭게 하려고 오셨다. 예수께서 원하시는 것은 하나님과 개인적인 관계를 가진 사람들이 허락된 자유를 잃지 않고 유지하는 것이다. 하나님께서 왜 사탄이 믿는 자들(십자가에서 죽으시고 무덤에서 살아나심으로 사탄을 이기신 예수님을 구주로 믿는 사람들)을 괴롭히는데도 내버려 두시는지는 내가 알 수 없는 신비에 속하는 문제다.

예수님은 구약 성경을 통해 알 수 있는 견해를 확실히 밝혀 주신다. 구약에 보면 악의 왕국은 끊임없이 인간의 활동 영역에 영향을 끼쳤을 뿐 아니라, 눈에 보이지 않게 침투했음을 알 수 있다. 에덴동산에서의 사탄의 행동을 보라. 욥기에서 우리는 또 하나님의 권위에 공공연히 도전하는 사탄의 행동을 보게 된다. 이스라엘이 겪었던 전쟁 하나하나와 이스라엘 백성들이 우상을 섬겼던 경우마다 공공연히 혹은 암암리에 사탄의 개입이 있었음이 명백한 것을 알 수 있다.

신약을 보아도 사탄의 개입을 알아챌 수 있는데, 아기 예수를 죽이려고 계획했던 것(마 2:16-18)은 그의 음모였다. 사탄의 활약은 예수님을 광야에서 만났을 때(눅 4:1-13)와 예수께서 귀신들을 내쫓으실 때 공공연히 드러났다. 사탄은 예수님을 반대하던 유대 지도자들을 조종하였고, 예수님을 법정에 서게 하여 십자가에 달려 돌아가시게 하는 데서도 그 영향력을 행사했다. 사도행전에 기록된 많은 사건을 보아도 사탄의 실재를 알 수 있다. 아나니아와 삽비라의 일(행 5:1-11), 귀신 들린 여종의 일(행 16:16-18)을 그 예로 들 수 있다. 이어서 바울 서신에서 귀신의 잔을 마시지 말라고 한 것(고전 10:21), 이 세상 신이 믿지 않는 자의 마음을 혼미케 한다고 한 것(고후 4:4), 귀신의 가르침을 쫓으리라 한 것(딤전 4:1) 등이 나타난다. 뿐만 아니라 요한계시록 전체를 통해서도 사탄의 활동이 계속됨을 알 수 있다.

사탄은 예수께 "이 모든 권세와 그 영광을 내가 네게 주리라 이것은 내게 넘겨준 것이므로 나의 원하는 자에게 주노라"(눅 4:6)고 하면서 이 땅에서의 자신의 권세를 주장한다. 예수님은 사탄을 "이 세상 임금"(요 14:30)이라 하셨고, 바울은 "공중의 권세 잡은 자"(엡 2:2)

라고 했다. 베드로는 "우는 사자같이 두루 다니며 삼킬 자를 찾는 자"(벧전 5:8)라고 했고, 요한은 온 세상이 악한 자에게 속하였다(요일 5:19)고 하였다.

이처럼 사탄의 존재와 역할이 명시되어 있는데도, 예수님이나 성경에 나오는 여러 인물은 사탄의 활동을 두려워하지 않았다. 그들은 하나님의 능력이 사탄의 힘과 견줄 수 없을 만큼 무한함을 알았기 때문에 주저함이 없이 사탄을 대적하였다.

그러나 성경을 보면 예수님과 제자들이 귀신들을 신중하게 다루었음을 알 수 있다. 그들이 귀신들을 두려워하지 않았지만, 귀신들과 싸우기 위해서 그것들의 실재함을 인식하고, 성령의 능력을 사용했음을 알 수 있다. 귀신들과 사탄의 왕국에 관한 진술은 복음서에 끊임없이 나온다. 예를 들어 마가복음에 보면 예수님의 사역의 반 이상이 귀신 들린 자를 치유해 주는 것이다.

성경을 보면, 그 당시 사람들은 초자연적 영역이나 귀신들에 대해서 의심하지 않은 것 같다. 예수님께 대해 비판적이었던 무리의 질문은 능력의 근원에 관한 것(눅 11:14-22)이었지, 귀신들의 실재에 관한 것이 아니었다. 그러나 안타깝게도 오늘날 서구적 세계관의 영향을 받은 현대인들은 사람들 속에 거하면서 해를 주는 귀신들의 실재에 대해 무지하다. 내가 자라온 배경을 통해 보면 현대인의 그러한 관념이 당연시된다. 바울은 "우리의 씨름은 혈과 육에 대한 것이 아니요 정사와 권세와 이 어둠의 세상 주관자들과 하늘에 있는 악의 영들에게 대함이라"(엡 6:12)고 말했다.

사탄이 강력한 왕국을 소유하고 있음을 성경이 기록하고 있음을 그리스도인은 알아야 한다. 우리는 악이 지배하는 영역에 살고 있다. 귀신 들림을 이해하려면 사탄의 왕국에 대해 알아야 하고, 그 왕국이 어떻게 다스려지고 있는지도 알아야 한다. 바울은 "이는 우리로 사탄에게 속지 않게 하려 함이라 우리가 그 궤계를 알지 못하는 바가 아니노라"(고후2:11)라고 했다. 사탄과의 싸움을 준비하려면 사탄의 전략에 대해 알아야 한다.

사탄의 왕국

사탄의 왕국은 어떻게 구성되어 있는가? 제일 높은 지위에 사탄이 있는데, 그는 높은 지위의 천사처럼 군림하고 있다(그는 미가엘이나 가브리엘처럼 천사장의 수준, 아니면 그와 비슷한 위치에 있었던 것 같다). 사탄은 분명하게 하나님을 대적하여 선한 것, 올바른 것 등 하나님께 속한 것에 반역의 기를 들고 있다. 이사야서 14장 12-15절과 에스겔 28장 11-19절은 사탄을 바벨론과 두로의 왕이라고 언급할 뿐 아니라, 사탄이 하나님에게서 지위를 박탈당했을 때 하늘에서 어떤 일이 일어났었는지 언급한다.

에스겔서는 사탄에 대해 "너는 완전한 인이었고…네가 지음을 받던 날로부터 네 모든 길에 완전하더니 마침내 불의가 드러났도다"라고 설명한다(겔 28:12, 15). 그리고 이사야서에서 루시퍼(사탄)는 "내가 하늘에 올라 하나님의 뭇별 위에 나의 보좌를 높이리라…지극히 높은 자와 비기리라"라고 말한다. 이 두 성경 구절은 사탄이 하나님께 반역하였기 때문에 내쫓긴 것에 대해 언급한다.

또 사탄이 타락할 때 많은 천사들이 그를 따랐다는 설이 가장 유력하다. 어떤 사람들은 요한계시록 12장 4절을 인용하면서, 하늘에 있는 천사들의 삼 분의 일이 사탄과 함께 타락하였다고 한다. 나는 그러한 해석을 크게 의심하지만, 어쨌든 이 세상에는 아주 많은 수의 존재들이 사탄의 수하에 있다. 그 모든 존재는 세상 끝날에 사탄과 함께 공중에서 내쫓김을 당할 것이다(계 12:7-9).

그렇지만 하나님께서 이 세상을 심판하실 때까지는 사탄과 그 수하에 있는 귀신들이나 악한 영들은 이 땅에서 활개를 치며 활동할 것이다. 우리는 성경의 여러 구절을 근거로 귀신들이 사람에게 들어갈 수 있음을 알 수 있다(막 1:21; 5:1-20; 7:24; 행 16:16). 사탄의 권세 하에는 어떤 계급 제도가 있는데, 악한 영들이 세상에서 주권을 행사하거나 나름의 능력을 행하는 데서도 계급에 따라 행한다. 따라서 낮은 계급의 영들은 높은 계급 영들의 허락이나 하나님의 능력에 의해서만 그들의 임무를 포기한다.

악한 영들은 인간을 잘못되게 하는 일이라면 가리지 않고 앞장서서 행한다. 그들은 세상에서 하는 일들을 방해하기도 하고, 심지어 기도 응답을 지연시키기도 한다(단 10:13). 그들은 장소와 지역—말하자면 건물, 도시, 성전 등—을 차지하고 권세를 행사한다. 그들은 사회적인 기관이나 단체에도 권세를 행사하며, 동성연애, 마약중독, 부정, 근친상간, 강간, 살인 등 죄를 짓는 행위에도 영향을 준다.

소위 우리가 말하는 귀신들이나 악한 영들(나는 이 두 명칭 사이에 큰 차이점을 두지는 않는다)은 땅 위에 있는 군대 수준의 영들인데, 그들은 하나님의 권위와 능력에 대항해서 싸우는 자들이요, 에베소서 6장 12절에 나오는 어둠의 세상 주관자들이다. 이들이 우리가 영적 전쟁을 치르면서 가장 자주 만나는 악한 영들이다. 성경은 귀신들이 들어가 거할 사람들을 찾고 있다고 말한다(마 12:43-45). 그들은 우리가 가진 육체를 부러워한다. 그들은 여러 인격을 갖고 있으므로 사람을 멸망시킬 뿐 아니라(막 9:17-29), 그 능력이나 사악함이 여러 모양으로 나타난다(막 5:4; 마 12:45).

어느 곳에나 편재하시는 하나님과 달리, 사탄은 여러 곳에 동시에 있을 수 없다. 사탄은 한 번에 한 곳에만 나타날 수 있다. 그러나 사탄은 장소를 옮겨 활동하는 데 있어 매우 민첩하다. 따라서 귀신들을 포함해서 사탄의 수하에 있는 많은 영들은 온 우주를 횡행하며, 사탄의 모략을 수행할 수 있다. 사람들을 괴롭히는 것이 이 세상에서 광범위하게 활동하는 귀신들의 주 업무이다. 그들은 특히 그리스도인을 괴롭힌다. 사탄은 하나님께서 좋아하시는 것은 어떤 것도 좋아하지 않는다. 그렇기 때문에 사탄은 하나님의 아름다운 피조물인 인간을 괴롭히기로 작정하고, 졸개들을 동원해서 우리를 괴롭힌다.

사탄은 자신이 세상을 지배하는 데 위협이 된다고 생각되는 사람이나 물질을 가능한 한 파괴하고 잘못되게 하려고 혈안이 되어 있다. 하나님의 뜻을 찾으며 살아가는 개인, 모임, 단체 등이 사탄의 표적이 된다. 그들은 사람들의 마음속에 견고한 진을 치거나(고후 10:4) 다른 장소에도 강력한 요새를 쌓는다. 그들은 기독교 사역을 공격할 뿐 아니라, 교묘히 기독교 교리에 침투하기도 한다(딤전 4:1). 그들은 사람의 건강(눅 13:11)과 날씨에도 영향을 미친다(눅 8:22-25). 그뿐만 아니라, 죽음에 대해서도 능력을 행사한다(그러나 그것은 하나님의 허락 없이는 효력이 발생하지 않는다).

영적 전쟁의 실재

우리는 지금 영적 전쟁터에 있다. 신약의 모든 책이 이 사실을 증언하고 있다. 그리스도인들은 자신의 의지와는 관계없이 하나님의 왕국과 사탄의 왕국 사이에서 일어나는 전쟁의 소용돌이 속에 있다. 그뿐만 아니라, 우리는 적진에 살고 있다. 다행히도 우리는 이기는 편에 속해 있다. 전쟁의 승리는 이미 정해져 있다. 사탄과 귀신들은 결국 패배하고 수치를 당할 것이다. 예수께서 부활하심으로 말미암아 이들의 정체가 밝히 드러났고, 십자가에서 승리하심으로 그들을 물리치셨다(골 2:15).

내 친구 캔 불루는 "영적 전쟁터는 실재한다. 예수님의 십자가상의 승리와 부활로 인해 확실한 승리가 이루어져 있지만, 그 승리가 온전히 우리의 것으로 인식되고 있지는 않다. 악의 세력은 예수께서 영광으로 재림하실 때까지 그 힘을 계속 행사하며 심각하게 우리를 괴롭힌다"라고 했다.

우리가 왜 영적 전쟁 속에 있는지를 시원하게 설명할 수 없다. 그러나 예수님의 부활로 인한 확실한 승리와 마지막 소탕 작전을 통한 승리 사이의 차이에 관해서는 역사를 통해서 알 수 있다. 1863년의 노예해방 선언으로 백만 명의 노예가 법적으로 자유로워졌으나, 2년 동안의 유혈전쟁을 거친 후인 1865년에야 노예들이 자유를 주장할 수가 있었던 것이 그 예이다.

비슷한 예가 제2차 세계대전 당시 있었다. 1944년 6월에 연합군은 히틀러와 그의 군대의 최후 심판을 목표로 유럽 대륙에 성공적으로 진입해 들어갔다. 연합군이 나치 멸망의 날에 대해 확신했음에도 불구하고, 전쟁은 1945년 5월에 추축국(독일, 일본, 이탈리아 등이 맺은 동맹)이 무조건 항복한다는 조항에 서명할 때까지 11개월 동안 계속되었다. 승리가 확실했음에도 불구하고, 유럽에서 연합군이 11개월 동안 전쟁 중에 죽은 수가 그 앞서 있었던 제 2차 세계대전 기간에 죽은 자의 수보다 더 많았다.

더 상세한 것이 될 수 있는 세 번째 예를 이스라엘의 역사에서 발견할 수 있다. 이스라엘 민족이 약속한 땅에 들어가기 전에 하나님은 이미 그 땅을 그들에게 주셨다. 그 땅은 그들 소유의 땅이었다. 하나님께서 아브라함에게 이미 그 땅을 주셨다. 하나님의 약속은 끊임없이 이스라엘 민족에게 상기되었다. 하나님은 모세와 여호수아를 택하셔서 이스라엘 민족을 약속의 땅으로 인도하셨다. 그러나 그 약속의 땅은 적의 수중에 있었다. 그 땅에서 오랫동안 활동하며 살던 무서운 대적들이 강압적으로 쫓겨나갈 때까지 그 땅을 차지하고 있었다. 그 땅이 이미 이스라엘 민족에 속해 있었지만, 요단강을 건너가서 소유를 확실히 할 때까지 전쟁은 계속되었다. 하나님께서 가나안 땅을 이스라엘 민족에게 주셨을 때, 그 즉시 그 땅은 그들의 소유가 되었다. 그러나 그들의 소유라고 여겼던 그 땅을 실제로 차지하기까지 그들은 고전분투해야 했다.

노예해방 선언, 나치 최후의 날, 그리고 하나님께서 약속하신 가나안 땅의 경우처럼, 예수님의 죽으심과 부활 역시 이런 맥락에서 설명될 수 있다. 예수님의 승리가 확실함에도 불구하고 대적들은 살아서 활동하고 있다. 요약해서 말하면, 사탄의 마지막 항복, 영적 전쟁에서 아직 포로로 남아 있는 자들이 자유로워지는 것, 사탄의 세력을 꺾고 그를 무저갱에 넣는 일 등은 앞으로 있을 일이다. 우리는 예수께서 노예해방 선언을 하신 때와 포로된 자들이 온전한 자유를 누릴 수 있는 때의 중간에 살고 있다.

모든 경우에서 볼 수 있는 중간 기간은 실제로 적의 진영에 들어가기 전에 거치는 일이다. 약속의 땅에 대한 명목상의 소유권과 실제로 그 땅을 차지하고 소유권을 주장하는 것은 서로 다르다. 명목상의 소유와 실제 소유 사이에 있는 중간 기간 동안 한쪽은 명목상 자신의 소유로 된 것에 대한 권리를 주장할 것이고, 또 다른 한쪽은 실제로 소유하는 상태에 대해 권리를 주장할 것이다. 명목상 소유를 주장하는 쪽이 법적으로 자기들의 소유인 것에 대한 주장을 펴는 것은 당연한 것이다. 이러한 이유로 영적 전쟁은 계속되는데, 전쟁을 하는 동안 땅의 소유권과 포로된 자들의 해방을 놓고 서로 격렬히 싸움을 벌인다.

지금 그리스도인들은 영적 전쟁의 소용돌이 속에서 살고 있다. 우리는 이런 사실을 알고 잘 대처하며 살아야 한다. 혹자는 말하기를 이미 싸움이 끝나 땅의 소유권이 사탄의 손에서 떠났으므로 적의 세력이 완전히 꺾였다고 하는데, 나는 이 말에 동의하지 않는다.

예수님은 "아버지께서 나를 보내신 것 같이 나도 너희를 보내노라"(요 20:21)라고 하셨다. 예수님은 제자들이 모두 그의 사역에 동참하기를 원하신다. 그 이유는 "포로 된 자에게 자유를, 눈먼 자에게 다시 보게 함을 전파하며 눌린 자를 자유롭게 하고(눅 4:18), 주의 은혜의 해를 전파하게 하려 하심"(눅 4:19)이다. 다시 말해 예수님은 제자들이 사탄이 진 치고 있는 곳에 들어가 하나님이 사랑하시는 사람들을 구원하기를 원하신다. 예수님처럼 우리는 성령의 능력을 힘입어 사탄의 왕국을 대적하여 싸워야 한다. 이때 가장 중요한 것은 하나님께 대한 예수님의 순종을 본받아 행하는 것이다.

비록 우리가 타락한 천사인 사탄이 지배하는 세상에 살고 있지만 승리하는 편에 속해 있다는 역설적 진리를 성경은 제시한다. 이 세상에 있는 귀신들은 사람들을 해치고 고통받게 하는 일에 동분서주할 뿐만 아니라, 악이 범람하도록 부추기고 있다.

가끔 사람들은 "왜 사탄은 그리스도인을 포함한 많은 사람에게 쉴 새 없이 영향력을 행사합니까? 그건 참 불공평한 처사 같아요"라고 말한다. 날이 갈수록 적에게서 상처받은 많은 사람이 나에게 도움을 요청한다. 그래서 나는 정기적으로 사탄의 공격으로 다친 사람들—감정적으로 상처받은 사람들, 육체적 질병이 있는 사람들, 성적 학대를 받은 사람들, 귀신들린 사람들—을 위해 기도해 주고 있다. 하나님의 자녀들이 깊은 상처로 인해 고통당하는 모습을 볼 때 나는 너무 가슴이 아프고, 한편으로는 무척 화가 난다.

나는 하나님께서 왜 사탄이 그토록 오랫동안 활동하도록 허락하셨는지 알 길이 없다. 그러나 내가 확실히 아는 것은 전쟁은 실제라는 것, 그리고 사람들을 자유롭게 해주기 위해 내가 예수 그리스도의 능력을 힘입어 싸우고 있다는 것이다. 우리는 하나님의 백성으로 택함을 받았고, 승리하는 편에 속하는 복을 받았다. 승리는 확실하되,

우리는 전쟁을 계속한다.

왜 귀신들림에 대해 알아야 하는가?

"나의 기뻐하는 금식은 흉악의 결박을 풀어주며 멍에의 줄을 끌러 주며 압제 당하는 자를 자유하게 하며 모든 멍에를 꺾는 것이 아니겠느냐…만일 네가 너희 중에서 멍에와 손가락질과 허망한 말을 제하여 버리고 주린 자에게 네 심정이 동하며 괴로워하는 자의 심정을 만족하게 하면 네 빛이 흑암 중에서 떠올라 네 어둠이 낮과 같이 될 것이며…너를 일컬어 무너진 데를 보수하는 자라 할 것이며 길을 수축하여 거할 곳이 되게 하는 자라 하리라" (사 58:6, 9b, 10, 12b).

하나님은 포로된 자들과 눌린 자들을 자유롭게 하는 일에 자녀들이 동참하기를 원하신다. 눌린 자들이 자유로워질 때 사탄의 영역은 줄어들 것이고, 이런 일에 참여한 우리는 하나님의 영광에 참여할 것이다. 위의 성경 구절에 약속된 대로 우리 주위에 있는 어둠은 변하여 빛이 되고, 우리는 "무너진 데를 보수하는 자요, 길을 수축하여 거할 곳이 되게 하는 자"가 될 것이다. 귀신 들린 자를 자유롭게 해주는 일이나 내적 치유 등의 능력 사역을 하는 것은 하나님의 자녀로서 해야 할 일 중 하나이다. 치유 받는 사람은 치유함을 받고 기뻐할 뿐 아니라, 예수님과 함께 치유하는 사람도 큰 기쁨을 누리는 것이다.

나는 여러분이 예수님의 이름으로 귀신들을 쫓아내는 사역을 배우고 실천해 주기를 진심으로 원한다. 그리고 귀신들린 자를 위한 사역을 해야 할 세 가지 이유를 캔 불루의 책에서 인용하고자 한다.[2]

원래 나는 복음주의적 입장에서 예수님의 복음을 확증하려는 목적과 목회를 효과적으로 감당하려는 목적으로 치유와 축사 사역을 배우려 했다. 그러나 나의 원래의 목적은 희석되어 버렸다. 나는 나의 인간 본연의 동정심의 발로가 병든 자를 위해 기도하지 않고는 못 배기게 하는 이유임을 알게 되었다. 또 병들고 고통받는 자를 위해 기도하여 그들이 치유되고 자유로워지는 데서 내가 하나님의 대리자로 쓰임 받고 있다는 사실로 인해 나는 기분이 좋았다. 병든 자를 위해 기도하고 그들이 낫는 것을 보는 것은 예나 지금이나 늘 큰 기쁨이 있는 일이다.

나는 점차 이 사역이 내가 해야 할 일을 하는 것임을 깨닫게 되었다. 나는 15년 동안 성경을 읽어왔지만 예수께서 제자들에게 하나님의 나라를 선포할 뿐만 아니라 병자를 위해 기도하고 귀신들을 내쫓으라고 명령하신 것들(눅 9:1-2; 10:8-9; 마 10:7-8; 막 6:12-13)을 알지 못했던 것이다. 예수께서 복음을 증언하기를 원하셨기 때문에 내가 이를 행하였던 것 같이, 이제 나는 예수께서 병든 자를 고치고 귀신을 쫓으라고 명령하셨기 때문에 이를 행하게 된 것이다. 치유 사역이 전도와 목회 사역에 도움이 되든 안 되든지 상관없이, 나는 이 일을 중단할 마음이 전혀 없다. 나는 병든 자를 위해 기도하라는 명령이 무시되거나

---

2) Ken Blue, *Authority to Heal* (Downers Grove, IL: InterVarsity, 1987), p. 89.

말로만 해서는 안 되는 것임을 확실히 알게 되었다.

캔 불루가 이야기하는 세 가지 요점은 동정심, 개인적 성취감, 그리고 순종이다. 특히 우리는 순종함으로 이 사역을 감당해야 한다.

1. 하나님은 우리가 사탄에게 매여 있는 자들을 자유롭게 해주기를 원하신다.

우리는 이때까지 영적 전쟁이 실제로 존재함에 대해 거론해 왔다. 그리고 그리스도인으로서 우리는 승리의 편에 속해 있음을 언급했다. 그러면 "우리 모두가 축사 사역을 하도록 부름을 받은 것인가? 우리 모두 상처입은 자를 치료해 주고 포로된 자를 자유롭게 하라는 소명을 받은 것인가?"라는 질문이 있을 수 있다. 물론 그렇다. 그러나 이러한 대답은 하나님이 원하시는 대로 살고, 하나님이 원하시는 것을 한다는 전제 조건하에서의 대답이다.

예수님은 "너희가 나를 사랑하면 나의 계명을 지키리라"(요 14:15), "아버지께서 나를 사랑하신 것 같이 나도 너희를 사랑하였으니 나의 사랑 안에 거하라"(요 15:10)라고 말씀하셨다. 예수님의 사역은 하나님 아버지께 대한 순종 자체였다. 예수님은 제자들과 3년 동안 지내시면서 행동과 말씀으로 아버지에 대한 순종의 본을 보이셨다. 예수님은 자신이 하나님께 순종함 같이 제자들이 하나님께 순종해야 함에 대해 많은 것을 가르쳐 주셨다. 예수님은 "아버지께서 나를 보내신 것 같이 나도 너희를 보내노라"(요 20:21)라고 선포하셨고, 제자들이 성령의 능력을 힘입어 세상에 나가게(행 1:8) 하셨다. 예수께서 제자들을 세상에 파송하신 이유는 그들이 예수님의 가르침을 전파하고, 예수님의 본을 받아 일하기를 원하셨기 때문이다. 예수님은 제자들을 가르치시되 능력 사역에 중점을 두셨음을 알 수 있다. 예수님은 "모든 귀신을 제어하며 병을 고치는 능력과 권세를 주시고 하나님의 나라를 전파하며 병든 자를 고치게 하려고"(눅 9:1-2) 제자들을 내어 보내셨다. 후에 또 예수님은 그들에게 사람들을 제자로 삼아 예수께서 가르치신 것을 모두 그들에게 가르쳐 지키게 하라고 하셨다(마 28:20). 여기에서 말하는 모든 것에는 사탄에게서 사람들을 자유롭게 하는 사역도 포함된다.

"그러면 은사를 받은 자만 이런 일을 할 수 있지 않은가?"라고 질문하는 사람이 있을 것이다. 우선 말하고 싶은 것은 귀신을 쫓는 은사란 없다는 것이다. 다시 말해, 믿는 자들은 모두 특별한 은사를 받지 않고도 귀신을 쫓을 수 있는 능력을 부여받았다.

둘째로 생각해 볼 것은 고린도전서 12장에 나오는 병 고치는 은사인데, 우리가 예수님의 명령에 순종하면 그 정도는 다르지만 하나님께서 인도하시는 자들에게 치유를 베풀 능력을 우리가 소유하고 있음을 알게 될 것이다. 이러한 통찰은 하나님의 말씀에 순종하여 일하는 사람들을 보면서 얻어진 것이다. 치유를 위해 기도하는 이들은 기도할 때 하나님께서 도와주심을 안다. 그러나 치유의 효과는 사람마다 다르다. 특정한 병을 치유하는 데서 다른 사람에 비해 훨씬 효과가 크게 나타나는 사람도 있다.

성경 말씀, 경험, 그리고 나의 통찰을 통해 내릴 수 있는 결론은 하나님의 말씀에 대한 순종이 앞서야 한다는 것이다. 예수님과 그의 제자들처럼 우리는 사탄에게서 사람들을 자유롭게 함에 있어서 하나님께 순종해야 한다. 이런 순종을 통해 우리의 특별한 은사가 무엇인지 발견할 수 있게 된다. 또 하나님께 순종할 때 하나님은 하나님의 권세와 능력, 그리고 필요한 은사까지도 허락하시어 귀신들린 사람들을 자유롭게 해줄 수 있도록 하셨다. 사역하는 것을 지켜보기만 하고 행함으로 순종하지 않고는 절대 하나님께서 주시는 권세, 능력, 은사 등을 활용할 수 없다. 그러한 것들은 하나님과 함께 움직이는 사람에게만 주어지는 것이다.

2. 축사 사역을 하는 두 번째 동기는 동정심이다.

오늘날 세계적으로 귀신들림은 매우 흔한 현상이다. 사탄과 그의 졸개들은 사람들을 해치려고 적극적으로 활동하고, 성공적인 결과를 보이고 있다. 나와 동료들은 우리가 다스릴 수 없는 영역이 한없음을 인식한다. 많은 사람이 교회나 심리학자, 혹은 상담자들의 도움을 받지 못하고 있다. 그것은 교회나 상담자에게 도우려는 마음이 없어서가 아니라, 어떻게 해야 할지 모르거나 두려워서 행하지 않기 때문이다.

안타깝게도 오늘날 많은 교회나 상담자들은 사람들이 귀신이 존재하지 않는다고 믿게 만든다. 그러므로, 악한 영으로 고통받는 사람들은 자신이 이상하거나 지은 죄가 많아서라고 생각하게 되어, 그들이 당하는 고통과 죄의식이 더욱 깊어진다. 가쁨 귀신들린 자가 "당신은 내가 미쳤다고 생각하십니까?"라고 질문한다. 많은 경우에 귀신들린 자를 대하는 목사나 상담자는 그들을 쉽게 포기하거나, 도움을 주지 않은 채 내버려 둔다. 따라서, 그들은 예수께서 치유를 베푸시고 자유를 주실 수 있다는 소망마저 잃는 경우가 있다.

나는 30세 미만의 미국인 중 어린 시절 육체적으로 학대를 당한 사람이 약 50%를 넘고, 30세 미만의 여성 중 40% 이상이 성적 희롱을 당했다는 보고서를 읽은 적이 있다. 이 통계는 그리스도인과 비그리스도인의 비율을 반반으로 해서 행해진 통계이고, 과장된 것도 아니다. 이로 미루어 볼 때 대부분의 미국 가정은 제대로 기능하지 못하는 "문제 가정"이다. 많은 선교사들과 목사들, 특히 젊은 선교사들과 목사들이 이러한 "문제 가정" 출신일 수 있다고 추측할 수 있다.

더 놀랄 일은 뉴에이지 운동의 확산, 사탄숭배를 비롯한 이단들의 활동이 미국 내에서 증가한다는 사실이다. 뉴에이지 운동 본부는 그 거점을 특히 산타페, 뉴멕시코, 콜로라도 산, 플래그스태프, 아리조나, 그리고 캘리포니아주의 여러 도시 등 휴양지에 확보하여 자리 잡고 있다. 또 뉴에이지 사상 이념은 학교의 교과 과정에 침투해 들어가고 있다. 로스앤젤레스의 예를 들면, 최근 3학년 실험 과목에 아이들에게 도움이 필요하면 영적 매개체를 부르라고 적혀 있다. 다행히 그러한 시도는 반대에 부딪혀 시행되지 않았다. 소설가 프랭크 페레티는 그의 소설에서 이와 유사한 경우를 제시하고 그 결과를 명시하였다(Peretti, *Piercing the Darkness*).

피의 희생을 드리는 의식은 경찰관과 같이 범죄를 다루는 사람들의 관심을 끌고 있다. 범죄자든 아니든, 이런 피의 희생을 드리는 의식에 접한 사람들은 심하게 귀신들린 경우가 허다하다. 이런 사실을 목사나 교회 지도자들보다 경찰들이 더 잘 알고 있음이 우리를 씁쓸

하게 한다. 많은 사람이 갱 범죄와 마약 거래 뒤에는 특정한 악의 세력이 있다고 확신한다.

중생한 그리스도인 상당수가 사교 집단에 속했던 사람들이다. 놀라운 중생의 경험을 한 그들은 곧바로 교회의 일원이 된다. 그러나 불행하게도 귀신들에 접한 적이 있는 새 신자가 회중 안에 들어오기 전 이들에게 축사 사역을 했던 초대교회의 전통을 오늘날은 행하지 않고 있다. 그러므로, 그들은 예전에 섬기던 귀신들의 일부 혹은 전부를 가진 채 회중의 일원이 되는 것이다. 비록 귀신들이 영적으로 세력을 펼 구심점을 잃어 그 힘이 약화했으나 계속 마음, 몸, 감정, 의지(제3장 참조) 등에 달라붙어 있으면서 중생한 사람의 삶과 그와 관련된 영역을 파괴할 수 있다.

결손 가정의 영향을 받은 결과이든 사교 집단에 관여했었기 때문에 나타나는 결과이든 간에, 하나님의 자녀들은 이로 인해 상처받고 좌절하게 된다. 아직도 적의 공격으로 인해 고통을 받으며 사는 사람들이 상당히 많다. 그들은 아직도 귀신들린 채 살아가고 있다. 그리스도인으로서 우리는 이러한 사람들을 그대로 버려둘 수 없다. 우리는 예수님과 같이 동정심을 가지고 예수님의 사랑과 능력으로 그들을 치료할 뿐 아니라, 그들에게서 귀신들을 쫓아내 주어야 한다. 그 어느 때보다도 지금 우리에게 필요한 것은 고통 중에서 도움을 구하는 자들을 예수님의 빛으로 치료할 수 있는 법을 배우는 것이다.

3. 축사 사역은 예수님께 대한 믿음을 강하게 한다.

하나님의 능력 사역에 관여하는 우리 모두는 굉장한 영적 성장을 경험한다. 우리가 도저히 할 수 없을 것으로 생각했던 일에 뛰어들어 일하게 된 것, 그것도 지속적으로 한다는 사실은 놀라운 일이 아닐 수 없다. 우리 스스로 귀신을 쫓을 수는 없다. 성령께서 함께 일하시지 않으면 우리는 당장 좌절할것이다. 귀신이 쫓겨나가 다시 돌아오지 못하는 사실은 우리를 겸손하게 하고, 흥분하게 할 뿐만 아니라, 우리의 삶을 풍성하게 해 준다. 이러한 사실은 살아 계신 하나님께서 실제로 우리를 통해 일하시다는 것을 반복해서 증명한다.

하나님은 상처받은 자들에게 성령을 부어주실 때 그들을 위해 기도해 주는 사람에게도 축복하신다. 그것은 마치 폭포수 가까이에 있는 것과 같다. 그러므로, 기도하는 현장에만 있어도 복을 받을 수 있다. 이 사역을 통해 나의 삶은 표현할 수 없을 정도로 바뀌었고, 하나님은 더욱 위대하신 분으로 나에게 다가왔다. 나는 이 사역을 시작하고 나서야 비로소 바울이 에베소 교인들에게 쓴 내용 중 "믿는 우리에게 베푸신 능력의 지극히 크심"(엡 1:9)이 무엇인지 알게 되었다. 나는 이 사역을 할 때 항상 하나님께 순종하면서 일하기를 구해 왔고, 예수님과 밀접하고 깊은 관계를 가질 뿐 아니라, 그 관계 속에서 기쁨이 충만할 수 있도록 하나님의 인도하심을 구해 왔다.

내가 이런 기도를 드리는 것은 당연하다. 예수님은 우리가 순종하는 것 자체를 기뻐하신다. 예수님은 그의 제자들처럼 우리를 자기와 함께 있게 하시고 또 보내사 전도도 하며 귀신을 내어쫓는 권세도 있게 하려고(막 3:14-15) 우리를 택하신 것이다. 그의 첫째 관심은 우리와 하나님의 교제에 있다. 흉악의 결박을 풀어주며, 멍에의 줄을 끌러 주며, 압제 당하는 자를 자유롭게 하여 모든 멍에를 꺾는 일(사 58:6)을 하시기 위해 우리는 하나님께 순종하며 나아가야 한다. 그렇게 할 때 하나님의 큰 복을 받을 것이다.

> "네가 부를 때 나 여호와가 응답하겠고 네가 부르짖을 때 말하기를 내가 여기 있다 하리라"(사 58:9).

이 사역은 귀신들린 자에게만 유익한 것이 아니라 기도하는 우리에게도 유익한 사역이다. 예수님은 우리를 통해 일하시는 그분의 능력을 보면서 큰 기쁨을 누리기를 원하신다.

어떻게 시작할 것인가?

이 책을 쓰는 첫째 목적은 사람들이 이 중요한 사역을 시작하도록 하기 위함이다. 귀신에게서 자유로워져야 할 그리스도인이 많다는 사실은 우리에게 경종을 울려준다. 얼마나 많은 사람이 귀신에게 괴롭힘을 당하는지 정확한 통계를 낼 수 없지만, 대략 교회에 출석하는 사람의 삼 분의 일 정도가 귀신의 괴롭힘을 받고 있다고 생각한다. 이러한 발언을 비난할 사람이 있다는 것을 모르는 것은 아니다.

내가 생각하는 통계치의 고하를 막론하고, 여러분은 한 교회에 몇 명의 귀신들린 사람이 있으면 그 교회가 잘못될 수 있다고 생각하는가? 교인 중 반 정도가 귀신들렸을 때 그럴 수 있다고 생각하면, 그것은 잘못된 생각일 것이다. 중요한 위치에 있는 한두 사람만 귀신들려도 교회가 잘못될 수 있다고 생각하면, 그것은 가능성이 있는 이야기일 것이다. 만일 교회의 목사나 성가대 지휘자가 귀신들렸다면 어떻게 될 것인가? 우리의 경험을 통해 보면 교회의 지도층에 있는 사람이 귀신의 괴롭힘을 받는 경우가 많음을 알 수 있었다. 많은 지도층 사람들이 우리에게 도움을 요청한 적도 있다.

사탄은 교인 중 누구를 먼저 택해서 그의 삶과 사역을 훼방하려 하겠는가? 나는 높은 순서대로 할 것으로 생각한다. 그 이유는 그들이 사탄의 속박에서 자유로우지면 사탄의 왕국을 위협할 것이기 때문이다.

요점은 오늘날 이스라엘 집의 잃어버린 양(마 15:24; 10:6)을 위해 할 일이 많다는 것이다. 오늘날 교회가 예수께서 원하신 대로 되기를 원한다면, 많은 하나님의 백성이 귀신들린 자를 자유롭게 해주는 사역에 대해 배워야 할 것이다.

다음은 이런 사역을 원하는 사람이 시작할 수 있는 것을 언급한 것이다. 나와 함께 일하는 사람들은 이 가르침대로 해왔다.

1. 먼저 기도로 시작한다. 하나님께서 우리를 어떤 방향으로 이끌어 가시든지 순종할 수 있도록 우리의 마음을 비우고 있음을 하나님께 알려드리는 기도를 한다. 예수께서 귀신에게서 사람들을 자유롭게 해 주신 사역에 우리가 종사할 기회를 위해 기도드린다. 또 사역에 필요한 하나님의 인도하심, 권세, 능력 등을 위해 기도한다.

2. 되도록 많은 책을 읽고, 테이프를 듣고, 세미나에 참석하고, 경험 있는 사람들과 이야기를 나눈다. 이런 일은 지속적으로 해야 하

는데, 그 이유는 배워야 할 것이 끝없이 있기 때문이다.

3. 축사 사역에 동참할 기회를 찾아야 한다. 실제로 사역하는 것을 보고 도와주면서 많은 것을 배울 수 있다. 일단 이런 사역을 시작한 후에도 다른 사람과 함께 일하라. 그렇게 할 때 서로를 통해 많은 것을 배울 수 있다.

4. 교회 내에 있는 다양한 그룹을 대상으로 세미나를 열어서 우리가 경험하고 발견한 것을 함께 나누면 좋은 효과를 볼 수 있다. 나는 이런 일에 주 강사로 일해왔고, 이제는 다른 사람들도 이런 세미나를 열어 효과적으로 잘 가르치고 있다. 우리는 강의 내용 못지않게 실습을 중요하게 생각한다. 예수 그리스도 안에서 자유를 얻게 해주는 사역과 그것을 어떻게 해야 하는가를 가르치는 것은 우리의 주인이신 예수님의 본을 따라 똑같이 하는 것이다. 예수님은 말씀만 하시지 않고 실제로 일하셨다.

대개 말하는 사람은 한두 사람이지만, 참여한 사람 모두가 함께 사역한다. 참석자들은 되도록 많이 보면서 서서히 참여한다. 중요한 것은 그들이 예수님과 우리가 무엇을 하는가를 배우기를 원하지, 그것에 대해 이야기만 하는 것을 원하지 않는다는 사실이다.

5. 정기적으로 만나 세미나에서 배운 것이나 개인적으로 사역했을 때 일어난 일을 서로 나누라. 성령은 우리 각자가 다른 일을 하도록 인도하시므로, 우리의 사역 결과에 독특한 것이 나타나기 마련이다. 이런 이유로 우리는 서로를 통해 배울 뿐만 아니라 통찰을 얻는다.

그다음에 해야 할 일

가능한 대로 틈틈이 강의 테이프—나의 테이프나 다른 사람들의 것—을 들으라. 그리고 축사 사역은 사람들을 완전히 회복시키는 데 한 부분임을 명심하라. 사람들은 육체적으로, 감정적으로, 그리고 영적으로 완전히 자유로워지고자 한다. 그러므로 육체적인 치유에 관한 것과 "내적 치유" 혹은 "좋지 않은 기억의 치유"라 불리는 사역과 관련된 서적도 많이 읽을 것을 권한다. 왜냐하면, 치유 사역을 하는 사람은 그 사람의 모든 면을 다룰 수 있도록 준비해야 하기 때문이다. 성경과 관련 서적을 읽고, 기도와 테이프를 듣는 것과 함께 계속 실전에 참여해야 한다.

제2장

귀신들림에 대한 12가지 오류

"주 여호와의 신이 내게 임하셨으니 이는 여호와께서 내게 기름을 부으사 가난한 자에게 아름다운 소식을 전하게 하려 하심이라 나를 보내사 마음 상한 자를 고치며 포로 된 자에게 자유를 갇힌 자에게 놓임을 전파하며."(사 62:1-2)

귀신들린 목사

나는 어떤 세미나 기간에 두 명의 목사와 귀신들림에 대해서 의견을 주고받은 적이 있었다. 그들에게 그 주제는 매우 생소한 것이었다. 그중 한 목사(조지라고 칭하겠다)는 평생 자기를 괴롭혀온 공포에 관해 말하였다. 그는 때때로 상담을 받았지만 공포가 사라지지 않는다고 했다. 당시 조지는 자신의 상태를 심히 걱정했다. 나는 잠시 조용히 기도한 후 조지를 바라보며 "공포의 영이 이 사람에게 들어 있으면, 예수 그리스도의 이름으로 명하노니 떠나가라"라고 말했다.

나는 조지의 얼굴을 뚫어지게 보았는데, 그는 충격을 받은 듯했다. 나는 그의 안에 있는 귀신에게 "그에게서 나가라"라고 말했다. 귀신의 존재에 대해 확신이 없는 목사가 보기에 이러한 직접적 접근은 매우 이상하게 보였음이 틀림없다. 나는 그의 문제점 뒤에 무엇이 도사리고 있는지 확신이 있었다. 내가 이렇게 기도한 후 조지는 놀라움에 찬 표정을 지으며 거듭 "공포심이 사라졌다! 공포심이 사라졌다!"라고 외쳤다.

심리학자들이나 혹자들은 이런 현상에 대해 자연적으로 발생한 것이라고 애써 이야기할지 모르지만, 나는 조지 안에 있던 그 무엇이 내가 떠나라고 명령한 데 대해 반응했기 때문에 그런 일이 일어났음을 의심치 않는다. 상담가가 심리학적인 원리들을 동원했어도 공포심이 사라지지 않았는데, 나의 간단한 명령이 있고 나서 그 즉시 공포심이 사라졌음은 무엇을 말해주는가? 내가 그 사람의 문제를 악의 영이 가져다주는 것으로 보고 예수님의 이름으로 떠나가라고 명령했기 때문에 공포는 그 영과 함께 떠나간 것이다. 그 후 조지는 공포로 인해 고통당하지 않게 되었다.

제1장에서 언급한 바와 같이, 예전 같았으면 나는 조지에게 동정심을 보이고 계속 심리학적인 도움을 구해보라고 충고해 줄 수밖에 없었을 것이다. 그러나 그동안 이와 비슷한 경우를 많이 봐왔기 때문에 귀신은 분명 존재한다는 사실, 그리고 그들이 사람 속에 거한다는 사실을 믿어 의심치 않고 있었던 것이다. 뿐만 아니라, 그것들

은 조지의 경우와 같이 고통의 원흉인 것이다.

조지의 경우를 내 나름대로 분석해 보면, 좀 힘이 약한 귀신이 그의 안에 있었다는 생각이 든다. 그 귀신은 조지에게 공포를 줌으로써 그리스도의 종으로서 사역을 효과적으로 감당하는 것을 방해했다. 조지와 이야기하는 가운데 그의 아주 어린 시절 안에 공포심을 갖게 된 동기가 있음을 발견하였다. 이러한 틈을 타서 귀신은 그에게 붙어 있게 되었고, 따라서 그는 균형을 잃고 계속 공포심에 시달렸다. 조지가 심리학자들의 상담을 받는 동안 그 귀신의 세력은 이미 많이 약화되어 있었고, 내가 그를 위해 기도했을 때 완전히 그 힘을 잃고 그에게서 영영히 떠나갔다.

덧붙여서 재미있는 현상은 그날 함께 있었던 또 다른 사람의 반응이었다. 그는 처음 놀라움을 나타냈는데, 그것은 "두려움을 동반한 회의적 경악"이었다. 그는 조지의 공포가 사라진 것은 자연적인 현상일 수 있다고 이야기했을 뿐만 아니라, 방금 본 사실을 이성적으로 생각하려고 노력했다.

조지가 그의 변화된 감정을 아무리 설명해도 함께 있던 그 사람의 생각은 달라지지 않았다. 그 사람은 조지가 경험한 것의 정당성을 인정했지만, 만일 조지가 귀신들려 있었던 것이 사실이라면 귀신은 조지뿐 아니라 우리 중 누구에게도 있을 수 있다는 사실에 대해 두려움을 느끼고 있었던 것이다. 나는 이런 그의 생각을 알아차리고 "만일 귀신들이 있다면 당신은 그들의 존재나 활동들을 알기 원하십니까, 아니면 모르는 게 더 낫겠다고 생각하십니까"라고 질문했는데, 그는 "차라리 모르는 편이 낫겠습니다"라고 대답했다.

왜 많은 사람이 귀신에 대해 이처럼 반응하는 것일까? 그날 나와 같이 식당에 있었던 사람들은 성경을 아주 잘 알고 있는 목사들이었다. 그러나 한편 그들 역시 어떤 실재에 대해서 생각할 때 그것을 자연법칙의 테두리 안에서 이해하는 것이 어린 시절부터 몸에 배어 있는 서양인이기 때문에 어떤 실재를 초자연적인 것으로 생각하는 것은 그들로서는 쉽지 않은 일이었다.

서양인들은 보이지 않는 영적 존재를 믿지 않기 때문에 귀신들림의 사건이 성경에만 나오는 것이라고 여기는 경향이 있다. 혹은 그런 영적 존재들이 있어도 그것은 기독교 국가인 미국이 아닌 다른 지역에서 일어난다고 생각한다. 그렇지 않으면, 영적 존재들에 관해 관심을 가질 필요가 없는데, 그 이유는 성경이, "자녀들아 너희는 하나님께 속하였고 또 저희를 이기었나니 이는 너희 안에 계신 이가 세상에 있는 이보다 크심이라"(요일 4:4)고 했기 때문이라고 말한다. 어떤 이유이든지 많은 그리스도인은 사탄과 그의 졸개들의 궤계(고후 2:11)에 대해 잘 알지 못한다.

귀신이 우리 주위에서 우리를 괴롭힐 수 있다는 사실에 직면했을 때 사람들이 나타내는 대표적인 반응은 예의 그 목사가 보인 반응과 같은 두려움인데, 그러한 두려움으로 인해 사람들은 귀신들과 대적하기보다는 귀신에게서 도망하려고 하는 경향이 있다. 귀신들의 세계가 실재한다는 것을 알기는 하되 어떻게 대처해야 하는가를 모르기 때문에 두려움이 생기는 것이다. 영적 실체들과 어떻게 상대해야 할지 몰라 염려하는 것이 오히려 잘못된 개념을 갖게 하는 원인을 제공하기도 하는데, 이것은 사탄이 그렇게 부추기는 것이다. 예를 들어, 앞서 언급한 그 목사의 마음을 괴롭혔던 것은, 조지의 문제를 놓고 당연한 듯이 식당에서 귀신과 상대해서 일한 나의 태도였다. 그것이 정말 귀신이었다면 "왜 소동도 안 일으켰단 말인가?" 하는 것이 그 목사가 가진 의문점이었다. 또한 "귀신과 상대하기 전에 적절한 의식, 즉 금식하며 기도하는 것 등의 종교적 행위가 필요 없단 말인가" 하는 것이 그가 가진 의구심이었다.

많은 복음주의자들은 귀신에 대해 두려움을 가진 것 이상으로 귀신의 존재를 무시하며 살고 있다. 그러나 이 두 가지 모두 그렇게 하지 말아야 한다. 우리가 모든 것을 알 수는 없지만, 그렇다고 해서 귀신을 상대해서 일하는 것을 주저할 필요는 없다. 귀신 쫓는 일을 시작하는 데 도움을 주는 책이나 의견들을 우리는 얼마든지 접할 수 있다. 귀신에 관해 잘못 알고 있는 것들을 바로 아는 일이 우선되어야 하는데, 그 이유는 거짓말이 사탄이 좋아하는 것이기 때문이다.

오류 1. 그리스도인은 절대 귀신들리지 않는다.

이것은 사탄이 좋아하는 거짓말 중 하나이다. 만일 사탄이 그리스도인을 이 말을 믿게 만든다면, 귀신이 그리스도인들과 교회 안에서 자유롭게 행할 수 있는 첩경이 되는 것이다.

중요한 지위에 있는 기독교 지도자도 이 잘못된 개념을 지지한다. 적어도 한 교파 전체가 이것을 믿고 있다(Reddin의 『능력 대결』 참조). 그들의 교리에 의하면, 그리스도인 안에는 성령이 내주하시므로 귀신이 함께 거할 수 없다. 그들은 성경을 해석하거나 인간의 경험을 이야기할 때 그 잘못된 주장을 무의식적으로 적용한다. 이 잘못된 이야기를 믿는 사람들은 자기의 주장이 진리인 성경의 말씀을 근거로 유추해낸 것이라고 말하지만, 성경을 그들이 설정해 놓은 주장에 맞추어 해석한다.

이 무책임한 주장은 매우 위험하다. 왜냐하면 이런 주장을 펴는 사람들은 다른 가능성에 대해 알아보려는 노력을 조금도 하지 않기 때문이다. 그러므로, 그들은 귀신들림이 확실한 실제적인 일이라도 그리스도인에게 귀신이 들릴 수 있다는 가능성을 인정하지 않다. 또 그들은 귀신들림이 확실한 것 같다고 생각되는 경우가 있어도 귀신 들린 사람이 그리스도인이라는 것을 부인하려 한다. 그러므로 사람들은 귀신들림으로 받는 고통과 진정한 그리스도인으로 받아들여지지 않는 고통으로 인해 이중으로 괴로워하게 된다.

나는 이렇게 생각하는 사람에게 몇 주일만 나를 따라다니며 그리스도인들의 간증들―귀신을 쫓아내기 전의 간증과 그 귀신이 쫓겨나간 후의 간증―을 들어보라고 권하고 싶다. 실제로 귀신들림에서 벗어난 사람들의 증거를 유심히 살펴본 사람들은 그들의 잘못된 주장을 바꾸게 된다. 메릴 엉거, 머피 등 대부분의 사역자들이 대표적 예이다. 그릇되게 알고 있던 굳은 생각도 부인할 수 없는 증거 앞에서는 힘을 잃을 수밖에 없다. 그들은 오팔 레딘이 쓴 『능력 대결』 (Power Encounter)이라는 책에 나오는 것과 같은 확실한 방법에 의한 것이 아닐지라도 그 간증을 들음으로써 귀신이 있음에 대해 심각하게 생각해야 한다. 일단 사람들에게 나타난 현상을 심각하게 받아들이기 시작하면, 그들은 그리스도인도 귀신들릴 수 있다는 주장에 동조하든지, 그리스도인의 귀신들림을 달리 설명하기 위해서 나름의 새로운 이론을 펼 것이다.

그리스도인이 귀신들릴 수 없다고 생각하는 사람들의 주장도 부분적으로는 맞다고 할 수 있다. 귀신은 아담이 죄를 지었을 때 죽었던 부분, 즉 인간의 핵심적 부분인 그리스도인의 영 안에는 거할 수 없는데, 그 이유는 이제 예수께서 그 안에 거하시기 때문이다. 그러나 귀신은 다른 부분들, 즉 죄를 담고 있는 육신에는 거할 수 있다. 예수 그리스도 안에서 성장하면서 사탄과 대적한다는 것은 육신 안에 거하는 귀신들과 그 귀신들 속에 있는 죄악을 극복해 나가는 것을 포함한다. 그리스도인은 귀신들릴 수 없다는 내용에 관한 더 자세한 것은 다음 장에서 언급하기로 하자.

오류 2. 사람들은 귀신에게 사로잡혀 있다.

귀신이 들어가 사는 사람을 표현할 때 우리는 귀신에 사로잡혀 있다는 말을 많이 한다. 이 말은 "*daimonizomai*"라는 헬라어를 잘못 번역한 성경에서 온 것이라 할 수 있다. 예전에 번역된 성경, 심지어 New International Version에도 이 단어가 "귀신에 사로잡힌"(demon possessed)으로 번역되어 있다.

다음 문단에서 좀 세세하게 학문적으로 설명하는 것을 이해해주기 바란다. 번역할 때 되는 대로 하지 않고 정확하게 하는 것은 매우 중요하다. 특히, 그 내용이 사탄에게 유익함을 선사하는 내용일 경우에는 더욱 그러하다. 사탄이 사람들을 해롭게 할 수 있는 일이 "사로잡힘"이라는 단어를 사용함으로써 실제보다 더 크게 평가되기도 한다.

*daimonizomai*라는 헬라어는 마태복음에 7번, 마가복음에 4번, 누가복음에 한 번, 요한복음에 한 번 나온다. 이와 함께 *echein daimonion*(귀신을 가지고 있다)라는 헬라어는 마태복음에 한 번, 누가복음에 세 번, 요한복음에 다섯 번 나온다. 누가는 *echein daimonion*을 *daimonizomai*와 바꿔가며 썼다. 성경의 저자들이 *daimonizomai*라는 표현을 쓸 때는 *echein daimonion*보다는 좀 더 귀신이 지배하는 것을 나타내기 위함이었던 것 같다. 그러나 두 가지 모두 귀신에 사로잡혀 있다는 의미로 해석되어야 할 근거는 없다. 귀신에 사로잡혀 있다는 표현은 귀신의 지배가 매우 강함을 의미한다. 그러므로 두 단어 모두 "귀신들림"이라고 번역됨이 좋다(마 4:24; 8:16, 28, 33; 9:32; 12:22; 15:22를 보라).

귀신들린 사람들과 귀신의 관계를 정확하게 묘사하는 것은 매우 중요한 일이다. "귀신에 사로잡힌"이라는 말은 귀신 대다수의 영향을 받는 상태를 과장해서 표현한 것이다. 이런 극단적 표현이 어울리는 경우가 있다면, 그것은 가다라 지방에 있던 자의 경우이다(마 8:28-34). 그러나 많은 사람이 영향력이 약하고 사람들이 흔히 갖고 있는 귀신들을 대적하므로 귀신들의 영향력을 보다 강한 차원으로 올려놓는 것은 잘못된 것이요 해로운 일이다. 나는 귀신이 조종하는 수많은 사례 중 10퍼센트 미만의 경우만이 귀신에 사로잡혀 있는 경우라고 평가한다.

따라서 "귀신에 사로잡힌"이라는 용어보다는 좀 더 중성적인 의미를 주는 "귀신들린"이라는 표현이 훨씬 낫다. 이 말이 헬라어 원어에 더욱 가깝고 사람들을 덜 무섭게 한다. 엉거의 말을 빌리면, "귀신에 사로잡힌"이라는 용어는 성경에 나타나지 않는다. 이러한 용어는 기원후 1세기의 유대인 역사가인 플라비우스 요세푸스로부터 시작하였고, 그 다음에 교회에서 쓰이는 언어로 전수되었다. 그러나 신약 성경은 자주 귀신에 대해 말하는데, 그들을 "영을 갖고 있음", "귀신", "귀신들", 혹은 "깨끗지 못한 영"이라고 불려졌다. 악한 영에 의해 희생된 불쌍한 사람들을 보통 "귀신들렸다"고 말하는데, 그 경우 하나 혹은 둘 이상의 귀신들이 그들 속에 거하면서 정기적으로 사람들을 공격한다. 뿐만 아니라, 귀신들은 사람들을 육체적, 정신적으로 혼란하게 한다.[1)]

　용어상 다소 약한 것을 사용한다고 해서 사탄을 더 유리하게 만드는 것은 아니다. 오히려 이렇게 함으로써 귀신이 영향력을 미치는 여러 정도에 대해 알게 될 뿐 아니라, 귀신의 능력에 대해서도 더 정확히 알 수 있게 된다. 예를 들어, 귀신들림의 정도가 1부터 10까지 있다고 볼 때, 조지의 경우는 1 정도에 불과한 경우인데, 이를 귀신들렸다고 하는 것이 귀신에게 사로잡혔다고 하는 것보다 훨씬 나은 느낌을 주지 않겠는가? 조지의 경우 공포를 가져다주는 영이 매우 약한 상태로 들어 있었는데, 이를 "귀신에 사로잡혔다"고 하는 것은

---

1). Merrill Unger, *Demons in the World Today* (Wheaton, IL: Tyndale, 1971), p. 101.

타당치 않다. 조지가 공포심으로 괴로워했지만, 귀신에 사로잡혀 있었던 것은 아니다. 그 이유는 그에게 들어있던 귀신은 그의 삶을 완전히 지배할 만큼 큰 힘을 갖고 있지 않았기 때문이다. 조지에게 들어있던 귀신은 1 정도의 귀신에 지나지 않았다.

오늘날 거의 모든 저자들은 "귀신에 사로잡힌"이라는 용어보다는 "귀신들린"이라는 용어를 좋아한다. 나 역시 정확하지 않은 용어들, 예를 들어 "고통", "압제", 혹은 "속박" 등 귀신 들린 현상을 나타내는 말들을 사용하는 것을 별로 좋아하지 않는다. 비록 그런 용어들이 귀신의 영향력을 제어하는 데 유용하게 사용될는지는 몰라도, 이런 용어들을 사용할 대 매우 조심한다.

내 경험으로 볼 때, 귀신들이 어떤 사람을 쉬지 않고 계속서 지배하지는 않는다. 심한 경우에 귀신이 어떤 사람을 완전히 지배하는 기간이 짧거나 길게 있을 수 있다. 그런 경우 심한 귀신들림은 오히려 "귀신에 사로잡혔다"라고 하는 편이 타당하다. 귀신은 그리스도인을 완전히 지배할 수 없다. 그 이유는 귀신은 예수님이 거하시는 그리스도인의 영에 거할 수 없기 때문이다. 이에 관해서는 제3장에서 상세히 다루겠다.

오류 3. 축사 사역은 단 한 번에 이루어진다.

나는 가끔 "예수께서 귀신에게 떠나가라고 명령하셨을 때 귀신이 즉시 떠났는데, 우리는 왜 그렇게 하지 못하는 것일까?"라는 질문을 자주 받는다. 귀신들린 사람을 자유롭게 해주는 일을 하는 많은 그리스도인은 자기가 이를 시도할 때는 왜 예수께서 쉽게 하신 것과 같지 않을까 생각하며 당황한다.

이에 명쾌한 대답을 할 수 있었으면 좋겠지만, 나는 추측할 뿐이다. 어떤 경우에는(조지의 경우처럼) 내가 예수 그리스도의 이름으로 명령했을 때 곧바로 귀신은 떠나갔다. 그리고 어떤 경우에는 내가 귀신과 대적하자마자 귀신은 "나를 여기서 내보내 달라"라고 말했다. 내가 그에게 떠날 것을 명령했을 때 그는 떠나갔다. 또 어떤 경우는 사역을 시작한 지 얼마 되지 않았을 때, 귀신은 "나는 여기가 싫다. 나는 나간다. 나뿐만 아니라 나와 함께 있던 친구까지도 데리고 나갈 것이다"라고 말했다. 그래서 나는 "그대로 해라"고 말했고, 그 귀신들은 떠났다. 이런 경우에 반드시 해야 할 일이 있는데, 그것은 귀신들이 다시 침입하지 못하도록 방어하기 위해 귀신 나간 사람들에게 필요한 내적인 치유를 베풀면서 돌봐 주는 것이다.

보통 축사 사역은 시간이 오래 걸린다. 특히, 감정적이고 정신적인 "쓰레기"(역자주: 저자는 내적으로 치유되어야 할 문제들, 즉 분노, 원망, 미움 등의 앙금을 이렇게 표현했다)를 치우는 작업을 할 때 우리가 하는 방법으로 하는 경우에는 시간이 꽤 걸린다. 나는 가끔 과연 예수님도 이런 쓰레기들을 다루셨는지, 다루셨다면 어떤 방법을 쓰셨는지 궁금할 때가 있다. 에베소서 4장 17-20절에 보면, 그 당시에도 감정적이고 정신적인 문제가 있었음을 알 수 있다.

적어도 세 번 수님의 치유나 축사가 즉시 일어나지 않았다. 거라사 지방에서 귀신을 쫓으신 것을 기록한 마가복음 5장 1-15절 중 8절에서 예수께서 귀신들에게 계속 떠나라고 명령하신 사실을 알 수 있다. 여기에서 보면, 귀신을 쫓을 때 어떤 과정이 있는 것을 알 수 있다. 마찬가지로, 벳새다의 소경을 치료하실 때(막 8:22-26) 예수님은 그의 눈에 두 번 안수하셨는데, 그 이유는 첫 번째 안수를 하신 후에 그 사람의 시력이 완전히 회복되지 않았기 때문이었다. 그리고 제자들이 귀신을 내쫓지 못한 경우(막 9:18)가 있는데, 예수님은 그 이유를 말씀하실 때 "기도 외에 다른 것으로는 이런 유가 나갈 수 없느니라"(막 9:29)고 하셨다.

내 경험에 의하면, 귀신 쫓는 일은 대부분 단번에 이루어지지 않는다. 나 역시 가능하면 이런 일을 할 때 빨리 끝낼 방법이 있으면 기꺼이 그것을 택해서 하고 싶은 심정이다. 그러나 내가 이해할 수 없는 이유가 있는지 몰라도, 나는 그렇게 하지 못한다. 확실한 사실은 귀신들렸던 사람이 놀랍게도 귀신에게서 자유롭게 된다는 것이다. 이 한 가지 사실만으로도 충분히 축사 사역이 할 만하다.

나는 예수께서 행하셨던 일과 내가 하는 일의 효과의 차이는 다름이 아니라 예수님과 하나님과의 친밀한 관계성에 기인한 것이라고 생각한다. 예수님은 하나님께서 행하시는 일을 보고 그것만을 하셨다(요 5:19). 하나님과의 완전한 관계로 인해 예수님은 항상 충만한 능력과 권위를 가지고 하나님의 때 일하실 수 있었다. 예수님을 생각해 볼 때, 나는 나 자신이 너무도 부족한 것을 절감한다. 그럼에도 불구하고 하나님은 기꺼이 나를 사용하시는데, 나는 이에 대해 하나님께 감사할 따름이다.

예수님은 하나님과 함께 조용히 지내는 시간을 갖곤 하셨는데, 그때마다 예수님은 다음 사역을 위한 하나님의 지시와 권세를 받으셨다. 그리고 예수님은 하나님께서 그에게 지시하시는 사람들에게만 사역을 하셨다. 예수님은 많은 사람—몸이 아픈 자, 감정적 상처를 입은 자, 귀신들린 자—을 만나셨지만, 모든 사람을 고치신 것이 아니라, 하나님께서 지시하신 사람들만 고치셨다. 이러한 예수님의 경우를 생각해 볼 때, 우리가 우선 해야 할 일은 하나님과의 깊은 교제임을 알 수 있다. 우리가 예수님처럼 하나님의 음성을 듣고 순종할 수 있다면 예수님처럼 놀라운 사역을 할 수 있을 것이다.

그러나 이 세상에 사는 우리는 하나님과의 친밀함을 예수님처럼 완벽하게 유지할 수 없는 것이 사실이기 때문에 능력과 권세 행함, 하나님의 때를 분별함에서 미흡할 수밖에 없다. 이런 이유로 인해 나는 나의 친구인 캔 불루의 입장을 지지하는데, 그는 "치유와 축사 사역이 할 만한 것이든지 아니든지 나는 이 일을 중단할 마음이 없다. 나는 아픈 사람들을 위해 기도해 주라는 명령은 내가 설명으로만 하거나 무시할 수 있는 것이 아니라고 생각한다."[2]라고 말했다.

우리의 사역이 예수님보다 훨씬 시간이 오래 걸리고, 우리가 갖는 하나님과의 친밀한 관계가 예수님에 비해 형편없는 것이라도, 병든 자를 위해 기도하라는 예수님의 명령은 지켜져야 한다. 예수께서 함께 하시는 사역을 통해 사람들을 자유롭게 해주는 것과 우리의 삶에 기쁨과 활력이 넘치는 것을 생각하면, 시간이 걸려도 이를 행하는 것은 가치 있는 일이다. 하나님의 능력으로 일할 수 있다는 것은 무

---

2). Ken Blue, *Authority to Heal*, p. 17.

엇것과도 비교할 수 없는 특권이다. 이 사역은 우리의 능력으로 되는 것이 아니고, 우리는 할 수 없지만, 예수께서 약속하신 것같이 우리도 할 수 있을 뿐 아니라 이보다 큰 것도 하리라(요 14:12) 하심을 이루게 하실 수 있는 하나님의 능력으로 되는 것이다. , 나는 이 사역을 그만둘 마음이 없다. 귀신에게서 벗어나 기뻐하는 사람을 보는 것이 얼마나 즐거운 일인지 모른다.

오류 4. 귀신들림은 정신병이다.

진보적 신자들은 예수께서 귀신을 쫓아낸 성경적 사건이 정신병을 고치신 예수님의 방법을 적어 놓은 것일 따름이라고 생각한다. 그들은 "예수님은 그 당시 사람들이 귀신이 문제의 원인이라고 믿고 있음을 인정하셨지만, 오늘날 우리가 알고 있는 것, 즉 소위 귀신들렸다는 것은 중증의 정신병에 걸린 것이라는 사실을 그 당시에도 아셨다"라고 말한다.

안타깝게도 이처럼 잘못된 생각이 복음주의자들 가운데서도 만연되어 있다. 자연스럽게 갖게 된 우리들의 서양적 세계관(저자의 책 「능력 기독교」 참조)은 사탄과 귀신들이 초자연적 실재라는 것을 믿는 데 큰 방해 요소가 된다. 우리는 우가 성장해오는 동안 "보는 것이 믿는 것이다", "볼 수 없는 것은 존재하지 않는다"라고 배워왔다. 보이지 않는 실체가 능력을 행할 수 있다는 것은 이야기책에나 나오는 것이지 실제로는 어림도 없는 일이라고 생각한다.

더 나아가서, 우리는 심리학을 포함한 모든 서양 과학에 매료되어 있어서, 과학자들이 설명할 수 없는 현상이 우리에게 일어날 확률은 거의 없다고 생각한다. 대부분 서양인들은 오늘날 과학자들이나 학자들이 1세기 사람들에 비해 귀신들림을 잘 이해하지 못한다는 사실을 수용하지 않으려 한다. 심리학자들과 상담하는 것이 과연 치유를 가져오는가에 대해서는 의문이라는 조사 결과가 있음에도, 우리는 믿는 사람이 귀신들린 증세를 나타낼 때 그를 심리학자에게 데려 가는 게 보통이다.

우리는 서구적 세계관을 바로잡는 일보다도 우선 귀신들린 문제를 다룬 구절들의 영적 해석에 의문을 갖지 않을 수 없다. 그러나 이제 서구적 세계관에 젖어 있지 않게 된 우리는 엄연히 귀신이 가져다주는 것을 심리적 현상이라고 생각하는 오류를 범하지 않는다. 반대로, 우리는 심리적 현상을 귀신이 준 현상으로 여기지 않는다. 이 두 가지 현상을 동일한 것, 즉 심리적인 것으로 여기는 것이 잘못된 생각임은 분명하다.

오류 5. 감정적 문제는 귀신에 의한 것이다.

〈오류 4〉에서 언급한 것과는 대조적으로, 귀신이 실재한다는 것을 아는 사람들이 극단적으로 나가는 경우도 있다. 그것은 모든 감정적 문제가 귀신들로 인함이라고 믿는 것이다. 오순절주의자들이나 은사주의인 사람들에게 이런 어이없는 단면이 있음을 알 수 있다. 이런 극단적 생각은 많은 그리스도인뿐만 아니라 귀신들의 존재와 그 활동에 관심을 두려 하는 비그리스도인도 귀신에 대해 거부감을 갖게 하는 역할을 한다.

비록 귀신들리는 일이 비일비재하지만 귀신으로 인해 오는 감정적 문제는 매우 드물다. 오히려, 감정적 문제를 일으키는 원인은 다른 데 있는 경우가 허다하다. 예를 들어, 어린이 학대의 경우, 어린이를 학대하는 사람을 귀신이 조종할 수는 있을지라도 그 어린이에게 감정적 상처를 준 것은 귀신이 아닌 학대 자체이다. 어떤 어린이가 자신이 받은 학대로 인해 귀신에 들릴 수도 있고, 또 그렇지 않을 수도 있지만, 감정적 상처와 귀신들린 것은 엄연히 다른 것이다. 나는 어린 시절 심하게 학대받은 경험이 있는 사람들을 많이 만났는데, 그들 중에는 귀신들리지 않은 자도 있고 귀신들린 자도 있었다.

〈오류 6〉에서 언급하겠지만, 사탄과 귀신들에게는 창조의 능력이 없으므로, 무(無)에서 어떤 것을 생성할 힘이 없고, 이미 있는 것에 기생하여 살 수 있을 뿐이다. 그러므로, 문제가 귀신이 붙어 있음으로 인함인지 아닌지를 분별해야 한다. 모든 문제가 귀신들로 인함이라고 단정해서는 안 된다.

나는 귀신으로 인한 문제가 어느 정도인지 수치를 정확히 알지 못하지만, 많은 경우 처음 문제가 시작될 때는 귀신에 의해 생겨난 문제가 아니지만, 나중에 가서는 간접적으로 귀신이 관여하여 일을 힘들게 한다고 본다. 나는 귀신들이 사람들의 안팎에서 이 모양 저 모양으로 많은 영향을 준다고 생각한다. 제5장에서 자세히 살펴보겠지만, 귀신들의 활동은 대부분 바깥에서 이루어지고 있다.

귀신이 사람들이나 사건들에 영향을 줄 수 있는 데에는 한계가 있다. 그러나 귀신들은 기회를 아주 잘 포착한다. 예를 들어, 아동 학대가 처음에 귀신이 주도권을 잡는 것으로 시작되지 않았어도, 귀신은 그 학대당한 사실을 물고 늘어져서 일을 악화시키려고 혈안이 된다. 또 학대당한 사람이 이를 잘 극복하려고 하는 경우에라도, 귀신들은 할 수 있는 한 그 사람을 충동하여 혼란을 가져오게 하고, 과장된 것으로 생각하게 하여 좋은 결과 대신 나쁜 결과를 가져오게 하기도 한다.

귀신이란 실재하는 존재일 뿐 아니라 전략도 갖지만, 그 능력에 한계가 있음을 알아야 한다. 귀신의 능력에 한계가 있음을 알게 해주는 것 두 가지는 하나님의 능력과 사람의 의지이다. 귀신이 활발하게 움직여도 하나님의 능력이나 강한 인간의 의지 앞에서는 힘을 잃는다. 특히, 인간의 강한 의지가 하나님의 능력으로 대적할 때, 귀신은 견딜 수 없다. 대부분 그리스도인은 하나님의 능력을 힘입고 자신의 의지를 사용한다. 그러나 이처럼 하나님의 능력을 힘입는 것에 대해 올바른 이해를 하지 못하는 사람이 자신의 의지로만 일을 해결하려 할 때, 귀신은 그것을 재빨리 파악하여 일을 그르치게 한다. 이때 사람은 유혹과 공격을 이기지 못하는 자신에 대해 모멸감을 갖게 된다.

귀신이 실제로 일하는 것을 무시하는 것은 잘못이다. 그러나 그들의 능력에 한계가 있음을 알고 대처해야지, 귀신의 능력을 과대평가하는 것은 옳지 않다.

오류 6. 그러한 문제는 귀신들림이거나 감정적인 것이다.

미국인들은 "이것 아니면 저것이다"라는 식의 사고방식에 익숙해 있다. 그리고 어떤 질문에 대해서 간결한 답을 추구하는 성향이 있다. 그래서 많은 사람은 이때까지 우리가 논한 것들에 대해, 단순히 그것이 귀신들림이거나 아니면 감정적인 것이라고 단정하게 된다. 자연주의적 사고방식에 익숙해 있는 사람들은 문제를 감정적인 것으로 보는 반면, 영적 세계에 대해 잘 알게 된 사람들은 문제를 귀신이 가져다주는 것으로 돌린다. 그리고 문제가 귀신이 주는 것이거나 감정적인 것이라고 믿는 사람들조차도 그 문제를 이것 아니면 저것으로 구별하려 한다.

그러나 문제가 귀신이 주는 것이거나, 아니면 감정적인 것이라고 확실히 구별하는 것은 잘못된 것이다. 감정의 문제라거나 귀신들림에 의한 것이라고 확연하게 구별되지 않는 경우가 많다. 우리는 경험을 통해 다음과 같은 것을 알게 되었다.

1. 사람들은 감정적인 문제를 가지고 있지만, 그것이 귀신에 의한 것이 아닐 수 있다.
2. 사람들은 감정적, 육체적, 정신적 문제를 가지고 있고, 아울러 귀신도 들려 있을 수 있다.

귀신은 무(無)에서 유(有)를 만들어 낼 수 없다. 귀신에게는 창조의 능력이 없다. 그들은 이미 있는 것에 붙어서 일할 수 있을 뿐이다. 감정적 혹은 정신적 문제는 밥이 될 수 있는 쓰레기를 제공한다. 그렇다고 해서 모든 감정적 쓰레기가 귀신의 밥이 되는 것은 아니다. 단순히 감정적 병을 가진 경우도 있다. 증상은 비슷하지만 감정적인 병과 귀신들림이 함께 있어 고통당하는 경우도 있다.

그러므로, 우리가 모든 문제 속에서 단순히 귀신만을 찾아내려는 태도를 지양해야 하고, 또한 귀신들렸다고 해서 모든 문제가 다 귀신으로 인함이라고 여기지 말아야 한다. 모든 문제의 궁극적 목적은 치유하는 데 있으므로, 문제가 단순히 감정적 문제로 인한 것일 때는 이에 따라 치유해야 하고, 문제가 감정적인 것과 귀신들린 것의 복합적인 것이라면 또 이에 적합한 방법으로 치유해야 한다.

그러므로, 귀신이 들어있든지 없든지를 불문하고 우리는 감정적인 문제를 우선으로 꼽아야 할 것이다. 귀신들림은 항상 그 후에 생각해야 한다. 이는 쓰레기가 있으면, 쥐가 그곳에 모여드는 것과 같은 이치다. 쓰레기는 그대로 둔 채 쥐를 없애버린다 해도 쥐는 다시 나타나는 것처럼, 감정적 문제를 그대로 둔 채 귀신만 쫓는 것은 의미가 없다. 그러나 쓰레기를 먼저 치우면 쥐를 쫓는 것은 아주 쉬운 일이 된다. 그러므로, 우리는 귀신이 있든지 없든지 감정적, 정신적 쓰레기부터 치워야 한다.

나는 귀신들린 것과 감정적으로 병든 것, 이 두 가지를 선을 긋듯 확연히 구별하여 개별적으로 다루지 않는다. 대신, 앞서도 이야기한 대로 귀신이 들어있든지 없든를 상관하지 않고 모든 감정적 문제를 우선해서 다룬다. 문제가 있는 사람이 혹 귀신이 들렸어도, 감정적 문제가 많이 치료된 후에 귀신을 쫓아내는 일을 행한다. 그러면 귀신은 처음보다 훨씬 힘을 잃으므로 쉽게 쫓겨나간다. 이 방법을 통해서, 귀신들린 사람들이 지닌 진짜 문제는 귀신이 아니라 귀신이 붙어있는 깊은 내면의 감정적인 문제임을 알게 되었다.

이 방법을 사용하므로, 우리의 사역을 단순히 귀신만을 쫓는 사역의 범주에 넣지 않는다. 사람들을 자유롭게 해주는 일은 귀신을 쫓아내는 것으로 끝나는 간단한 것이 아니다. 중요한 요소는 어떤 사람에게 귀신이 들어갈 수 있도록 길을 터 주는 격이 되는 감정적 상처이다. 이런 감정적 문제는 내적 치유를 위한 기도와 건전한 크리스천 상담을 통해 치료를 받아야 한다. 내적 치유를 위한 기도, 축사, 그리고 순전히 기독교적인 상담 치료법이 잘 조화를 이룰 때, 귀신들린 사람들일지라도 완전한 치료를 받을 수 있게 된다. 이러한 치료법은 심한 상태에 있는 사람들—예를 들면 사탄이 행하는 의식에 참여했던 자들—에게 특히 효과가 있다.

오류 7. 미국에는 귀신들린 자가 흔치 않다.

나는 가끔 미국 교회의 지도자들로부터 "미국에 사는 우리가 왜 축사에 대해서 배워야 하는가?"라는 질문을 받는다. 그들은 미국이 기독교적 영향을 받은 나라므로 사탄이 이 땅에서는 활개를 칠 수 없다고 믿는다. 귀신의 존재를 믿지 않는 많은 사람과는 달리, 이들은 귀신의 존재를 믿고 있지만 여러모로 잘못 알고 있기 때문에 이렇게 말하는 것이다. 첫째, 미국이 받은 기독교적인 영향은 귀신이 자리 잡지 못하게 하기에 충분한 조건이 된다고 잘못 알고 있다. 둘째, 그들은 귀신들림의 현상은 확실한 증거가 있는 것이라고 생각한다. 셋째, 그래서 귀신들은 미국이 아닌 다른 지역에서 명백한 증거를 가지고 활동한다고 생각한다. 사탄은 매우 영리하기 때문에 미국에서는 그 활동을 전개하지 않는다고 생각한다. 그러나 사탄은 꾀가 많으므로 그들이 생각하는 것과 같이 눈에 확실히 보이는 현상이 아닌 방법으로도 훼방을 놓고 있음을 알아야 한다.

이처럼 잘못 알고 있는 것이 사람들에게 많은 해를 주고 있다. 많은 기독교 지도자들과 교회들, 그리고 많은 신자가 이렇게 잘못된 인식을 갖고 있기 때문에 사탄은 더 신이 나서 일한다. 미국이 사탄의 영향을 받지 않는다고 알고 있는 것은 잘못된 것이다. 영의 세계에 눈 뜬 사람은 사탄이 우리 주변에서 쉴새없이 일하는 것을 알고 있다. 다음 사항들을 살펴보자.

1. 미 전역에 있는 도시 대부분이 여러 형태의 이단에 접해 있다. 이런 이단에 관여하는 사람들을 통해 사탄은 그 능력을 나타낸다. 손금보는 사람, 점쟁이, 심령 연구가, 카드 점치는 자, 점성가 등을 통해서도 사탄은 일한다. 영매, 점성가, 심령연구가들은 그들의 활동을 공공연하게 광고한다. 크리스천 사이언스, 몰몬교, 여호와의 증인 등이 모이는 곳에서도 귀신들은 그 능력을 나타낸다. 불교와 이슬람교도 그들의 주 활동 무대다. 가라데나 중국의 체조식 권법 교관들과 교습생들은 정기적으로 악의 영에게 자신을 헌신한다.

2. 악령들의 실재에 관한하여 기독교는 세상 사람들보다 더 모르고 있다. 「타임」지는 악령에 관한 기사를 실은 적이 있다(1991년 6월 10일 자). 비정통적인 의료실습 잡지에도 이런 기사가 실린 적이 있다 (1991년 11월 4일 자). 후자의 기사에 의하면, 몇몇 이단들이 병을 고치려고 시도했다가 오히려 귀신들리는 결과를 초래했다고 한다. 뉴에이지 운동이나 명상요법, 혹은 다른 이단들이 병을 고치는 데 큰 영

향을 주고 있다. 많은 건강 식품점에까지 이런 영향이 미쳐 있기 때문에 우리는 이런 곳에 들어갈 때 하나님의 보호하심을 구하는 것이 좋다. 덧붙여서, 어떤 국민학교 교과서에는 영매나 귀신들을 불러내는 것조차 들어 있기도 하다.

3. 인쇄물이나 전파 매체들이 사람들에게 끼치는 나쁜 영향은 참으로 많다. 종교의식을 위한 살인이나 어린이 학대 등의 사건을 대할 때 서글퍼진다. 예를 들면, 밤거리 배회자로 불렸던 연쇄 살인자 리처드 라미레즈 사건을 통해 나타난 사탄의 상징과 언어, 샘의 아들로 불렸던 리차드 벌코위츠와 헨리 리 루카스의 대량 학살과 관련된 이단을 통한 사탄의 영향, 제랄도 쇼에 나오는 사탄 숭배자들, 탁아소에서 어린이를 성적으로 학대한 무서운 일, 텍사스와 멕시코 국경에서 있었던 종교적 의식을 위한 한 가족 살인 사건 등이 있다. 이러한 일련의 사건들은 우리를 오싹하게 한다. 우리가 알지 못하는 영역에서 또 어떤 일이 벌어지고 있을까 생각하면 마음은 어둡다. 사탄 숭배자들의 활동(Larson의 *Satanism* 참조)과 뉴에이지 운동에 가담한 사람들의 활동(Groothuis, *Unmasking the New Age and Confronting the New Age* □ Chandler□ *Understanding the New Age* □□)에 관해서 알게 되면, 우리는 정신을 차리게 되고, 문제 해결을 위해서 무엇인가 해야 한다는 의식을 갖게 될 것이다. 오늘날 미국 사람들은 어느 때보다도 더 빠른 속도로 스스로 귀신들의 희생물이 되는 길을 택하고 있다.

기독교 심리학자 제임스 프리젠(James Friesen)은 다중인격 장애 치료의 권위자인데, 그의 최근 저서 *Uncovering the Mystery of MPD*

에서 어떤 통계를 발표했다. 그에 따르면, 미국 사람 중 적어도 십만 명은 어린아이 때 사탄이 관여된 종교의식의 피해자라는 것이다. 더욱 경악할 일은 "종교의식에 의한 학대행위"에 관한 Los Angeles Task Force의 조사에 의하면, 캘리포니아에 있는 유아원 중 100개 이상의 학교가 이와 관련되어 있다. 프리젠은 이 기관의 말을 빌려 "이러한 일에 관여하는 유아원 수만 보아도 수많은 미국의 어린이들이 사탄숭배 사상을 주입 당하는 것을 알 수 있다"[3]고 말했다. 그러나 이런 범죄는 거의 법으로 제재 받지 않고 있는데(프리젠은 몇몇 경우의 예를 서류화해 놓았다), 그 이유는 대개의 사람들이 그러한 일이 일어나는 것을 믿지 않으려 할 뿐 아니라 어떤 행동을 취하지도 않으려 하기 때문인 것으로 풀이된다.

귀신들의 활동은 미 전역에 걸쳐 일어나고 있다. 더 나아가서, 사탄과 사교에 관여하는 사람들이 한결같이 갱단원같이 행동하는 것이 아니라는 사실은 많은 사람을 놀라게 한다. 이런 사람들 대부분은 정상적인 생활을 한다. 그중 많은 사람은 의사, 선생, 변호사와 같이 사회적으로도 높은 지위에 있으면서 존경받는 사람들이다. 그들은 의식을 거행하기 위해 때때로 교회 시설을 이용하기도 한다.

이러한 내용을 밝히는 데는 세 가지 이유가 있다.

첫째, 이런 일이 현재 미국 내에서 광범위하게 일어나고 있음을

---

3). James Frieson, *Uncovering the Mystery of MPD* (San Bernardino, CA: Here's Life, 1991), p. 91.

알고, 이 사실을 인정하는 사고 체계를 갖게 하기 위함이다.

둘째, 이런 의식에 참여하는 어른들과 피해를 당하는 어린이들은 귀신들린다는 것을 알리기 위함이다.

셋째, 예수 그리스도의 교회인 우리가 이러한 사실을 알고 깨어서 사탄의 희생물이 된 자를 예수 그리스도의 능력으로 자유롭게 해주는 데 앞장서야 함을 알게 해주기 위함이다.

귀신들림의 문제가 외국에서 일하는 선교사들에게만 적용되는 것이 아님을 알아야 한다. 성경은 "온 세상은 악한 자 안에 처한 것이며"(요일 5:19b)라고 했음에 주목하라. 미국도 온 세상 속에 들어 있다. 프리젠은 "사람들이 아무것도 하지 않고 방관할 때 악은 점점 퍼져 나갈 것이다"[4]라고 말했다.

오류 8. 귀신들리는 이유는 죄와 불순종이다.

귀신들린 사람이 더 상처받는 이유는 소위 그리스도인이라고 칭하는 주변 사람들이 귀신들린 이유가 죄가 많고 하나님께 순종하지 않았기 때문이라고 말하기 때문이다. 예수님은 귀신들린 사람에게 책임을 묻지 않으셨다. 귀신들림이 우리가 의식할 수 있는 상태에서만 올 수 있다는 생각은 잘못된 것이다. 앞으로 살펴보겠지만, 의식할 수 있는 상태에서 귀신들리는 일도 있지만, 대부분 그리스도인들의

---

4). 같은 책, p. 101.

경우에 이것은 매우 드문 일이다.

우리 그리스도인은 상처입은 사람을 더 아프게 하는 데 한몫을 하는 것 같다. 귀신들려 고생하는 사람은 이미 심한 고통과 혼란에 빠져 있는데, 그들의 문제가 그들 자신의 잘못이라고 몰아칠 때 그들의 고통이 가중되는 것은 뻔한 사실이다. 나에게 기도 받으러 온 많은 사람이 수치스러운 감정을 갖고 있었을 뿐 아니라, 그들의 문제가 용서받을 수 없는 심각한 것, 즉 하나님과의 관계를 단절시키는 것이 아닌지 두려워했다.

그리스도에게 불순종했거나 죄 속에 뒹굴었기 때문에 귀신들린 게 아니라, 오히려 그들은 예수님을 깊이 사랑하는 용기 있는 그리스도인들인 경우가 많다. 그러나 그들은 자신이 왜 그런지 이유를 설명할 수 없을 뿐 아니라, 그들의 삶을 부여잡고 있는 것에서 자유로워질 수도 없다. 테리가 대표적 예이다. 그녀가 예배에 참석할 때마다 그녀 속에서 싸움이 일어나곤 했다. 예배 도중 일어나서 달려나가고 싶은 충동이 거의 억제할 수 없는 힘으로 그녀를 괴롭혔다.

테리는 하나님과의 경건의 시간도 갖고 있었고, 예수님께 깊이 헌신하는 생활을 하고 있었음을 알 수 있다. 그녀가 예배 중 일어서 나가고 싶은 충동을 강하게 느끼는 것은 귀신들림의 증상인데, 그 이유는 귀신들은 예배드리는 것을 매우 싫어하기 때문이다. 나는 테리의 자존감과 관련된 몇 가지 문제점을 정리한 후에 매우 약한 몇 명의 귀신을 예수님의 이름으로 쫓아냈다. 그후 테리는 방해 받지 않고 마음껏 하나님께 예배드리고 있다.

폴이라는 목사가 매우 주저하면서 나에게 와서 자신이 어려서부터 머릿속에서 나는 소리를 듣고 있다고 말했다. 폴은 자신의 머릿속에서 들려오는 소리가 귀신들로 인한 것이라면 그의 영적 생활에 잘못된 것이 있다는 강박관념으로 인해 죄의식을 느끼고 있었다. 폴은 만일 그 소리가 귀신들림으로 인한 것이면 자신이 사역을 할 자격이 없다고 생각했다. 그러나 그의 문제가 부모로부터 온 것임을 알게 되었으므로(제3장 참조), 그는 귀신들림으로 인해 죄의식을 가질 필요가 없었다. 폴은 예수님의 능력으로 귀신과 죄의식에서 벗어났다.

예수님을 믿지 않는 사람들도 간혹 기도 받으러 오는 경우가 있는데, 그들은 깊은 상처를 받았거나 학대를 당한 적이 있는 사람들이다. 그들에게 잘못이 있거나 없거나를 막론하고 그들이 받은 상처나 학대는 귀신들이 그들의 삶에 쉽사리 들어올 수 있는 먹이를 제공해 주는 셈이 된다. 대개는 그들이 어렸을 때 학대를 당했으며, 때로는 그들이 믿고 좋아하던 가족들에게 학대를 당하기도 하였음을 알 수 있다. 간혹 그 피해는 사탄을 숭배하는 일이나 종교의식을 통해서 온 것이다. 학대를 받은 경험이나 부모에게서 물려받은 것 때문에 귀신이 들린 경우에 그것을 그들의 잘못으로 여기는 것은 잘못이다. 그들은 이 세상에서 활동하는 귀신들의 희생양이 되었을 뿐이다.

비록 예수님께 불순종하여 귀신의 농간에 넘어갔어도, 그들이 당하는 고통에 더하여 죄의식까지 느낄 필요는 없다고 본다. 그것은 예수께서 행하신 방법이 아니다. 캐롤린(제1장 참조)과 테레사의 경우(제3장 참조)는 불순종할 때 귀신이 들어간 예이다. 테레사는 귀신들림을 의식했고, 캐롤린은 알지 못하는 가운데 귀신이 들렸다. 그러나 두 경우 귀신들이 계속 그들 안에 거하면서 영향을 끼칠 수 없었는데, 그 이유는 그들과 예수님과의 관계가 아름답고 귀한 것이었기 때문이다. 그들은 예수님을 다시 찾았고, 귀신에게서 자유를 얻었다. 예수님의 방법은 나쁜 길을 택하는 사람도 정죄하지 않으시는 것이었다. 예수님은 귀신들림이 그들의 불순종에 기인한 것이어도 불순종을 정죄하기보다는 귀신에게서 자유로워지려는 소망에 따라 그들을 다루셨다. 그러므로, 예수님은 두 사람 모두 정죄하지 않으시고 귀신에게서 자유롭게 해 주셨다.

귀신들린 사람들의 상처에 또 다른 상처를 주는 것은 잔인한 것이다. 그들이 원하는 것은 예수님의 사랑과 능력이다. 예수님의 사랑과 능력은 그들을 귀신에게서 자유롭게 해줄 수 있을 뿐 아니라 그들 안에 내재해 있는 죄의식이나 그리스도인 공동체에서 받는 비난 때문에 느끼는 죄의식에서 벗어나게 해 줄 수 있다. 그들은 귀신들림에서 벗어나려 할 뿐만 아니라, 요한복음 8장 32절에 있는 진리에 의한 자유함 또한 원한다. 그들의 처한 상태에 대한 죄의식으로 괴로워할 필요가 없다. 그리고 그들이 죄의식을 갖고 있어도 용서받을 수 있음을 알아야 한다. "그러므로 이제 그리스도 예수 안에 있는 자에게는 결코 정죄함이 없나니"(롬 8:1)라는 말씀은 귀신들려 고통받는 자에게도 해당한다.

오류 9. 은사 있는 사람만 귀신을 쫓을 수 있다.

많은 그리스도인이 귀신 쫓는 일은 영적으로 특별한 사람이나 축사의 은사를 받은 사람만이 하는 일이라고 알고 있다. 그들은 축사의 은사나 특별한 기름 부음이 있는 자만 귀신들린 자를 위해 기도할 수 있다고 알고 있는데, 이것은 사탄이 좋아하는 부분이다. 사람들이 이렇게 믿는 한 귀신 쫓는 일을 시도하지 않을 것이기 때문이다.

그러나 성경은 축사의 은사에 대해서 이야기하고 있지 않다. 신약에 있는 그 어느 영적 은사에도 축사의 은사가 포함되어 있지 않다(고전 12-14장; 롬 12:1-8; 엡 4:1-16; 벧전 4:7-11 참조). 혹자들은 이것이 신유, 능력 행함, 긍휼, 혹은 영 분별의 은사에 함축되어 있다고 말하기도 하지만, 귀신 쫓는 은사를 따로 말한 부분은 없다. 믿는 자는 누구든지 귀신을 쫓을 권세가 있기 때문에 그것을 은사로 분류하지 않은 것이다.

예수님도 성령의 능력을 힘입어 귀신들을 쫓아내심으로 사람들을 자유롭게 해주셨고, 그의 제자들(처음에는 열두 제자, 그리고 72인의 제자들)에게도 귀신 쫓는 권세를 주셨다(눅 9, 10장). 그 후 예수님은 제자들에게 성령을 주셨는데(요 20:22), 그 성령은 예수님을 능력 있게 일하실 수 있게 해주었던 분이었다. 또 예수님은 제자들에게 "내가 너희에게 분부한 모든 것을 가르쳐 지키게 하라"고 명하셨다(마 28:20). 당시 예수님의 제자들뿐만 아니라 성령을 받고 예수님의 명령에 순종하는 우리 모두 은사가 있든지 없든지 상관하지 않고 귀신 쫓는 일을 해야 한다고 받아들인다.

우리는 성령을 받았기 때문에 성령의 능력이 우리와 함께 있는 것을 알아야 한다. 예수님의 제자들처럼 우리는 예수님으로 말미암아 권세를 받았기 때문에 당연히 귀신들을 쫓아낼 권리가 있다. 그러므로 우리가 할 일은 이미 우리에게 부여된 그 권세를 사용하는 것이다. 축사 사역은 순종에 속하는 것이지 은사가 아니다.

모든 믿는 자가 권세와 능력을 갖고 있는 것을 아는 한편 특별한 은사가 귀신 쫓는 데 도움이 됨을 알아야 한다. 축사 사역에 특별한 은사가 요구되는 것은 아니지만, 하나님은 여러 가지 영적 은사를 교회에 주셔서 억압받는 사람들이 자유롭게 되는 데 도움을 주신다. 축사 사역 팀에 속한 사람에게 지식의 말씀, 지혜의 말씀, 영 분별, 신유, 기적 행함, 예언 등의 은사가 있으면 도움이 된다.

우리는 하나님께서 교회에 부어 주신 영적 은사로 인해 기뻐해야 할 뿐 아니라 이 은사들이 유용하게 사용되어서 축사 사역을 하는 데 많은 통찰과 능력으로 나타나게 해야 한다. 하나님께서 영적 은사들을 주신 이유가 갇힌 자를 자유롭게 하는 데 도움을 주기 위함이긴 하지만, 그렇다고 이러한 은사가 귀신 쫓는 데 전제 조건은 아니다. 축사 사역을 하는 데 필요한 조건은 겸손함으로 일하는 것과 예수님의 권위 하에서 압박 받는 자들을 자유롭게 해 주려는 열망이다.

그러나 사람들은 축사 사역이나 치유 사역을 할 때 어떻게 해야 그 열매가 풍성하게 되는 것일까 하는 의문을 가질 것이다. 내가 이미 다른 책(『능력 기독교』)에서 언급한 것 같이 "이 일을 시작하였을 때 가장 나를 놀라게 한 것은 더 배워야 하고 실습해야 있다는 것이다. 나는 치유의 은사를 단번에 받는 것으로 여겼었다. 그러나 내가 경험한 바에 의하면 그것은 끊임없이 실습하면서 실패도 하는 가운데 점

차 배우는 과정이다."⁵⁾

내가 귀신 쫓는 것을 본 사람들은 간혹 "당신이 귀신 쫓는 것은 매우 쉬워 보입니다. 나는 도저히 그렇게 할 수 없을 것 같습니다"라고 말한다. 그러면 나는 이렇게 대답하곤 한다. "그런 생각이 들 수도 있겠지요. 몇 년 전만해도 저 역시 전문가들이 귀신 쫓는 것을 볼 때마다 용기가 없어지곤 했었으니까요. 저는 자신에게 '나도 과연 자연스럽고 확신 있게 귀신을 쫓을 수 있을까?'라는 질문하곤 했습니다. 그러나 많은 실습을 한 후의 나의 대답은 '물론이다'였습니다."

나는 귀신 쫓는 일에 대해 전혀 모르던 사람들이 도전받아 일할 수 있도록 돕는데, 내가 도움을 준 사람들 가운데는 나보다 훨씬 더 잘하는 사람도 있다. 누구든지 배우고 실습할 때 이런 일을 할 수 있지 그렇지 않으면 어렵다. 내가 경험을 통해서 알게 된 것은 우리가 하나님과 함께 일을 하면 예수님의 약속인 "나를 믿는 자는 나의 하는 일을 저도 할 것이요 또한 이보다 큰 것도 하리니 이는 내가 아버지께로 감이니라"(요 14:12) 하심이 사실이라는 것이다.

예수님과 인격적 관계가 있는 사람은 이같은 일을 할 자격이 있다. 예수님은 성령의 능력을 구하면 받을 수 있는 특권을 부여하시는 분이시다(눅 11:13). 그러므로, 실패를 두려워하지 말고 성령의 도우심으로 예수께서 주신 권세와 능력을 사용하여 실습해야 한다.

---

5). Charles H. Kraft, *Christianity with Power* (Ann Arbor, MI: Servant, 1989), p. 134.

우리가 해야 할 또 한 가지는 하나님께서 가르쳐주신 것들을 배우는 것이다. 책을 읽고, 테이프를 듣고, 성경을 공부하고, 세미나에 참석하는 일 등을 게을리하지 말아야 한다. 그러나 이런 것들을 통해 어떤 기술을 배우려 하기보다는 예수님 자신을 찾아야 한다. 예수님을 더 잘 알고, 그의 음성을 더 가까이 듣기 위해 노력할 뿐 아니라 눌린 자를 자유롭게 하시는(눅 4:18) 예수님의 사역에 동참하는 자가 되기 위해 힘써야 한다. 귀신 쫓는 사역을 하는 팀에 가담하여 일하라. 이런 팀이 주위에 없으면, 여러분과 함께 배우고 실습하기 원하는 사람들과 함께 새로운 팀을 형성하라.

축사 사역을 하면 두 가지 귀중한 것을 얻게 된다. 첫째, 예수님만이 능력을 주시는 분이심을 알게 되므로, 예수님과 가까운 관계를 유지하게 된다. 둘째, 치유를 경험하고 영적 갱신을 맛보게 될 뿐만 아니라, 예배와 기도에 더 힘쓰게 되어 기대한 것보다 더 영적인 그리스도인이 된다.

오류 10. 내적 음성을 듣거나 인격이 바뀌는 것은 귀신들린 것이다.

치유와 축사 사역을 하면서 기억해야 할 것은 모든 문제가 귀신들림은 아니라는 사실이다. 우리가 이 사실을 알지만, 특히 그 증상이 예외적일 때 그 사실을 잊어버리는 경향이 있다. 예를 들어, 어떤 사람이 자신의 내면에서 나는 소리를 듣는다거나, 분노와 증오를 억제할 수 없다고 말할 때 우리는 그것을 귀신들림의 징조라고 생각할 때가 많다. 물론 귀신들이 이런 증상을 일으키지만, 심리적인 원인으로 이런 증상이 일어날 수 있다. 가장 흔한 예가 다중인격 장애(MPD: Multiple Personality Disorder)일 것이다. 다중인격장애란 "한 개인 안에 둘 혹은 그 이상의 독특한 인격이 들어있으면서 때 따라 각각의 인격이 나타나는 증상이다"(American Psychiatric Association, 1980). 축사 사역 하는 사람들은 귀신들림과 다중인격 장애를 구분할 줄 알아야 한다. 우리는 사역을 해 나감에 따라 그 차이를 알 수 있다.

다중인격 장애의 특성이 다른 인격이 이야기하고 또 귀신과 비슷한 방법으로 행동하기 때문에 때로는 귀신이 들어가기 쉬운 상황을 만들기도 한다. 나는 이때까지 다중인격 장애가 있는 사람을 위해 기도해준 경험이 열 번도 안 되지만, 귀신들리지 않고 다중인격 장애만 있는 사람은 없었다. 다중인격 장애와 귀신들림을 가진 사람들이라도 다 같지는 않기 때문에 각기 다른 방법으로 치유되어야 한다.

하나의 인격은 귀신과는 전혀 다른 것이기 때문에 다른 방법으로 다루어져야 한다. 우리가 만일 인격을 귀신으로 잘못 알고 내쫓으려 한다면 전인적 치유는 방해를 받게 된다. 귀신으로 취급당한 경험이 있는 한 인격이 성이 나서 "모든 사람이 나를 마치 귀신처럼 취급하는데 왜 그런지 모르겠어. 나는 귀신이 아니야. 나는 귀신이 아니란 말야! 나는 사람이야!"고 말했다. 이 말은 맞는 말이었다. 그녀는 사람이었다. 그러나 그녀 안에, 그리고 그녀 몸 속에 거하는 다른 인격들 속에 귀신들이 있었다. 귀신들은 그녀 속에 있는 인격들이 진정한 한 인격이 되는 것을 방해하고 있었다. 귀신들은 그녀 속에 있는 여러 인격이 제각각 행동하도록 부추겼다.

자칫하면 이에 속아 넘어가기 쉽다. 예를 들어, 귀신들과 다중인격은 내적 음성을 낼 수 있다. 그들은 두통, 어지러움, 안면마비 등 육체적 고통을 일으킬 수 있다. 그들은 분노, 두려움, 후회 등의 감정을 표출할 수 있다. 그러나 인격들은 귀신보다 더 많이 긍정적인 감정을 표현한다.

다중인격과 귀신들은 모두 인격적 특성을 달리 나타낼 수 있는데, 인격이 더 많은 것을 나타낼 수 있다. 예를 들면, 나는 흐느껴 울고, 애걸하고, 건방지게 굴고, 도도하게 행동하고, 분노하고, 두려워하는 귀신들을 대적한 바 있다. 귀신들의 건방짐이 때로는 공포로 변하기도 하고 내쫓김을 당할 때 애걸하기도 하지만 귀신들의 특성은 다중인격들이 가진 인격적 특성에 비하면 그 양상이 다양하지 못하다. 나는 어떤 여인의 내면에 있던 세살 짜리 인격을 대하여 사역한 경험이 있는데, 그 인격은 짧은 인생 경험에도 불구하고 그 여인 속에 있던 죽음과 공포의 귀신들에 비해 더 많은 특성을 보여준 바 있었다. 그 여인의 내면에 있던 일곱 살짜리 인격도 예수께서 그녀를 자유롭게 해주실 때까지 그녀를 괴롭혔다.

다중인격 장애에 대한 통찰을 얻으려면 제임스 프리젠 박사의 책, *Uncovering the Mystery of MPD*를 읽어보기 바란다. 프리젠 박사는 이 책에서 다중인격 장애와 사탄숭배 의식의 후유증의 밀접한 관계를 언급할 뿐만 아니라, 그 현상들을 상세히 설명한다. 놀랍게도, 다중인격 장애를 앓고 있는 사람들 중 97 퍼센트가 어린 시절 학대받은 경험으로 고통하고 있다고 한다. 더 나아가서, 프리젠 박사는 북미에 있는 다중인격 장애 환자의 50 퍼센트 이상이 사탄숭배 의식의 후유증 때문이라고 말한다. 그에 의하면, 어린 시절 심하게 학대받은 어린이들은 그 시련을 벗어나려는 몸부림에서 또 다른 인격을 형성하는 경향이 있다고 한다.

프리젠의 이 관찰은 우리의 사역과 많은 관련이 있다. 어린 시절 학대를 경험한 사람이나, 사탄숭배 의식이나 이단의 종교 의식에 관여했던 사람들은 귀신들리거나 다중인격 장애를 일으킬 확률이 매우 높다. 중요한 것은 귀신들림과 다중인격 장애를 다루는 방법이 달라야 함을 아는 것이다. 프리젠이 경고했듯이, 귀신으로 오인된 인격은 겁을 집어먹고 사람 속에 몇 년이고 묻혀 있을 수 있기 때문에 잘 다루어야 한다.

따라서, 내면에서 나는 소리와 인격이 바뀌는 것이 항상 귀신들림의 증거는 아니다. 귀신들림과 다중인격 장애는 신중하게 다루어져야 할 뿐 아니라, 항상 예수 그리스도의 사랑 안에서 다루어져야 한다. 이런 일들은 복잡미묘하여 사역하기 어렵지만, 위에서 언급한 사실들을 알아두면 두려워하지 않고 사역할 수 있다. 귀신들림에 관한 책을 읽고 배우기 원한다면 *Uncovering the Mystery of MPD* 및 다른 책들을 읽을 것을 권한다. 치유 사역을 하는 사람들은 "내 방법"대로가 아니면 하지 않겠다는 사고방식을 갖지 말아야 한다. 다중인격 장애같이 우리가 잘 모르는 분야를 다룰 때는 경험 많은 기독교 심리학자들과 함께 일하거나 환자들을 그들에게 보내는 일을 기꺼이 해야 할 것이다. 우리는 우리가 모든 문제에 대한 해결을 줄 수 없음을 인정하고 항상 겸손한 태도로 일해야 한다. 훌륭한 기독교 임상 치료사들과 함께 일하는 것도 상한 자를 도와주는 좋은 방법이 될 수 있다.

오류 11. 축사 사역은 항상 소란함을 수반한다.

나와 함께 일하는 프레드와 수지 헤밍거는 처음 사역을 시작하였을 때 좋지 않은 경험을 한 적이 있었다. 그들이 기도해 주던 젊은 청년이 귀신에 의해 몇 시간 동안 격렬하게 행동했기 때문에 놀란 것이다. 그러나 그 청년은 마침내 귀신에게서 해방을 받았다. 이런 경험이 그들이 귀신의 존재를 믿는 데 일익을 담당했지만, 또 다른 한편으로는 한판 승부를 겨루는 작업에 참여하는 것을 매우 조심하게 하였다.

프레드와 수지는 내가 주관한 한 세미나에서 축사 사역이 꼭 싸움을 동반해야 할 필요가 없다는 것을 배우고는 매우 기뻐했다. 그들이 예수 그리스도 안에 있는 권위를 가졌기 때문에 귀신이 폭력을 행사하려는 것조차 금할 수 있다는 것을 배운 후로 지금은 매우 침착하고 사랑을 가진 태도로 축사 사역을 효과적으로 하고 있다.

귀신과 지치도록 싸웠다던가, 힘에 겹도록 대적했다는 등의 충격적인 이야기야말로 사탄은 매우 힘센 존재이고, 모든 축사 사역이 전쟁이라는 잘못된 인식을 준다. 대중 매체인 영화(예를 들면 "엑소시스트" 같은 영화)와 교회에서 하는 간증들은 충격적인 것에 초점을 맞추는 경향이 있다. 때때로 사람들은 "대단한 물리적 힘"을 귀신이 있는지 없는지를 결정하는 단서로 삼기도 한다. 우리는 연약한 여인이 귀신들려 힘을 행사하면 다섯 명의 장정이 붙어야 한다는 말을 들은 적이 있다.

귀신의 힘과 관련된 잘못된 인식이 점검되어야 한다. 이런 잘못된 인식 때문에 사람들은 축사 사역을 회피한다. 귀신과 싸운 경험이 있는 사람도 축사 사역을 두려워한다. 어떤 목사는 귀신들린 여자가 토하여 그의 사무실을 더럽게 한 후 축사 사역에서 손을 뗐다고 말했다. 그러나 그 목사는 귀신 쫓을 때 반드시 그런 일이 일어나지 않아도 됨을 알고 다시 축사 사역을 시작했다. 자신이 귀신들렸다고 생각하는 사람들도 도움을 구하는 것을 주저하는데, 그 이유는 그들이 생각하는 치열한 전쟁을 치르는 것을 두려워하기 때문이다.

축사 사역을 시도했거나 추구했던 많은 사람이 소란스럽고 어려운 상황에 빠질 수 있다. 사탄은 무엇을 하는지 잘 알지 못하는 사람들에게 이런 책략 쓰는 것을 즐겨한다. 예수님의 이름으로 접근하면, 귀신은 대항하기 위해 가능한 방법과 책략을 모조리 동원해서 결사적으로 발버둥친다. 그들은 자신의 힘이 예수님의 능력을 따라가기에는 턱도 없는 것을 잘 알고 있기 때문에 허세를 부리며 난동을 피운다. 내가 귀신을 쫓을 때 어떤 귀신은 "아이고, 이제 꼼짝할 수 없는 지경에 이르렀네"라고 말하기도 한다. 귀신은 많은 사람이 잘못 알고 있는 사실을 이용하기도 한다.

만일 귀신이 자신의 책략이 성공적일 수 있다고 생각한다면, 폭력을 행사하거나 토하거나 공포심을 조장하는 등 수단 방법을 가리지 않고 시도할 것이다. 귀신은 막다른 골목에 처했을 때 결사적으로 된다.

  귀신들은 그들의 안식처에서 쫓겨나갈 위험한 순간을 당하면 할 수 있는 한도 내에서 어떤 행동도 한다. 여기서 중요한 것은 할 수 있는 한도 내에서라는 말이다. 예수님의 이름으로 우리는 귀신들을 제어할 능력이 있다. 귀신들도 그것을 안다. 그러므로, 우리도 그것을 알아야 한다. 귀신들은 예수께서 허락하신 한도 내에서만 행동할 수 있다. 우리가 귀신들에게 폭력적이 되지 말라고 금한다면, 그들은 기운이 매우 쇠하여지거나 조용해진다. 우리는 예수님의 제자들처럼, 우리가 예수님의 이름으로 귀신을 쫓을 때, "주여, 주의 이름으로 귀신들도 우리에게 항복하더이다"(눅10:17)라고 할 수 있어야 한다. 귀신들은 예수께서 그들에게 허락하신 권한만 행사할 뿐이지만, 우리는 귀신을 없애는 하나님의 능력을 맛보고 기쁨을 누리게 된다.

  모든 문제가 귀신들로 인함이라고 굳게 믿어온 사람들은 자주 소리 지르며 귀신들을 쫓아내기를 원한다. 따라서 그들은 있는 힘을 다해 귀신들과 싸운다. 그들은 귀신이 모든 문제의 주범이라고 생각하기 때문에 귀신이 나가기만 하면 된다고 여겨 있는 힘을 다해 귀신과 싸운다. 귀신과 대적하기 전에, 진정한 문제는 사람들이 가지고 있는 쓰레기에 기인한다는 것을 알아야 한다. 이 쓰레기를 먼저 처리한다면 귀신들은 힘을 잃게 되기 때문에 귀신들과의 치열한 싸움은 필요 없게 되는 것이다.

  감정적이거나 영적인 쓰레기를 먼저, 그리고 어떻게 처치해야 하는가를 잘 아는 사람들은 힘들게 싸우지 않고도 귀신들을 쫓아낼 수 있다. 내가 아는 사람 중에는 귀신들과 싸움을 벌이는 사람들이 있는데, 나의 경우는 200건 이상을 다루는 동안 육체적인 폭력을 행사한 일은 한 번도 없었다. 나는 그 이유를 아래와 같이 네 가지로 생각한다.

1. 나는 대체로 그리스도인을 위해서 사역하고 기도한다. 그들은 성령이 내주하시는 사람들로서 사역하는 과정에 협조적이다. 만일 내게 비그리스도인이 와서 기도 받기를 원한다면, 나는 사역하기 전에 우선 그 사람을 예수님께 인도한다.

2. 나는 낫기를 갈망하는 사람들만을 위해 사역한다. 인간의 의지는 하나님과 사탄 모두에게 중요한 요소이다. 사역하는 과정이 힘들지만, 이를 기꺼이 감당하려는 의지가 없는 사람을 자유롭게 해 주는 것은 매우 힘든 일이다.

3. 나는 사역할 때마다 폭력을 행사하게 하거나 토하게 만드는 귀신들에게 잠잠하라고 명령하고 시작한다.

4. 나는 귀신들과 대적하기 전에 가능한 한 귀신의 힘이 약해지도록 한다. 힘이 약해진 귀신은 말을 많이 하지 못하고 큰 소동도 벌이지 못한다. 귀신들은 강할 때보다 힘이 없을 때 다루기가 더 쉽다.

오류 12. 귀신들린 사람들은 다른 소리를 낸다.

귀신들린 사람이 다른 소리를 낸다고 잘못 알고 있는 것은 귀신이 항상 폭력을 행사한다고 믿는 경우와 비슷하다. 예를 들어, 젊은 처녀의 입에서 남자 소리가 나오는 경우가 있다고 해서, 이것을 모든 경우에 적용하여 귀신들린 사람이 항상 다른 소리를 낸다고 믿는 것은 잘못이다. 그러나 이런 현상이 가끔 일어날 수 있다고 진단 내릴 수는 있다. 귀신들이 어떻게 행동하는가에 대해 일률적으로 표현한 "엑소시스트" 같은 영화나 그리스도인이 쓴 극적인 소설을 접함으로써 우리의 생각을 한정시키는 경향이 있다. 많은 사람은 문제 있는 사람들이 으스스하게 들리는 낮은 음성으로 이야기하거나 제어할 수 없는 힘으로 대응하지 않으면 그것은 진짜 귀신의 문제가 아니라는 결론을 쉽게 내린다.

사탄은 사람들이 이렇게 잘못 알고 있다는 사실을 매우 기뻐한다. 귀신들은 다른 사람의 소리를 내면서 사람들을 접주는 비겁한 허세를 부리기도 하지만, 대개의 경우 귀신들은 자기가 들어가 있는 사람들과 같은 목소리나 거의 같은 목소리를 낸다. 또, 귀신들은 그들이 거하고 있는 사람의 마음에 직접 이야기하기도 한다. 이 경우 귀신들린 사람은 사역하는 팀의 지도자에게 귀신들이 이야기한 것을 그대로 보고해야 한다.

가끔 귀신은 다른 언어를 사용하기도 한다. 나는 어떤 선교사의 딸 속에 들어간 귀신이 중국어로만 이야기하는 경우를 경험했었다. 다행히 그녀는 그 귀신이 이야기하는 말을 거의 알아들을 수 있었다. 또 다른 경우 나는 독일어만 하는 귀신을 다룬 적도 있었다. 그 귀신이 사용한 언어는 몇 개의 단어와 불완전한 문장뿐이었는데, 그것은 그 귀신이 들어가 있던 여자가 알아듣지 못하는 것들이었다. 그 여자는 자기의 입에서 나오는 말들을 해석하기 위해 남편을 불러야 했다. 이 두 경우 모두, 나는 귀신들에게 내가 그들의 언어를 이해할 수 없으니 영어를 하라고 명령했으나 그대로 행하지 않았다. 그러나 그들은 내가 영어로 하는 말을 알아들었을 뿐 아니라 예수 그리스도의 능력에 어떻게 대처해야 하는지를 잘 알았기 때문에 즉시 떠나갔다.

많은 귀신이 이중 언어를 쓴다. 나는 많은 대만인과 중국 본토인들을 위해 사역해 왔다. 위에서 언급한 두 경우에서처럼, 나는 내가 영어로 이야기해도 귀신은 대만어나 만다린으로 대답하는 것이 가능하다는 사실을 알았다. 그러나 간신히 영어를 구사하던 대만 여인에게 들어있던 귀신은 그 여인보다 능숙한 영어로 말한 경우도 있었다.

귀신들이 다른 목소리로 말하거나 다른 언어를 쓰는 것과 관련해서 내린 나의 주장은 다음과 같다.

1. 어떤 사람에게 강하게 영향을 주는 귀신들이 항상, 혹은 때 따라 다른 소리를 내거나, 다른 언어를 쓰거나, 강한 힘을 행사한다. 예수 그리스도를 알지 못하는 사람들에게 있어서 이것은 더 분명한 사실이다. 왜냐하면, 이런 경우 귀신은 그 사람의 영까지도 좌지우지할 수 있기 때문이다. 한번은 스페인어, 독일어, 영어를 모두 쓰는 귀신에게 사로잡힌 사람을 위해 일한 적이 있었다. 그 귀신들린 사람은 스페인어나 독일어를 알지 못했다.

2. 귀신들은 다른 목소리를 내거나 다른 언어로 말하는 등의 책략을 사용하여 사람들을 혼동시킨다. 다시 말해, 귀신은 사람들이 이미 죽은 사람의 영이 자기에게 들어와서 다른 소리를 낸다고 생각하게 한다.

3. 귀신들은 리더에게서 특별한 인격을 부여받거나 특별한 과제를

수행하라고 위임받았을 때, 이의 수행을 위해 다른 목소리를 내기도 한다.

두려워 말라!

"하나님이 우리에게 주신 것은 두려워하는 마음이 아니요 오직 능력과 사랑과 근신하는 마음이니"(딤후 1:7)

"두려워 말라 내가 너와 함께 함이니라 놀라지 말라 나는 네 하나님이 됨이니라 내가 너를 굳세게 하리라 참으로 너를 도와주리라 참으로 나의 의로운 오른손으로 너를 붙들리라"(사 41:10)

두려워하지 말라고 권면하는 말로 제2장을 끝내는 것이 좋으리라 생각된다. 제2장 첫머리에서 언급했던 공포심을 느끼던 목사와 함께 있던 목사는 귀신이 존재해도 모르는 편이 낫겠다고 하였는데, 그것은 귀신에 대한 공포심 때문이었다. 다행히 그 목사는 우리의 세미나에 참석하여 귀신을 두려워할 필요가 없음을 깨달았다. 그가 하나님의 자녀이기 때문에 성령을 힘입어 귀신을 쫓아낼 수 있음을 깨달았을 때 그의 태도는 확연히 변화되었다. 그 목사처럼이 두려움을 가진 사람이 있다면, 성령의 능력으로 두려움을 없애라.

많은 사람이 도망치지 않고 적을 물리치기를 절실히 원하지만, 실전을 겁내고 있다. 더 나아가서, 문제를 더 힘들게 하는 것이 있는데, 그것은 두려워한다는 사실을 부끄러워한다는 것이다. 두려움과 부끄러움이 거짓의 아비 사탄에게서 오는 것임을 알아야 한다. 사탄의 주요 전략 중 하나가 그리스도인이 사탄과 그의 공격을 두려워하게 하는 것이다. 사탄은 자신의 놀라운 힘과 악을 행함에 대해 그리스도인이 잘못 인식하고 두려워하는 것을 즐기고 있다.

대부분의 귀신은 허세꾼들이다. 예수 그리스도 안에서 소유하는 우리의 능력과 권세는 사탄의 것과 비교할 수 없는 것이다. 예수 그리스도께서 십자가에 달리심으로 사탄을 이기셨음을 기억해야 한다. 우리가 예수 그리스도의 이름으로 영적 전쟁에 임할 때 두려워할 이유가 없다.

우리의 사역 현장을 계속 지켜본 사람들은 우리가 조용하고 침착하게 일하는 것을 보고 놀라워한다. 그들은 가끔 "정말 믿을 수가 없습니다. 나는 귀신은 난폭하게 행동하고 악을 행하는 존재라는 생각 때문에 축사 사역이 무서운 것이라고 여겨왔습니다"라고 이야기하기도 한다. 무한한 능력을 베푸시는 예수님이 함께 하심을 알기 때문에 우리는 문제를 일으키는 귀신에게 떠나갈 것을 명령하여 귀신을 다스릴 수 있다. 그러므로, 귀신은 약간의 소동을 벌일 수는 있지만, 끝까지 저항하여 승리할 수는 없다.

제3장

그리스도인의 귀신들림

　복음주의자로서 우리는 성경이 말하는 것은 무엇이나 받아들여야 할 것이다. 그러나 성경이 무엇을 말하는지 정확하게 이해하는 것이 쉬운 것은 아니다. 예를 들면, 머피 박사(제1장 참조)와 나는 다음의 성경 구절을 포함해서 몇 구절이 그리스도인은 귀신들릴 수 없다고 이야기한다고 믿었었다: "자녀들아 너희는 하나님께 속하였고 또 저희를 이기었나니 이는 너희 안에 계신 이가 세상에 있는 이보다 크심이라"(요일 4:4).

　나는 이 성경 말씀을 믿는다. 그리고 전에 이 구절이 그리스도인은 귀신들릴 수 없다는 견해를 지지하는 구절로 성경을 해석하는 것이 잘못된 것이 아니기를 바란다. 그러나 이 성경 구절이 그리스도인 안에는 이미 성령이 임재해 계시므로 그들 안에 귀신들이 절대 거할 수 없다는 의미는 아니다. 나는 이것을 경험으로 알게 되었다. 나는 귀신에게서 사람들을 자유롭게 해주는 과정을 통해 이 성경 구절의 참된 의미를 거듭 확인하게 되었으나, 나의 처음 해석에 대해서도 다시 생각해 보았다.

머피 박사와 댈러스 신학대학원에서 귀신에 대해 강의하는 메릴 엉거 교수의 주변에서 귀신들린 사건들이 일어났었다. 두 사람 모두 그리스도인들은 귀신들릴 수 없다는 견해를 고수하는 사람들인데, 그들의 가족 중 한 사람이 귀신들리는 경험을 하게 된 것이다. 이런 경험을 계기로 해서 그들은 위에서 말한 성경 구절 등에 대한 그들의 해석을 다시 재점검하기에 이르렀다.

이 성경 구절이 말하는 것이 사실인데, 우리가 나름의 가정을 설정해 놓고 이 구절을 해석한 것이다. 우리의 가정과 그 가정에 근거한 실재에 대한 인식을 우리는 "패러다임" 혹은 "생각의 틀"이라고 한다. 많은 종류의 "패러다임"과 실재에 대한 인식 등의 선입감이 우리 마음에 자리 잡을 때 우리의 세계관은 그에 따라 형성된다(저자의 책 「능력 기독교」 참조). 머피, 엉거, 그리고 내가 귀신들림의 현상이 실제로 어떤 것인가를 보았을 때 우리는 "패러다임"의 변화를 경험했다. 이로 인해 우리의 잘못된 인식에 따른 가정을 바꾸게 되었다. 머피 박사는 이 독특한 "패러다임"의 변화, 혹은 가정(假定)의 변화를 "나의 그리스도인 삶에 있어서 가장 의미 깊은 세계관의 변화"라고 말했다.

미친 게 아니라 귀신들린 엔젤라

엔젤라는 중서부 어느 도시에 있는 큰 교회 주일학교 교사이다. 그녀는 16살 때부터 그리스도인 생활을 해왔으며, 두 자녀의 어머니였다. 엔젤라는 예수님을 사랑하는 그리스도인이었다.

우리는 어떤 영적 전쟁 세미나가 끝난 후 엔젤라를 면담했는데, 그 결과 그녀가 아주 어린 시절부터 그녀 스스로가 "악의 힘"이라고 부르는 것과 싸워왔음을 알게 되었다. 그녀는 어려을 때 밤마다 자다가 깨어나곤 했는데, 그때마다 악한 영들이 그녀를 만지려 하는 것을 느끼곤 했다. 그녀가 그리스도인이 된 후에는 그런 일이 자주 일어나지는 않았지만, 가끔 밤에 이런 현상이 일어나곤 했기 때문에 그녀는 괴로워했다. 그러던 중 최근 2년간 증상이 어느 때보다 심하여 그녀는 매우 고통하고 있었다. "악의 힘"은 밤에 그녀를 깨운 후 그녀의 가족들에게 무서운 일을 저지르라고 속삭이곤 했다.

엔젤라는 기독교 상담자에게서 2년간 상담을 받아왔다. 그녀는 그 상담자에게서 많은 도움을 받았을 뿐 아니라, 그녀가 다니는 교회의 목사, 교인들, 그리고 사랑하는 가족들의 보살핌도 받았다. 그러나 그들 중 누구도 그녀의 문제를 귀신의 영향으로 인한 것이라고 여기지 않았다. 그들이 열심히 도와주었음에도 그녀를 괴롭히는 소리와 공포심을 없앨 수 없었다. 그녀는 그리스도인과 귀신들림이라는 주제를 다룬 우리의 세미나에 참석한 후에 울면서 우리를 찾아왔다. 엔젤라는 "이 때까지 나는 내가 미친 줄 알았습니다. 그래서 희망을 버렸지요. 그러나 이제 나는 나를 괴롭히는 악의 힘이 귀신의 것이지 나 자신이 아니라는 것을 알았습니다. 이제 처음으로 내가 나을 수 있다는 희망을 갖게 되었습니다"라고 말했다.

엔젤라의 말은 옳았다. 우리가 그녀를 위해 기도해 주었을 때 성령께서는 그녀가 귀신들렸음을 확실히 알게 해 주셨다. 그녀는 어린 시절부터 괴롭히던 귀신에게서 완전히 해방을 받았다. 그뿐만 아니라, 예수님은 귀신이 붙어 있던 감정적 상처도 치유해 주셨다. 그녀의 삶이 변화되었음은 두말할 나위가 없다. 이제 그녀는 예수님의 사랑과 치유를 그녀가 다니는 교회 사람들에게 베풀고 있다. 엔젤라와 같이 사람들을 위해 기도해주는 사역에 동참하는 것은 특권이요 큰 기쁨이다. 예수께서 일곱 귀신을 쫓아내 준 막달라 마리아처럼(눅 8:2), 예수님을 향한 그녀의 사랑은 매우 헌신적이다. 내가 엔젤라의 이야기를 하는 이유는 내가 기도해준 사람들 중 그녀의 경우는 그리스도인으로서 귀신들린 대표적인 예이기 때문이다. 귀신들린 많은 그리스도인이 엔젤라처럼 예수 그리스도께 헌신하면서도 귀신의 존재에 대해 알지 못하거나, 귀신들이 그리스도인에게는 들어와 살지 못한다고 알고 있다.

귀신이 그리스도인에게 들어가는가?

그리스도인들이 귀신들릴 수 있느냐 없느냐 하는 논란은 두 가지 측면에서 생겨난다. 즉, 이런 논쟁은 귀신들림에 대한 용어상의 문제와 귀신들린 사람을 다루어 본 경험이 없는 데서 오는 문제에 기인한다.

제2장의 "오류 2"에서 살펴본 것과 같이 "귀신에 사로잡힌"이라는 개념은 그리스어를 잘못 번역한 데서 기인한 것으로서, 이 용어로 말미암아 귀신은 유익을 얻게 되었다. "사로잡힌"이라는 말이 사용될 수 있는 때가 있다면, 그것은 한 사람의 모든 것이 귀신의 지배

하에 있어서 꼼짝달싹할 수 없는 상태가 되어 점차 다른 인격이 되어가는 경우일 것이다. 나는 완전히 귀신에게 사로잡힌 사람을 대해 본 적이 없다. 그리스도인이 귀신에 사로잡혀 있을 수 있다고 여기는 것은 타당치 못하다.

내가 알고 있는 축사 사역자들은 모두 그리스도인들도 귀신들릴 수 있다는 데는 의견을 같이한다. 딕 케이슨은 이 문제를 심도 있게 다루었다. 그는 자기의 저서 『귀신들림과 그리스도인』에서 "나는 1974년부터 1987년까지 약 400명의 귀신들린 그리스도인을 만나서 기도해 주었다. 누구를 판단할 목적으로 이야기하는 것은 아니지만, 나는 그리스도인의 증거와 귀신들린 사람의 증거를 알 수 있다. 이것이 한두 경우에 국한된 것이라면 내 생각이 틀렸다고 할 수 있겠지만 400번 이상 틀리지는 않을 것이다"[1]라고 말했다.

『성경적 귀신론』, 『오늘날의 귀신들』, 『귀신은 성도들을 해칠 수 있는가?』 등 여러 책의 저자인 메릴 엉거는 우리에게 많은 것을 가르쳐 준다. 엉거는 그의 대표적인 저서 『성경적 귀신론』(Biblical Demonology)에서 진정한 그리스도인이 아닌 사람만 귀신들린다고 주장했는데, 세계 각처에서 그의 주장에 반대하는 편지가 쇄도했다. 이러한 반대 의견과 그의 가족에게 일어난 사건은 그로 하여금 성경을 새로운 각도에서 보게 했다. 그는 자신이 주장하는 것을 성경이

---

[1]. Fred C. Dickason, *Demon Possession and the Christian* (Chicago, IL: Moody Press, 1987). p. 175.

명쾌하게 대답하지 않음을 알았다. 그의 주장이 성령이 내주하시는 구원받은 사람 속에는 악한 영이 거할 수 없다는 나름로의 가정에 근거함을 알게 되었다.[2]

딕 케이슨[3]이 상세히 설명한 것, 즉 중생한 사람 속에는 귀신이 거할 수 없다는 이론을 뒷받침할 만한 것이 성경 어느 곳에도 없다는 것을 발견한 메릴 엉거 역시 그의 옛 주장을 번복했었다. 딕 케이슨이 지적한 대로 "그리스도인이 귀신들릴 수 있을까?" 하는 질문은 마치 그리스도인이 암에 걸릴 수 있을까라고 묻는 것과 마찬가지이다. 엉거는 관련된 모든 성경 구절을 철저히 다시 검토해 보았으나 어느 곳도 그리스도인이 귀신들릴 수 있다든지 없다는 것에 대해 결론적으로 말한 구절이 없음을 알았다. 분명히 말해주는 성경 구절이 없다면, 그러한 문제를 실제로 다루면서 많은 경험을 쌓고 있는 사람들과 상의해야 할 것이다.

암환자를 치료하는 의사나 간호사들은 그리스도인도 암에 걸린다는 것을 알고 있다. 귀신들린 증상을 보여 주는 그리스도인을 위한 사역에 경험이 있는 사람들 역시 그리스도인도 귀신들릴 수 있다는 결론을 얻게 된다. 그뿐만 아니라, 그들은 예수님의 능력이 귀신의 힘을 제어하는 것을 알게 된다. 예수님의 능력으로 우리는 사람들

---

2). Merrill Unger, *Demons in the World Today*, p. 117.

3). Fred C. Dickason, *Demon Possession and the Christian*, pp. 73-148.

안에 거하는 귀신들을 없앨 수 있다.

제니퍼의 예를 들어보자. 그녀는 열성적이고 헌신적인 그리스도인이었는데, 오랫동안 그녀는 머릿속에서 들리는 소리 때문에 괴로워했다. 그 소리는 그녀를 침체시켰고, 그녀의 생활이나 그녀 자신에 대해 즐겁고 긍정적인 생각을 갖지 못하도록 하는 요인이 되었다. 그 소리는 정기적으로 그녀가 드리는 예배, 성경 읽는 것(사실 그 소리는 그녀의 눈에도 영향을 주어서 성경 읽는 것을 방해했다), 복음 증거, 그리고 도움을 구하는 것조차 방해했다. 그것은 계속 강하게 그녀의 자존감을 낮추도록 부추길 뿐 아니라, 그녀는 정상적인 일들을 할 수 없는 사람임을 믿게 하려고 애를 썼다.

우리는 제니퍼가 듣는 소리가 귀신으로 인한 것임을 알아냈다. 그 귀신은 그녀가 주님을 영접하기 전에 들어간 것이었다. 귀신은 그녀 안에 있으면서 그녀가 진정한 신앙인이 되는 것을 방해하려고 애썼으나 실패했고, 제니퍼는 참된 그리스도인이 되었다. 그러자, 귀신은 제니퍼가 예수께서 그녀에게 하라고 하신 일들을 잘 수행하지 못하게 방해하는 작전을 개시했다. 귀신은 제니퍼의 영이 자기에게 속해 있지 않고 예수께서 그녀와 함께 하심을 인정한 것이다. 귀신은 그것을 싫어해서 그녀의 삶을 망치려고 갖은 애를 썼던 것이다.

어느날 저녁 우리는 예수님의 능력으로 제니퍼가 듣는 소리의 원인인 귀신을 대적하여 쫓아냈다. 그 후 제니퍼는 괴롭히던 소리를 듣지 않게 되었고 새로운 기분을 갖고 예배를 드릴 수 있게 되었다고 기뻐하였다. 그뿐만 아니라, 그녀는 삶의 모든 부분이 새롭게 정립되어감을 알았다. 그녀는 자신이 누리는 자유를 사람들에게 나눠

주기 위해 정기적으로 축사 사역에 동참하고 있다(고후 1:4).

200번 이상 되는 나의 경험과 딕 케이슨의 400번 이상 되는 경험, 엉거와 머피의 인식의 변화, 그리고 실제로 귀신들린 자를 위해 사역하는 많은 전문가의 자료(Koch, *Occult Bondage and Deliverance*; Bubeck, *The Adversary*; Murphy, *Spiritual Warfare*; White, *The Believer's Guide to Spiritual Warfare* 등)를 보면 그리스도인도 귀신들릴 수 있다는 증거가 확실하므로 그렇지 않다고 고집할 수 없다. 딕 케이슨은 "그리스도인은 귀신들릴 수 없다고 생각하는 사람들은 그 사실을 증명해야 할 부담을 안고 있다. 그들은 임상 실험을 통해 과거나 현재 어떤 경우에도 그리스도인이 귀신들릴 가능성이 없다는 것을 확실히 증명해야 할 것이다. 그리스도인이 귀신들리지 않는다고 주장하는 사람들은 대개 귀신들린 자를 상담해 보지 않은 사람임을 우리는 알 수 있다. 그들이 주장하는 근거 대부분은 신학적인 데 있다"[4]라고 언급했다.

제니퍼의 경우처럼 그리스도인에게 있는 귀신들은 과거 비그리스도인이었을 때 들어왔던 귀신이 안 나가고 그대로 있는 경우가 대부분이다. 반면, 그리스도인의 삶을 영위하는 그리스도인들이 귀신들린 경우도 나는 많이 보았다. 캐롤린 머피의 경우가 이에 속한다.

귀신들림에 대한 글을 쓰는 사람들이 지적하지 않는 사실은 성령이 믿는 자에게 내주해 있는 것과 귀신이 사람에게 들어있는 것은

---

4). Fred C. Dickason, *Demon Possession and the Christian,*, pp. 175-176.

그 의미가 사뭇 다르다는 것이다. "하나님의 영은 믿는 사람이 구원받을 때 들어가서 영원히 떠나지 않는다(요 14:16). 그러나 귀신은 슬며시 침입자로 들어가므로 순간적으로 쫓겨나간다. 귀신은 성령과는 달리 의인 속에 당연한 듯이 들어갈 수 없고 영원히 거할 수도 없다."[5]

하나님께 자신을 드린 사람의 영 속에 성령은 내주하신다. 제니퍼에게서 귀신을 쫓을 때와 같은 방법을 나는 수없이 많이 사용했다. 진리 안에 행하도록 도우시는 성령의 능력에 의지하여 귀신에게 사람의 영 속에 거하고 있는지 말하라고 명령했을 때, 귀신은 "난 그 속에 들어갈 수 없어. 예수께서 거기 계시기 때문에 들어갈 수 없어"라고 대답한다. 그리스도인의 영에서 언제 떠났느냐고 물으면, 귀신은 그 사람이 중생한 날짜를 정확히 말한다.

그러므로, 귀신들은 그리스도인의 영 안에 거할 수 없다는 결론을 짓게 된다. 그 이유는 우리의 영이 성령으로 채워져 있기 때문이다(롬 8:16). 이 사실은 그리스도인이 예수님과 함께 살고 사탄의 공격에 대처하게 해준다. 그러나 귀신은 그리스도인의 마음, 감정, 몸, 의지 등에 거할 수 있다. 축사 사역은 그리스도인의 이런 부분에 거하는 귀신을 쫓아내는 것이다. 그러나 귀신은 믿지 않는 자들의 영에 침입하여 장악할 수 있다.

---

5). Merrill Unger, *What Demons Can Do to Saints* (Chicago, IL: Moody Press, 1977), pp. 51-52.

결론적으로 많은 하나님의 백성이 귀신으로 인해 고통하므로, 주 안에서 형제 자매인 우리는 그들을 돕는 방법을 배워야 한다. 예수께서 보여주신 동정심을 우리도 보여 주어야 하며, 가난하고 배고픈 자를 사랑으로 돌보듯이, 귀신들린 자를 위해 사랑으로 기도해야 한다.

구원과 귀신들림

사람들이 자신의 삶을 예수님께 드리고 그리스도인이 되면 기적이 일어나는데, 그 이유는 예수께서 그들 안에 거하시므로 예수께서 능력을 행하시고 또 소유권을 주장하시기 때문이다. 세상 임금에게 속했던 사람(요 14:30)이 예수님께 속하면, 예수님의 주관 아래 살게 된다. 그리할 때 그의 영은 새로워져서 새로운 피조물이 된다(고후 5:17). 아담의 범죄로 죽을 수밖에 없는 사람의 영(창 2:17)이 예수님을 영접함으로 다시 살아난다.

새로운 통치자이신 예수님은 사탄의 왕국에서 우리를 구해내어 하나님의 왕국에 살게 해 주신다. 우리 주 예수님은 부활하심으로 사탄을 이기셨다. 예수님을 구주로 받아들인 순간부터 사람들은 세상 권세자인 이전의 통치자에게서 벗어나서, 새 통치자이신 예수님을 모시게 된다(요일 4:4).

그러나 우리가 잘 알듯이, 새로운 신자들이 예수님의 형상(롬 8:29)을 이룰 때까지 해야 할 일이 많음에도 사람들은 옛 죄성을 따라 살려는 유혹을 받는다. 우리는 예수 그리스도를 구주로 받아들일 때 우리의 죄성이 근절되지 못함을 이해하지 못한다. 그러나 다행히 성령께서 우리를 도와서 점차 죄성을 극복하게 해 주신다.

귀신들린 현상에서도 같은 시나리오를 볼 수 있다. 많은 수의 귀신들린 그리스도인이 예수님을 믿기 전에 귀신들린 경우가 많음을 알 수 있다. 그들은 영적으로 자기의 통치자가 바뀐 것을 알고 있으면서도 완전한 자유를 누리지 못하고 있다. 이스라엘 백성에게 가나안 땅은 이미 주어진 약속의 땅이었지만 정복해야 했듯이, 귀신들린 사람도 예수님을 믿고 새로운 세계로 옮겨진 사실을 알고 이를 정복해야 한다.

예수 그리스도께 나오는 사람은 모두 정복해야 할 죄를 갖고 있다. 그리고 예수께 나온 사람 중 귀신들린 사람들은 인간 본연의 죄성과 아울러 정복해야 할 하나 이상의 귀신을 갖고 있다. 그러므로, 인간의 죄성과 귀신들림은 서로 연관이 있는 것이다.

어떻게 귀신들리는가?

그리스도인에게 어떻게 귀신이 들어올 수 있는지 알려면 그리스도인이건 아니건 간에 귀신들리는 현상이 왜 일어나는지 살펴보아야 한다. 이는 대부분 귀신들린 그리스도인은 믿기 전에 그렇게 되었기 때문이다.

귀신은 몇 가지 방법으로 사람에게 들어갈 수 있다.

1. 귀신은 초대받아 들어간다. 제리라는 다섯 살 된 소년은 아버

지의 매를 피해 아는 사람 뒤로 숨으려고 달려가면서 "도와달라"고 울부짖었다. 그 즉시 소년은 위안을 느꼈다. 그 후 소년은 아버지에게 매 맞을 때나 다른 사람이 그를 괴롭힐 때마다 도움을 구하였고, 그때마다 처음과 같은 위안을 느끼곤 했다. 나는 35살로 성장한 제리를 만나 이야기를 들으면서 그에게 위안을 주었던 실체가 귀신이었음을 알게 되었다. 귀신은 제리가 도움을 구할 때마다 가끔 위안을 주었지만, 한편으로는 제리의 삶을 파괴하고 있었다.

에이미라는 젊은 여인은 자신의 무능함에 화가 나서 이단 서적을 읽고 사탄이 주는 록 음악을 들으며 능력을 구하기 시작했다. 곧 에이미는 자기가 원하는 것을 구할 때 이루어지는 것을 경험했다. 에이미는 학교에서 소프트볼 팀에 속했는데, 제일 잘 하는 팀에 들지는 못했었다. 에이미는 경기를 할 때마다 자기보다 경기를 잘하는 소녀가 아프기를 빌었고, 실제로 그 소녀는 아팠다.

그리스도인인 테레사는 약속받은 것이 지켜지지 않았을 때 실망하고 좌절했다. 우리가 이미 그녀에게서 귀신들을 쫓아낸 적이 있었으므로, 그녀는 예수께서 주시는 자유에 대해 알고 있었다. 그런데도, 좌절의 늪을 헤어나지 못한 테레사는 그녀 주위에서 기다리고 있던 "보호자"라는 이름의 영을 초청하였다.

앞서 말한 캐롤린 머피나 위에 열거한 경우를 통해 볼 때, 귀신은 초청을 받아 들어가는 것을 알 수 있다. 귀신이 초청으로 들어간다는 데 대한 이해를 높이기 위해 다른 예들을 들어보기로 하자. 뉴에이지 운동에서 하는 "영매"를 찾는 일, 사탄숭배 의식에서 의식적으로 귀신을 부르는 일, 비서양 문화권에서 쉽게 찾아볼 수 있는 원시 종교적 의식, 그리고 믿을 수 없을 만큼 많은 개인적인 귀신 초청 등이 그 예라고 할 수 있다.

사람들이 귀신을 초청해 들일 때 무슨 일을 하는지는 사람마다 다르다. 예를 들어 테레사는 사탄의 도움을 구할 당시 의식이 또렷했다. 그녀는 100명이 넘는 귀신이 자기에게 다가오는 것을 경험했다. 그러나 지금은 모든 귀신이 나가고 돌아오지 않게 되었다. 그녀는 귀신들림이 무엇인지 알았다. 그런데도 그녀는 속이는 유혹자의 도움을 의심없이 받아들여서 "보호자"를 부르면 좌절감이 극복될 것이라고 생각했던 것이다. 테레사가 받았던 위로는 거짓으로 가장된 것이었다. 그러나 그녀는 자기에게 들어왔던 보호의 영을 통해 얻었던 위로를 기억하면서 그 거짓 영의 도움을 구했던 것이다. 이제 그녀는 그 거짓 영에서 자유를 얻었다.

그러나 캐롤린, 제리, 그리고 에이미는 자기들이 구하는 것이 무엇인지를 알지 못하는 상태에서 구했다. 캐롤린은 귀신이 들어올 틈을 주었고, 제리는 허공에 도움을 청했다. 에이미는 능력을 구했지만 그의 근원을 알지 못했고, 자신이 처하게 될 위험에 대해서도 알지 못했다. 내가 에이미에게 귀신에게서 자유로워지고 싶으냐고 질문했을 때 그녀는 거절하면서 "나는 그들이 주는 능력을 좋아해요"라고 대답했다.

위에 열거한 사람들은 대부분의 서양인이 가지고 있는 문제를 가지고 있었다. 그것은 영적 세계에 대한 무지이다. 사람들은 귀신들은 이야기책에나 나오는 것이지 실재하는 것이 아니라고 배워왔다. 그러므로, 능력을 구하는 일이나 록 음악을 통해 사탄과 귀신들을 찬양하는 것이 매우 위험함에도 불구하고 이를 잘 인식하지 못한다.

영적 세계의 법과 원칙은 우리가 사는 영역에서만큼 구속력을 지니고 있다. 비록 무의식적으로 귀신을 초청했어도 그것은 무의식적으로 만유인력의 법칙을 깨는 것과 같은 이치이다. 우리가 무의식적으로 비틀거리게 되었다고 해도, 우리는 만유인력의 법칙에 따라 쓰러지게 된다. 우리가 의식적으로 만유인력의 법칙을 믿지 않고 그 법칙을 무시해도 소용이 없는 일이다. 왜냐하면, 우리가 원하든지 원하지 않든 지간에 우리는 만유인력의 법칙 아래 살고 있기 때문이다. 영적 세계도 이와 마찬가지이다. 의식적이든 무의식적이든 간에 귀신을 초청하면 귀신은 사람 속에 거하게 된다. 귀신을 초청한 사람이 그러한 사실을 알든지 모르든지, 혹은 귀신의 존재를 인정하든지 안하든지에 상관없이 귀신은 존재한다.

귀신들린 그리스도인을 위해 사역하는 데 필요한 여러 가지 일 중 의식적으로나 무의식적으로 그들이 귀신이 들어오도록 초청한 배경을 살펴보는 것이 매우 중요하다. 여기에는 다음과 같은 것들이 포함된다.

하나님을 구하지 않고 다른 신을 숭배하거나 그들에게서 나오는 능력을 구하는것과 관련하여 귀신들리는 것은 의식적으로 귀신을 초청한 경우가 된다. 사탄숭배나 마법에 빠진 사람이 귀신들리지 않는 경우는 거의 없는데, 그 이유는 그런한 사람들은 자신을 의식적으로 귀신의 침입에 개방해 놓는 셈이기 때문이다. 뉴에이지 운동 중 이단적인 면에 관여하는 사람도 마찬가지이다. 영매를 찾고 이를 통해 대화하는 것 등은 귀신을 부르는 것인데, 그렇다고 해서 뉴에이지 운동의 모든 면이 이단은 아니다. 많은 사람이 단순히 건강이나 환경과 관련된 활동을 위해 뉴에이지 운동에 참여하는데, 이들도 귀신들릴 위험에 처해 있다고 보아야 한다. 또 다른 이단 활동을 든다면 프리메이슨단(Freemasonry), 크리스천 사이언스(Christian Science), 사이언톨로지(Scientology) 등이 있다. 강신술에 참여하는 것, 점치는 것, 공중 부양 등에 참여하는 것 등도 이단이다. 카드놀이 같은 것 등 해가 없는 듯 보이는 활동도 사람들을 위험에 처하게 한다.

비록 사람들이 영적 세계에 대한 무지로 인해 그들이 귀신들을 초청하는지조차 모르고 있어도, 위에서 열거한 활동 및 행동들은 의식적 초청으로 분류된다. 예를 들어, 프리메이슨단에 관여하는 사람들 대다수가 그들과 식구들이 위험에 처해 있다는 것을 모르고 있다. 그렇지만 그들이 이 단체의 활동에 참여하기로 결정하는 것은 의식적인 것이다. 이것은 마치 만유인력의 법칙을 알든지 모르든지를 불문하고 그 법칙에 도전하기로 하는 것이 의식적인 행위인 것과 마찬가지이다.

무의식적인 초청은 그 성격이 더 미묘한 것이 다른 점이다. 무의식적인 초청은 사람들이 자신의 어려웠던 과거의 경험을 통해 갖게 된 부정적 태도에 빠져 있을 때 일어나기 쉽다. 예를 들면, 육체적으로나 감정적으로 학대받은 사람이 분노하는 것은 정상적인 것이다. 그러나 분노가 계속되어서 사라지지 않는 원한, 앙심, 용서하지 않음을 일으킨다면, 귀신이 들어갈 좋은 기회를 제공하는 셈이 된다. 이런 것들을 나는 귀신들의 먹이인 감정적, 영적 "쓰레기"라고 명명한다.

귀신들은 정당한 권리를 주장하면서 사람들에게 들어가서 거한다. 귀신들은 우리가 정상적으로 생각할 수 있는 분노 같은 것을 없애지 않고 버려둘 때 권리를 주장하며 들어가는 것이다. 분노 그 자체는 죄가 아니다. 에베소서 3장 26절에 보면, "분을 내어도 죄를 짓지 말며 해가 지도록 분을 품지 말고"라고 되어 있다. 이 말씀을 통해 보면 우리가 분노하게 된다는 사실은 명백한 것이다. 그러나 분을 내도 죄를 짓지 않아야 하고, 분을 오랫동안 담아두지 말아야 한다는 것 또한 알 수 있다. 이렇게 해야 하는 이유가 그 다음 절에 나오는 "마귀로 틈을 타지 못하게 하라"(엡 4:27)는 말씀이다. 그리고 또 "너희는 모든 악독과 노함과 분냄과 떠드는 것과 훼방하는 것을 모든 악의와 함께 버리고 서로 인자하게 하며 불쌍히 여기며 서로 용서하기를 하나님이 그리스도 안에서 너희를 용서하심과 같이 하라"(엡 4:31-32)는 말씀을 통해 통찰을 얻을 수 있다. 예수님은 용서의 필요성을 강조하셨다. 주기도문 뒤에 나오는 말씀은 "너희가 사람의 과실을 용서하면 너희 천부께서도 너희 과실을 용서하시려니와 너희가 사람의 과실을 용서하지 아니하면 너희 아버지께서도 너희 과실을 용서하지 아니하시리라"(마 6:14-15)이다.

성적인 죄, 능력을 잘못 사용한 죄, 하나님 이외의 것들이나 사람에게 연합하는 서약을 한 죄 등을 고백하지 아니한 상태로 있는 것 역시 귀신을 무의식적으로 초청하게 되는 또 다른 경우이다. 그리고 습관적으로 계속하는 행위(음란물을 접하는 것, 마약중독, 음란한 생각, 질투, 걱정, 두려움, 자기 증오 등) 역시 귀신을 무의식적으로 불러들이는 원인이 된다. 반복해서 이야기하지만, 귀신들린 사람들이 하나 혹은 그 이상의 문제점들을 갖고 있으면서도 그것을 내놓지 않을 뿐더러 그것을 죄로 여기지 않는 데 문제가 있다. 이렇게 자신의 문제점을 내놓고 회개하지 않는 것은 영적인 방어력을 훼손하는 격이다. 존 윔버는 그의 강의에서 이것을 다음과 같이 말했다. "불빛을 달고 도망가므로 오히려 귀신들이 그 불빛을 보고 길을 잘 찾아 들어올 수 있게 하는 격이다."

위에 열거한 태도나 행위가 죄성을 갖고 있거나 아니거나를 막론하고 모두 위험지만, 그것이 자동으로 귀신들림을 초래하는 것은 아니다. 행위에 따라 어떤 것은 더 높은 저항력을 갖고 있다. 그러나 사람이 어떤 습관적 행동이나 태도에서 헤어나지 못하고 갈등하면 할수록, 그 사람이 무의식적으로 귀신들릴 위험성은 높다. 귀신은 사람들을 잘 알기 때문에 틈만 생기면 사람들 안에 들어가려고 기회를 노린다.

이러한 위험에서 보호하기 위해 우리는 확실한 죄뿐만 아니라 의심가는 태도나 행위도 다루어야 한다. 우리에게는 우리 안에 있는 "쓰레기"를 처리하고, 육체의 일을 없애야 할 의무가 있다. 이를 위해서는 하나님의 도우심을 구해야 한다.

> "육체의 일은 현저하니 곧 음행과 더러운 것과 호색과 우상 숭배와 술수와 원수를 맺는 것과 분쟁과 시기와 분 냄과 당 짓는 것과 분리함과 이단과 투기와 술 취함과 방탕함과 또 그와 같은 것들이라"(갈 5:19-21; 골 3:5-9 참조).

사탄은 사람들의 나쁜 행위를 부추길 만 아니라, 많은 경우 자신이 부추긴 약점들을 통해 그 사람에게 들어가기도 한다. 나쁜 습관적 행위로 인해 귀신이 들렸든지 안 들렸든지, 우선 회개를 통해 죄사함을 받아야 하고, 자기 훈련을 통해 다시 그 죄에 빠지지 말아야 한다고 성경은 말한다. 성경에서는 죄인이라도 귀신들리지 않은 경우가 있음을 명시한다. 예를 들면, 요한복음 8장의 간음한 여인과 고린도전서 5장에의 음행한 자가 귀신들렸다는 언급이 없다.

어떤 사람이 죄를 지었다고 해서 귀신이 그 사람 속에 들어갈 수 있는 것은 아니다. 그러나 사람이 죄를 회개하지 않거나 죄 가운데 있기를 좋아하여 혼돈된 상태로 지낸다면, 귀신이 그 사람에게 들어갈 수 있다. 계속 죄를 짓는 행위는 귀신들림의 기회를 제공한다. 육신의 죄를 회개함으로써 귀신들리는 일이 없게 해야 한다.

우리는 성령의 능력으로 이런 일을 할 수 있다. 우리가 죄 되는 태도나 행동에서 자유로움을 얻는 일이나 귀신을 없애는 일을 성령의 능력으로 할 수 있다. 어떻게 그런 현상이 일어날 수 있는가에 대해서는 앞으로 계속 다룰 것이다.

2. 사람들은 권위를 가진 인물의 초청으로 귀신들릴 수 있다. 트리사라는 여인은 사탄을 숭배하는 가정에서 자라났다. 그녀의 어머니는 사탄을 숭배하는 믿음에 따라 트리사를 사탄에게 봉헌하였다. 그 순간 트리사에게 권위를 행사하던 자의 초청을 받아 하나 혹은 그 이상의 귀신들이 트리사에게 들어갔다. 이처럼 어린아이들을 어떤 영이나 귀신에게 봉헌하는 일이 비일비재하게 벌어지고 있다.

나는 사역하던 몇 경우를 통해 특별한 경험을 한 적이 있다. 그것은 어머니가 아이를 갖기 위해 영적인 능력을 구한 후 임신하여 태어난 사람들의 경우이다. 이렇게 해서 태어난 사람들은 태아로 만들어지는 순간 귀신 들렸다. 어느 대만 여인은 어머니가 절에 다니면서 그 절에 있는 중이 거행한 의식을 통해 그녀를 임신했다. 또 다른 경우는 미국인이었는데, 그녀의 어머니가 점치는 사람과 상담한 후 그녀를 임신했다.

이단 종교의 지도자에게 복종하는 사람들은 그들의 헌신이나 사탄이 주는 능력에 의한 축복을 통해 귀신들리게 된다. 부모들이 저주함으로써 그들의 자녀가 귀신들리게 될 수도 있다(아래 4번을 참조할 것). 남편의 저주, 혹은 아내의 저주가 상대방을 귀신들리게 할 수도 있다.

3. 조상으로 인해 귀신들림의 현상이 나타날 수 있다. 왜 하나님께서 왜 이것을 허락하시는지 이해할 수 없지만, 아이들이 조상들의 문제로 인해 귀신들릴 수 있다. 우리는 이것을 가계를 통해 내려오는, 혹은 "핏줄을 타고 내려오는" 영 혹은 힘이라고 명명한다.

때때로, 하나 또는 그 이상의 영들이 유전된다. 나는 이런 경우를 여러 번 다루었는데, 그 이유를 살펴본 결과 귀신들린 사람의 부모 혹은 조부모가 프리메이슨단에 접해 있었던 사실을 알게 되었다. 이것은 그다지 놀랄 일이 아닌데, 그 이유는 프리메이슨단에 속한 사람들은 정기적으로 그들이 선택한 비밀서약을 통해 그들 자신을 저주하기 때문이다. 더 나아가서, 그들은 자신과 가족들을 루시퍼에게 봉헌하기도 한다(Shaw and McKenney, *The Deadly Deception* 참고).

그러나 어떤 경우에는 조상으로부터 내려오는 것이 꼭 귀신에 의한 것이 아닐 수도 있다. 그것이 귀신이 붙을 수 있는 구실을 제공하는 먹이나 감정적 연약함일 수 있다. 드물게는 조상으로 인한 귀신들림이 아버지와 어머니 양쪽에서 오는 경우도 있다. 최근에 나는 아버지와 어머니 양쪽 모두로부터 내려온 격노의 영을 물리친 적이 있다. 만일 어떤 사람이 양쪽 부모로부터 모두 격노의 영을 물려받았다면, 그에게는 두 개의 격노의 영이 들어있다고 보아야 할 것이다. 아마 그 사람이 두 개의 격노의 영을 물려받았으나 하나는 나가고 하나만 남아 있을 수 있다. 혹은, 그 사람이 어떤 경향—예를 들면 어떤 병을 일으킬 수 있는 가능성이 높은 것—을 물려받았을 수도 있다. 귀신은 그러한 경향을 잽싸게 포착하여 조상으로부터 물려받은 연약함에 쉽게 접근하여 귀신들리게 하는 것이다. 사람들이 자신의 선택으로 귀신들리는 것이 아닌 경우가 두 가지 있다. 그 하나는 조상으로부터 내려오는 문제로 인해 귀신들리게 되는 경우이고, 또 다른 하나는 그 사람에 대해 권위를 가진 사람의 초청으로 귀신들리는 경우이다.

우리는 한 가족의 조상을 통해 내려오는 영들을 "가족의 영" 혹은 "가족과 친밀한 영"이라고 부른다. 이러한 영들은 대개 조상이 받은 저주를 통해서 들어가거나, 조상이 자신을 다른 신에게 헌신할 때 들어간 영들이다. 이렇게 조상을 통해 들어온 영들은 조상들과 같은 감정적 문제, 죄, 병을 일으키는 경향이 있고 또 조상들과 같은 충동을 느끼기도 한다. 만일 여러분이 기도해 주는 사람들이 알코올 중독, 우울증, 성도착증, 병적으로 비판하는 증상, 심한 공포증, 암, 당노병 등을 앓았거나, 그 이외의 다른 감정적이거나 육체적인 문제나 죄로 인해 고통받고 있다면, 그러한 병이나 증상을 그 사람의 조상들도 갖고 있었는지 알아보아야 한다. 만일 그렇다면, 조상을 통해 내려온 영이 그 사람에게 영향을 미칠 수 있다고 볼 수 있다. 우리는 어떤 여인이 그녀 자신, 그녀의 어머니, 그리고 그녀의 할머니가 모두 거의 같은 나이에 자궁절제 수술을 받은 사실을 알게 되었다. 비록 이것이 조상을 통해 내려온 영에 의한 것이라는 확증은 없지만, 우리는 이런 사실을 그저 간과하지 않고 주의 깊게 다루었을 때 수확을 얻기도 했다. 우리가 축사 사역을 할 때 볼 수 있는 증상 대부분은 몇 가지 다른 원인에 의한 것일 때가 많다. 그러므로, 서둘러 결론을 내리는 잘못을 범하지 말아야 한다.

4. 귀신은 저주를 통해 들어간다. 우리는 이미 저주에 대해 여러 번 언급한 바 있다. 저주는 우리가 흔히 할 수 있는 일이다. 나는 귀신이 어떤 사람에게 들어갈 때 저주가 주된 요소로 작용했음을 발견하곤 한다. 그러나 저주가 항상 귀신들림을 초래하는 것은 아니다. 저주 그 자체 때문에 귀신들리는 경우는 사실상 극히 드물다. 헌신, 맹세, 주문 등이 저주와 함께 드려질 때 사람들은 귀신들리게 된다.

위에서 언급한 것들 이외에 또 권위를 남용하여 저주함으로 말미암아 귀신들리는 경우도 있다. 그러나 사람이 저주를 받았어도 내적으로 문제가 없든지, 그 사람을 위해 중보기도를 해주는 사람이 있어서 보호를 받으면 그 저주는 허공을 치는 것일 뿐 그 사람에게 영향을 끼치지 못한다. 이것이 "까닭 없는 저주는 참새의 떠도는 것과 제비의 날아가는 것 같이 이르지 아니하느니라"(잠 26:2)는 말씀이 의미하는 것이라고 생각한다.

저주는 저주를 받는 사람이나 물건에게 부정적인 영향을 끼치는 사탄 혹은 하나님의 능력을 일으키게 하는 요인이 된다. 저주는 말로 할 수도 있고 또는 저주된 물건을 통해서도 할 수 있다. 저주하는 말 중에 가장 약한 말이 있다면 그것은 "나는 …이 싫어"라든가 아니면 "너는 절대로 어떤 일을 못할 거야"라는 말을 상대방이나 자신에게 하는 것이다. 더 강한 의미로 쓰여지는 말들로는 "나는 …가 죽었으면 좋겠어", "…가 성공하지 못하기를 바래", "하나님이 너를 저주해", "나는 …로 너를 저주해" 등의 말들이다. 저주하는 말이 강하게 역사하는 경우는 이단적 의식을 거행하면서 말할 때일 것이다. 덧붙여서, 어떤 사람이 소유하는 물건이 저주된 것이라면 그것으로 인해 귀신은 그 사람을 괴롭힐 수 있다 (제1장에서 언급한 캐롤린 머피의 경우가 이에 속한다).

하나님에 의해 내려진 저주의 예를 성경에서 찾아본다면 뱀(창 3:14), 땅(창 3:17-19), 가인(창 4:11-12), 특정 죄를 지은 자(신 27:15-26; 28:15-68), 하나님을 속이거나 영화롭게 하지 않는 자(말 1:14; 2:2; 3:9), 나무에 달린 자(신 21:23; 갈 3:13), 엘리사를 조롱한 자(왕하 2:23-24), 여리고 성을 재건하는 자(수 6:26), 무화과나무(마 21:18-19) 등을 들 수 있다. 그리스도인으로서 우리는 저주를 정체시킬 수 있는 하나님의 능력을 갖고 있다. 말을 매우 조심해야 하는데, 이는 하나님의 능력을 잘못 사용하는 잘못을 범하지 않아야 하기 때문이다. 우리는 다른 사람을 저주하지 말고 축복해야 한다(롬 12:14; 눅 6:28).

앞서도 언급했지만, 어떤 사람의 조상에게 내려졌던 저주는 귀신을 위한 좋은 미끼가 될 수 있다. 유대인 가정에서 자라나서 그리스도인이 된 훌륭한 지도자가 간증한 적이 있다. 예수님을 십자가에서 죽게 한 유대인들에게 임했던 저주에 붙어 있던 귀신에게서 그가 놓임을 받았을 때 그의 생은 완전히 새로운 것이 되는 것을 체험했다고 했다. 빌라도가 유대인의 무리 앞에서 손을 씻으며 예수님의 피에 대해서 자신은 무죄하니 유대인들보고 당하라고 말했을 때 "백성이 다 대답하여 가로되 그 피를 우리와 우리 자손에게 돌릴지어다"(마 27:25)라고 했다. 어느 프랑스인 여인은 프랑스의 문화적 긍지에의 저주(혹은 헌신)와 연관된 긍지의 영으로 인해 괴로워한 적이 있었다. 또 여자 조상들이 칠 대에 걸쳐 장애인이었던 여인이 있었는데, 그 여인에게서 저주가 사라지고 귀신에게서 벗어난 후 그 여인에게서 태어난 여아는 아주 건강했다.

내가 보아온 대부분의 귀신들린 그리스도인의 경우, 그들이 그리스도인이 될 때 귀신들도 따라와 그들 안에 머물러 있었다. 그리스도인도 귀신들릴 수 있는 것이 명백한 사실지만, 그들이 그리스도인이 되기 전의 태도나 행동과 상관없이 귀신들린 경우는 매우 드물었고 대부분 그리스도인이 되기 전에 있었던 문제로 인해 귀신들리게 되었음을 알 수 있었다.

귀신에게서 해방하는 치유 사역 원리

기도 사역을 통해 나는 매우 중요한 원리들을 배웠다. 이 원리들은 축사 사역을 포함한 모든 치유 기도 사역에 적용될 수 있기에 여러분이 이 원리들을 기억하고 사역하기를 강력히 권하는 바이다.

1. **우리의 관심은 귀신도 아니고, 기술도 아니고, 치유도 아니고 사람에게 있다.** 하나님이 사랑하시는 대상은 사람이다. 하나님께서 자유롭게 해주기 원하시는 대상은 사람이다. 하나님과 사탄 사이에 일어나는 영적 전쟁 역시 사람을 위한 것이다. 그러므로 우리가 일하는 것은 사람을 위한 것임을 명심해야 한다.

2. **우리의 목적은 사람들이 완전한 자유를 누리는 것이다.** 가난한 자에게 복음을 전하고, 포로 된 자에게 자유를 주고, 눈먼 자에게 보게 함을 전파하고, 눌린 자를 자유롭게 하고, 주의 은혜의 해를 전파하신(눅 4:18-19) 예수님처럼, 우리도 사탄의 책략으로 인해 괴로워하고 힘들어하는 사람을 자유롭게 해주는 일을 해야 한다. 만일 사람들의 문제가 단순히 육체적인 문제에 국한된 것이라면 그것은 그다지 어렵지 않을 수도 있지만, 보통 육체적인 문제는 좀 더 깊은 내적인 문제, 즉 감정적인 문제 같은 것과 깊은 연 관을 갖고 있음을 알아야 한다. 우리의 과업은 그와 같은 깊은 문제를 찾는 것인데, 이를 위해 우리는 하나님께서 원하시는 대로 치료하시도록 성령의 능력을 구해야 한다.

3. **사람들의 영, 혼, 육은 서로 긴밀히 연관되어 있다.** 서구적인 방법인 전문화된 접근에 따른 치유 사역은 그리 효과가 없음을 알 수 있다. 육체적 질병을 가진 사람이 의사를 찾아가서 치료를 받아

도 낫지 않을 때가 있는데, 그 이유는 병을 일으킨 근본적인 원인이 제거되지 않았기 때문이다. 감정적 문제를 치료받기 위해 정신과 의사를 찾아가도 낫지 않는 경우가 있는데, 그 이유는 영적인 문제가 다루어지지 않았기 때문이다. 만일 우리가 하나님께서 원하시는 완전한 치유를 위해 효과적으로 일하기 원한다면, 치유 받는 사람을 위해 기도할 때 총체적으로 접근해야 한다.

4. 어떤 문제를 단순히 육체적인 것, 감정적인 것, 영적인 것, 혹은 귀신에 의한 것으로 단정 짓지 말아야 한다. 우리가 사역했던 대부분의 사람이 여러 가지 복합적인 문제로 고통 당했었다. 어떤 여인이 엄청난 두통 및 다른 육체적인 문제로 인해 기도 받기 원했는데, 사실상 그 여인의 문제는 자신을 증오하고 그녀의 부모와 남편에게 화를 내고(감정적인 문제), 그녀가 저질렀던 어떤 일에 대해 깊이 죄책감을 느끼고 그녀에게 해를 주었던 사람들을 용서하지 못한(영적인 문제) 것이었음을 알게 되었다. 말하자면 그녀는 죽음, 증오, 거부, 죄책감, 통제 못함 등 많은 종류의 귀신들의 영향 하에 살고 있었다.

5. 귀신들은 사람의 내부에 있는 어떤 문제에 기생한다. 귀신들은 "먹이"가 없는 사람 안에서는 살 수가 없다. 귀신들이 거할 수 있는 터전을 제공해주는 것이 있을 때 귀신은 그 사람 안에 거할 수 있다. 귀신들은 쓰레기를 찾아 모여드는 쥐들과 같다. 귀신들은 주로 감정적 혹은 영적 문제에 붙어산다. 따라서, 귀신들린 사람이 치유 받는다는 것은 먼저 감정적 혹은 영적 쓰레기를 제거한 후에 귀신을

쫓아내야 함을 의미하는 것이다. 우리는 축사 사역에 참여하는 많은 사람이 이러한 사실을 모르고 무분별하게 시작한다는 사실을 발견하였다. 그들은 귀신들을 가능한 한 빨리 내쫓는 것에 초점을 두는 경향이 있다. 만일 감정적 혹은 영적인 문제를을 치유하지 않고 귀신들을 내쫓으면, 쫓겨나간 귀신이 다시 돌아올 확률이 높다. 그 이유는 귀신들은 치워지지 않은 쓰레기에 다시 붙을 권리를 주장하면서 다시 들어갈 수 있기 때문이다. 그러므로, 사람에게서 귀신을 쫓을 때는 그 사람에게 있던 감정적 혹은 영적 쓰레기가 다 없어졌는지 확인해야 한다.

따라서, 귀신 쫓은 사역은 많은 사람이 말하는 "내적 치유," 혹은 내가 즐겨 사용하는 "깊은 차원의 치유"와 병행하여 행해져야 할 것이다.

제4장

그리스도인의 능력과 권세

우리는 과연 우리 자신을 잘 알고 있는가?

나의 아버지는 다른 일을 하면서 비상근 경찰로 일했다. 물론 아버지는 경찰이 입는 정복을 입으셨다. 아버지는 가끔 정복을 입고 나와 동생을 데리고 다니곤 하셨는데, 그때마다 우리는 특별 대우를 받곤 했다.

내가 일곱 살인가 여덟 살이었을 때, 아버지는 나와 내 동생을 동네에서 벌어지고 있는 박람회에 데리고 가신 적이 있었는데, 그때도 아버지는 경찰복을 입고 계셨기 때문에 우리는 입장료를 내지 않고 들어갔다. 우리가 아이스크림을 파는 곳에 이르렀을 때 "안녕하세요, 크래프트씨. 이 아이들이 당신 아들들이군요."라는 소리를 들었다. 아버지는 자랑스럽게 우리를 그에게 소개하시면서, "예. 얘들이 제 아들들입니다. 이 아이는 찰스고, 이 아이는 바비이지요"라고 하셨다.

상인은 "애들아, 이 아이스크림 먹고 싶지 않니?"라고 물었고, 우리가 그렇다고 했더니 그 사람은 돈을 받지 않고 우리에게 아이스크림을 주었다. 그래서, 아버지께서 경찰복을 입고 계실 때 우리는 특별한 느낌을 가지곤 했다. 우리는 아버지로 인해 다른 사람들이 받지 못하는 혜택을 받곤 했다. 정말 경찰관의 아들이라는 사실은 무척 근사한 것이었다.

그 후 내게 큰 문제가 생겼는데, 그것은 아버지가 내게 관심을 기울이지 않았기 때문에 아버지의 주의를 끌기 위한 것이었다. 나의 아버지가 자신을 돌아보지 않고 많은 시간 동안 일하지 않으면 우리 식구들이 살아가기 어렵다는 사실을 나는 이해하지 못하고 내가 그토록 존경하는 아버지와 시간을 함께 보내지 못하는 아쉬운 마음과 버려진 것 같은 느낌을 갖고 있었던 것이다. 이 느낌 때문에 나는 자신을 가치 없는 인간으로 여겼고, 아버지의 관심을 끌고 칭찬을 들으려 노력했다.

이런 느낌과 시도는 나 자신에게 화가 나게 했을 뿐 아니라 자신을 거부하는 데까지 이르게 했다. 나는 나의 모습과 마음, 감정을 싫어했고 심지어 찰리라는 내 이름조차 싫어했다. 나는 불행하다고 생각했을 뿐만 아니라 나 자신에 대한 분노로 인해 성질이 나빠졌다. 심지어 집에서 도망칠 생각까지 했는데, 그 이유는 아무도 나를 위해주고 사랑해주지 않는다고 느꼈기 때문이었다. 나는 내가 늘 다른 인물이기를 바랐다.

내가 12살 되던 해에 예수님을 구주로 받아들이고 난 후에도 나의 갈등은 계속되었다. 하늘나라에 들어갈 수 있게 된 것은 기쁜 사실이었지만 고린도후서 5장 17절에 약속된 새로운 피조물이 되는 체험이 없어서 크게 실망하였다. 내가 갖고 있던 자기 증오, 다른 인물이 되기를 갈망하는 마음, 나의 아버지나 다른 어떤 권위자와 함께하지 못함으로 인한 분노 등이 계속 나를 괴롭혔다. 그래서, 나는 계속 나 자신이 불행하다고 생각했다. 다른 사람들에게는 좋은 일들이 많이 있는 것 같은데 나는 그렇지 못한 것 같았다. 나는 찰리 브라운이 "만일 내게 일어나는 일 중 잘된 것이 있다면, 그것은 뭔가 잘못된 것이야"라고 말한 것이 꼭 나 자신을 두고 한 말처럼 여겨졌다.

내가 책을 통해서나 설교를 통해서 죄성을 가진 인간에 대해 들을 때마다 그것이 바로 나의 모습이라고 생각하곤 했는데, 그 이유는 내가 바로 그런 죄인이라고 늘 생각해 왔기 때문이었다. 한 개개인이 하나님 앞에서 얼마나 귀중한 존재인가를 말해주는 성경 구절은 나와는 상관없는 것 같았다. 그러한 성경 구절들은 다른 사람들을 위한 것이었다. 하나님의 눈으로 볼 때 나는 진정 어떤 사람인가지 알지 못했고 알려 하지도 않았다. 나는 이 진리에 접하했을 때도 하나님께 "만일 당신이 나의 참 모습을 아신다면 나를 받아들일 수 없을 것입니다"라고 말했다. 나에 대한 하나님의 긍정적인 시각을 인정할 수 없었다.

그러나 하나님은 다음과 같이 말씀하신다:

"보라 하나님께서 어떠한 사랑을 우리에게 주사 하나님의 자녀라 일컬음을 얻게 하셨는고 우리가 그러하도다 그러므로 세상이 우리를 알지 못함은 그를 알지 못함이니라"(요일 3:1).

"무릇 하나님의 영으로 인도함을 받는 그들은 곧 하나님의 아들이라 너희는 다시 무서워하는 종의 영을 받지 아니하였고 양자의 영을 받았으므로 아바 아버지라 부르짖느니라 성령이 친히 우리 영으로 더불어 우리가 하나님의 자녀인 것을 증거하시나니 자녀이면 또한 후사 곧 하나님의 후사요 그리스도와 함께 한 후사니 우리가 그와 함께 영광을 받기 위하여 고난도 함께 받아야 될 것이니라"(롬 8:14-17).

"너희가 아들인 고로 하나님이 그 아들의 영을 우리 마음 가운데 보내사 아바 아버지라 부르게 하셨느니라 그러므로 네가 이 후로는 종이 아니요 아들이니 아들이면 하나님으로 말미암아 유업을 이을 자니라"(갈 4:6-7).

위의 성경 구절들은 우리가 하나님께 특별한 자들임을 확인해준다. 그러나 내가 이러한 진리를 받아들이고 하나님께 내가 누구인지를 물으며 논쟁하기를 그치기까지는 무척 많은 시간이 걸렸다. 우리를 향하신 하나님의 말씀과 태도는 확실히 신뢰할 수 있다. 나는 낙심하는 그리스도인들에게 "당신은 자신이 누구인지 아십니까?"라고 묻는다. 그들의 대답은 "그리스도인이지요", "신자입니다", "예수님으로 인해 구속받은 자입니다" 등이다. 물론 이러한 대답들도 다 맞는 말이고, 하나하나가 귀하다. 그러나 하나님과의 관계를 형성하는 데 무엇보다 더 귀한 대답은 하나님께서 우리를 자녀로 삼아주신 것을 언급하는 것이다.

인간인 우리는 다른 피조물이 갖지 못한 하나님의 형상을 지녔다. 그러므로, 인간이 타락했을 때 하나님은 우리를 구속하셨고, 용서하셨고, 죄 많은 성품을 바꿔주셨다.

> "하나님께로서 난 자마다 죄를 짓지 아니하나니 이는 하나님의 씨가 그의 속에 거함이요 저도 범죄치 못하는 것은 하나님께로서 났음이라"(요일 3:9)

하나님의 자녀가 된 우리에게는 하나님의 권세가 부여되었을 뿐 아니라 하나님의 나라를 유업으로 받을 수 있는 자격이 주어졌다. 온 우주를 다스리시는 왕의 자녀가 되었다는 것을 생각할 때 우리는 감격을 느끼지 않을 수 없다. 하나님은 특별한 제복을 입고 있어서 어디든지 가실 수 있고, 그의 자녀인 우리는 그 특권에 동참할 수 있다.

사탄은 우리가 하나님의 자녀 되는 것을 싫어한다.

사탄은 우리가 우리 자신에 대해 아는 것을 방해한다. 사탄은 하나님의 자녀인 우리를 두려워한다. 사탄의 가장 큰 관심은 자신이 주도권을 갖고 세상을 장악하는 것이어서, 하나님의 자녀인 우리를 질투하는 것이다. 하나님의 자녀인 우리가 이 세상에서 하나님 다음 자리를 장악하고 있으므로, 사탄은 우리를 싫어한다. 사람만이 하나님의 형상으로 지음 받았고, 사탄이나 다른 피조물들은 그렇지 못하다. 사탄이나 인간 모두가 하나님께 반역하였으나, 인간만이 그 반역에도 불구하고 구속함을 받았다. 우리는 사탄과 그의 부하들에게 구원이 주어졌는지에 대해 아는 바 없다. 만일 사탄에게 구원이 주어졌다면 사탄의 왕국은 존재하지 않았을 것이다.

우리가 아는 것은 예수 그리스도를 믿는 자는 누구든지 자신을 지으신 하나님과의 관계를 회복할 수 있다는 사실이다. 죄로 인해 죽을 수밖에 없던 인간이 예수 그리스도를 통해 다시 하나님의 가족이 됨이 사탄에게 질투심을 일으킨다. 그러므로, 사탄은 사람들이 자신의 원위치를 찾아가는 것을 방해하기 위해 갖은 노력을 다 기울인다. 그리고 사탄은 우리가 하나님이 누구신지에 대해 아는 것을 싫어할 뿐 아니라, 우리 자신이 누구인지에 대해 아는 것도 매우 싫어한다. 사탄은 하나님께서 자녀들에게 부으시는 관심과 부여한 지위를 질투한다. 사탄과 그의 부하들은 우리의 약점을 미끼삼아 늘어지는데, 특히 그들이 갖지 못한 어떤 것을 하나님께서 그의 자녀들에게 준 것을 중점적으로 겨냥한다.

사탄은 특히 우리의 하나님 닮은 성품을 주요 공격 목표로 삼는다. 사탄은 우리가 하나님 형상 닮은 사실을 잊고 자기 자신이 쓸모없다고 생각하도록 부추긴다. 하나님께서 그의 형상을 닮은 사람들이 새로운 피조물이 되게 하는 데 있어서, 우리는 하나님의 사역을 도울 수 있지만, 사탄은 할 수 없기 때문에 우리의 일을 방해한다. 하나님이나 우리는 다른 사람과의 교제를 영적으로 깊이 있게 할 수 있으나 사탄은 그렇게 하지 못하기 때문에 사탄은 질투하여 우리의 인간관계를 공격한다. 특별히, 사탄은 가족간이나 상처를 받기 쉬운 가까운 사람 사이의 관계를 겨냥한다.

하나님께서 인간을 구속하신 것을 질투하는 사탄은 사람들의 마음을 혼미케 하여 하나님의 구속의 복음에 반응하지 못하게 하려 한다(고후 4:4). 이러한 시도가 성공하면, 사탄은 자기가 속인 사람의 영 속에 계속 거할 수 있게 된다. 악의 영이 사람 속에 거하는 것이 바로 하나님께서 창세기 2장 17절에서 "선악을 알게 하는 나무의 실과는 먹지 말라 네가 먹는 날에는 정녕 죽으리라" 하신 말씀에서의 죽음을 의미하는 것이다. 그러나 사람이 자신을 예수 그리스도께 드리면, 예수님이 이전에 그 속에 거하던 귀신을 내쫓고 그의 영 속에 거하시므로 영은 살게 된다.

그러나 사탄은 포기하지 않는다. 사탄은 하나님의 자녀들이 하나님의 풍요한 기업을 누리는 것을 어떤 수단과 방법을 동원해서라도 방해하려 한다. 나의 경험을 통해 보면, 사탄은 사람들의 죄성을 교묘히 이용하여 사람들이 자신을 싫어하게 하는 것을 즐긴다. 사탄이 사람들로 하여금 자기 자신을 싫어하게 만드는 이유는 사람들이 하나님의 관용에 거부감을 갖게 하거나, 하나님을 무시하게 하거나 혹은 하나님께 대항하도록 하기 위한 것이다. 그리고 귀신들은 우리가 죄를 짓도록 부추긴다. 만일 우리가 귀신들의 유혹에 넘어가면, 죄를 고백한 후에도 죄에서 자유롭게 되지 못하게 된다. 귀신들이 하는 일은 우리가 용서받았음을 인정하지 않고 계속 죄인인 기분으로 살게 하는 것이다. 귀신들이 우리가 하나님의 용서하심을 부인하게 이유는 우리가 죄의식에 눌려 정상적으로 살지 못하도록 하기 위함이다.

사탄은 우리 마음속에 어떤 생각을 넣어줄 수 있다. 특히 하나님과의 관계와 하나님께서 일하시는 것에의 정당성을 의심하게 한다. 우리는 "용서하는 것은 쉬운 일이 아니다", "하나님은 불공평하시다", "네가 행한 일을 생각해 보라. 그래도 하나님은 너를 용서하실 수 있다고 생각하는가?" 등의 말을 자주 듣는다. 사탄은 "벌레 신학"(worm theology)의 저자다. 벌레 신학은 우리가 구원 받은 후에도 자신이 벌레만도 못하다고 여기는 것이다.

우리는 사탄이 특히 감정적인 면에 침투하여 활동하는 것을 많이 보아왔다. 이것은 서양의 문화와도 관련이 있는 것 같다. 서양 사회는 사람들에게 감정적으로 냉정하게 대하는 경향이 있다. 그러나 나는 인간의 감정은 사탄의 공격에 민감하게 반응한다고 생각한다. 따라서 부정적인 감정이 밀려오면 사람들은 쉽게 죄를 짓는다. 예를 들어, 어떤 사람이 상처를 받았을 때 당연히 분노한다. 분노를 없애지 않으면, 분노는 죄를 낳는다. "분을 내어도 죄를 짓지 말며 해가 지도록 분을 품지 말고 마귀로 틈을 타지 못하게 하라"(엡 4:26-27)는 말씀을 통해 볼 때, 반드시 분노를 없애야 한다. 또 우리는 "모든 악독과 노함과 분냄과 떠드는 것과 훼방하는 것을 모든 악의와 함께 버리고", "서로 인자하게 하며 불쌍히 여기며 서로 용서하기를 하나님이 그리스도 안에서 너희를 용서하심과 같이하라"(엡 4:31-32)는 말씀대로 해야 한다. 두려워하지 말고(사 41:10), 근심하지 말고(빌 4:6), 음욕을 품지 말고(마 5:28), 부정적인 생각이나 나쁜 감정을 갖지 말아야 한다.

우리가 자기의 신분을 아는 것과 하나님을 향한 태도가 어떠해야 함을 아는 것을 방해하려고, 사탄은 그럴듯한 이유를 제시하고 다양한 책략을 준비한다. 사탄은 우리가 우리 안에 있는 성령의 능력을 힘입으면 자기와 비교할 수 없을 만큼 강하다는 것을 알고 있다. 문제는 우리가 과연 사탄이 우리에 대해 아는 것처럼 우리 자신에 대해 충분히 알고 있는가이다. 하나님은 우리가 영적 전쟁을 치를 수 있도록 능력을 주셨다.

우리가 하늘과 땅을 다스리는 임금의 자녀라면, 지금 사회나 교회가 우리 자신에 대해 생각하는 것보다 우리는 훨씬 더 굉장한 자들이다. 그러나 많은 사람은 하나님께서 허락하신 자녀의 신분에 대해 확실히 믿지 못한다. 낮은 자존감, 하나님 아버지에 대한 형편없는 이미지, 끝없는 불안감 등은 아버지께서 주신 놀라운 기업이 무엇인지를 깨닫지 못하게 한다. 하나님께서 주신 기업의 하나는 우리가 천사를 판단하는 것(고전 6:3)이며, 사람들에게서 귀신을 쫓아내는 것이다.

왕의 자녀가 왕자 혹은 공주라 불리는 것처럼, 모든 그리스도인은 가장 높은 왕이신 예수님의 왕자 혹은 공주다. 이런 지위에 있는 사람이 고개를 떨구고 다녀서야 되겠는가? 왕족은 적의 진영에 있어도 자신 있고 당당히 대처하는 법이다. 이 세상이 잠시 악한 자 안에 처해 있지만(요일 5:19) 하나님의 것이므로, 우리는 자신이 누구며 우리의 아버지가 누구신지 알고 고개를 들고 당당히 걸어야 한다.

우리에게 주어진 능력이 어느 정도인가?

그리스도인에게 주어진 능력이 어느 정도인지를 안다면 모두 놀랄 것이다. 내 친구 한 사람이 최근에 사교에서 나와 기독교로 전향한 여인과 얘기를 나눈 적이 있었다. 사탄을 섬기고 있을 당시 그녀는 사람들이 가진 영적인 능력을 볼 수 있는 신통력이 있었다고 한다. 그녀에 의하면, 사람마다 나름대로의 영적 능력을 갖고 있는데, 그리스도인과 비그리스도인과의 차이는 대단한 것이라고 한다. 그녀는 먼 곳에 있는 사람일지라도 그 사람이 갖고 있는 영적 능력의 많고 적음을 감지할 수 있음으로 해서 어디에서든지 그리스도인을 단번에 가려낼 수 있었다고 한다. 그녀는 이제 그리스도인이 되었고, 그리스도인들에게 주어진 영적 능력이 그들 속에 있는 성령의 임재로 말미암은 것임을 알게 되었다.

그녀는 덧붙여서 말하기를, 비록 사교 집단에 있는 사람들은 그리스도인들이 자기들보다 더 능력이 있음을 알지만, 대부분의 그리스도인을 두려워하지 않았다고 했다. 그 이유는 그리스도인의 능력의 근원인 성령이 악의 능력에서 보호할 수 있음에도 불구하고, 영적 전쟁에서 성령의 능력을 어떻게 사용하는지 모르고 있다는 것이다.

그러나 사교 집단은 일부 그리스도인들이 그들의 능력을 어떻게 사용하는지를 알고 있음을 인식한다. 사탄의 부하들은 이런 그리스도인들이 자신들에게 위협이 되는 것을 알기 때문에 그들을 조종하기 위해 노력한다. 예를 들면, 점괘 보는 사람들, 사교 치유자들, 그 외 사탄의 능력 아래서 일하는 사람들은 그리스도인들이 주위에 있을 때는 그들이 행하는 일을 제대로 할 수 없음을 발견한다. 선교사인 내 친구가 멕시코에서 사교 치유자들이 일하는 곳에 갔을 때, 앞서서 그들 중 하나를 대적해서 기도하였다. 선교사 친구가 앉아서 기도할 때, 사교 치유자는 그를 여러 번 보더니 기구를 챙겨서 자기 환자와 함께 자리를 떴다고 한다. 선교사의 기도가 그 치유자의 능력을 없이한 것이다. 그리스도인이 자신이 가진는 능력을 안다면 얼마나 많은 일이 일어나겠는가?

그리스도인들이 성령의 능력을 제대로 쓰고 있지 못하고 있음은 서구 그리스도인의 세계관을 반영한다. 우리의 놀라운 영적 능력이 우리의 생활과 사역에 어떤 영향을 미치는지 알아야 한다. 성경은 영적 권세에 대해 많이 언급한다. 그리스도인의 영적 권세와 능력을 성경을 통해 알아보자.

영적 권세

"예수께서 열두 제자를 불러 모으사 모든 귀신을 제어하며 병을 고치는 능력과 권세를 주시고 하나님 나라를 전파하며 앓는 자를 고치게 하려고 내어 보내시며"(눅 9:1-2)

"예수께서 나아와 일러 가라사대 하늘과 땅의 모든 권세를 내게 주셨으니 그러므로 너희는 가서 모든 족속으로 제자를 삼아 아버지와 아들과 성령의 이름으로 세례를 주고 내가 너희에게 분부한 모든 것을 가르쳐 지키게 하라 볼지어다 내가 세상 끝날 까지 너희와 항상 함께 있으리라 하시니라"(마 28:18-20)

"내가 진실로 진실로 너희에게 이르노니 나를 믿는 자는 나의 하는 일을 저도 할 것이요 또한 이보다 큰 것도 하리니 이는 내가 아버지께로 감이니라"(요 14:12)

복음서를 연구해 보면, 예수님은 하나님의 나라에 대한 것을 말로 하셨을 뿐만 아니라, 세상에 그 나라가 임하는 것을 그의 능력을 통해 보여주셨다. 예수님은 귀신을 쫓아내는 것이 하나님의 나라가 이미 우리에게 임한 것이라고 말씀하셨다(눅 11:20). 예수님은 자신이 하나님께서 주시는 영적 권세를 가지고 일하신다는 것을 언급하셨다. 마가복음의 반 이상이 예수께서 권세를 가지고 치유하시고 귀신을 쫓아내시는 것을 다룬다.

예수님은 그러한 권세를 자신에게 국한하지 않으셨음을 알 수 있다. 예수님은 열두 사도들과(눅 9장) 72인의 제자에게(눅 10장) 모든 귀신을 제어하며 병을 고치는 능력과 권세(눅 9:1)를 주셨다. 그들은 예수께서 주신 권세와 능력으로 병든 자를 고치고 하나님 나라가 가까이 왔다고 증언했다(눅 10:9). 예수님은 자기를 따르는 사람들이 예수님을 본받아 능력 있는 말씀으로 증인이 되기를 원하셨다(행 1:8).

마태복음에 28장 20절 말씀을 통해 알 수 있는 것은 예수님은 자신이 제자들에게 가르친 것을 제자들이 제자들에게 가르치기를 원하셨다는 것이다. 그러므로, 예수님의 제자들은 자기 제자들에게 예수께서 분부한 모든 것을 가르쳐야 할 책임이 있었다. 그 가르침에는 기적과 표적을 나타내는 일도 포함되어 있다. 요한복음 14장 12절을 보면 믿는 자는 예수께서 하신 일만 아니라 이보다 더 큰 것도 하리라고 약속하셨다.

나는 영적 권세에 대해 많이 생각했다. 내가 누구이길래 감히 예수께서 하신 일을 할 수 있단 말인가? 나는 그와 같은 사실을 믿기에는 너무나 죄가 많고 은사가 없는 사람이라고 생각했다(내가 예수님과 같은 일을 할 수 없는 사람이라는 생각이 어디에서 온 것인지에 대해 모름에도 불구하고). 나의 영적 훈련자였던 존 윔버는 "시도해 보면 어떤 일이 일어나는지 보게 될 것이다"라고 말했다. 1982년 초 윔버의 강의를 듣던 나와 다른 사람들이 알게 된 사실은 예수께서 말씀하신 대로 일을 행할 때 놀라운 일이 벌어진다는 것이었다.

 이와 관련해서 내가 성경을 연구할수록, 또 경험하면 할수록 확실히 알 수 있는 사실은 예수께서 제자들에게 주신 영적 권세를 우리도 사용해야 한다는 것이다. 그러한 권세를 사용하는 목적도 예수께서 말씀하신바 하나님 나라를 증언하는 것이어야 한다. 예수님은 그의 생애, 죽음, 부활을 통해 사탄을 대적하기 위해 오셨다. 성경을 보면 예수님은 시시때때로 사탄을 향해 영적 권세를 사용하셨다. 예수님은 "아버지께서 나를 보내신 것같이 나도 너희를 보내노라"(요 20:21)고 제자들과 우리들에게 말씀하신다. 더 구체적인 약속은 이미 언급한 대로 예수 그리스도를 믿는 자는 예수께서 하신 일을 할 수 있을 뿐 아니라 그보다 더 큰 일도 하리라(요 14:12)라고 하신 말씀이다.

그리스도인을 방해하는 장애물

> "그의 힘의 강력으로 역사하심을 따라 믿는 우리에게 베푸신 능력의 지극히 크심이 어떤 것을 너희로 알게 하시기를 구하노라 그 능력이 그리스도 안에서 역사하사 죽은 자들 가운데서 다시 살리시고 하늘에서 자기의 오른편에 앉히사"(엡 1:19-20)

우리는 하나님 나라에 거하게 된 그의 귀한 자녀, 즉 임금의 왕자들과 공주들이다. 우리가 하나님의 자녀로서 갖게 된 유산 중 하나는 예수님을 죽음에서 일으킨 것과 동일한 놀라운 능력이다. 하나님의 자녀들 각자 속에 있는 이 능력은 사탄의 왕국이 가진 모든 능력보다 크다.

그런데 왜 많은 그리스도인은 하나님께서 주신 이 놀라운 영적 권세를 믿는 데 어려움을 겪고 있는 것일까? 또, 왜 그리스도인들은 그들이 하나님의 귀한 자녀라는 것에 대해 의문을 갖고 있는 것일까? 이 두 가지 문제에 대해 많은 갈등을 겪고 있는 사람들이 있을 것이다. 자신이 하나님의 귀한 자녀임을 믿고 싶은데, "그것이 정말일까"라는 의문이 생기는가? 그리스도인이 하나님의 귀한 자녀임은 명백하다. 그러나 원수인 사탄은 우리가 누구인지, 그리고 우리에게 권세와 능력이 있음을 아는 것을 방해하려고 공작을 꾸미고 있다.

예수님 안에서 내가 누구인가에 대해 확실히 알기까지 갈등한 경험이 있는 나는 주일학교에서 이 주제에 대해 가르치기 시작했다. 나는 닐 앤더슨이 쓴 『내가 누구인지 이제 알았습니다』(Victory over the Darkness)라는 책을 장년 성경공부 시간에 사용했는데, 이 책을 자신이 가치 없다고 느끼고 자격이 없다고 생각하는 사람에게 강력하게 추천하였다. 내 성경공부반에 있던 교인 몇이 이 책에서 앤더슨이 제시한 성경적 진리를 깨닫고 변화되었음을 간증한 적도 있었다.

그리스도인인 여러분이 하나님의 귀중한 자녀요 그의 능력과 권세를 부여받은 상속인이라는 진리를 잊지 말기 바란다. 내게 있었던 방해물 같은 것들이 여러분에게도 있을 수 있기에 우리에게 흔히 나타나는 현상들을 얘기해 보고, 또 그러한 방해 요소들을 없애기 위해 어떻게 해야 하는지 살펴보겠다.

1. **그리스도 안에서 누리는 자유를 경험하지 못한다.** 우리가 자신의 삶 속에서 예수께서 주신 권세와 능력을 경험해 보지 않고 예수 그리스도 안에서 누리는 상속자로서의 풍성한 자유를 맛보는 것은 어려운 일이다. 바울은 "그리스도께서 우리로 자유롭게 하려고 자유를 주셨으니 그러므로 굳세게 서서 다시는 종의 멍에를 메지 말라"(갈 5:1)고 말했다. 그러나 많은 그리스도인이 그리스도 안에서 자유롭지 못하다. 우리는 우리의 삶을 온전히 그리스도께 드리고 그에 의해 쓰임 받아야 한다. 그러나 우리는 예수님을 위해 살고 일하는 데 방해 요인이 되는 많은 갈등과 문제로 방해를 받는다.

그 갈등과 문제가 내가 "쓰레기"라고 표현하는 감정적인 상처일 수 있다. 이 쓰레기는 보통 어린 시절이나 사춘기 때 받은 상처를 해결하지 못함으로 인해 생긴 것이다. 우리가 상처를 받았을 때 보통 분노, 원한, 두려움, 혹은 이와 비슷한 부정적인 감정 등으로 자신이 받은 상처에 반응하게 된다. 다른 사람이 우리에게 말이나 행동으로 상처를 주었을 때, 이렇게 반응하는 것이 잘못된 것은 아니다. 문제는 이런 감정을 처리하지 못하고 벗어나지 못하는 데 있다. 예수님도 우리 자신의 감정에 대한 권리를 부정하지는 않으셨다. 예수님도 때 따라 분노하셨다. 그러나 예수님은 그러한 감정으로 인해 죄를 짓지 말라고 이르셨고, 해가 지기 전에 그 감정에서 자유로워지라고 하심과 동시에 마귀에게 틈을 주지 말라고 하셨다(엡 4:26-27). 이 세상 임금으로 현존하는 사탄에게 틈을 주지 않을 때, 우리는 예수님처럼 사탄과 관계없는 자가 된다(요 14:30).

그러나 불행히도 많은 그리스도인은 "영적 배설"의 법칙을 알지 못하고 있다. 우리의 육체는 배설하도록 되어 있으므로 필요치 않거나 해를 주는 물질은 정기적으로 제거되어야 한다. 어떤 이유이든지 이러한 순리가 방해를 받거나 기능을 제대로 발휘하지 못하면 우리의 내부는 상하게 된다.

영적, 감정적인 면에도 이 법칙이 적용될 수 있다. 예외가 있다면, 우리 자신의 의지로 영적, 감정적 배설물을 다루어야 한다는 점이다. 이 과정은 육체의 경우처럼 자동으로 이루어지는 것이 아니다.

우리가 배변했을 때 시원함을 느끼는 것과 마찬가지로 영적 배설이 이루어졌을 때 우리는 평화와 안식을 만끽하게 된다. 영적 배설의 과정은 분노, 앙심, 복수심 등의 감정에 대한 우리의 권리를 포기하고 그 감정을 예수님께 드리는 단순한 것이다. 이렇게 함으로써 우리는 짊어질 수 없을 정도로 무겁게 느껴지는 짐을 예수께서 지시도록 내려놓을 수 있게 되고, 원수 갚을 것이 있다면 예수께서 하시도록 맡길 수 있다(롬 12:17-21). 이렇게 하는 것이 "수고하고 무거운 짐 진 자들아 다 내게로 오라 내가 너희를 쉬게 하리라 나는 마음이 온유하고 겸손하니 나의 멍에를 메고 내게 배우라 그러면 너희 마음이 쉼을 얻으리니 이는 내 멍에는 쉽고 내 짐은 가벼움이라 하시니라"(마 11:28-30)라는 말씀이 의미하는 것이라고 믿는다.

당신을 위한 하나님의 계획은 그 기준이 매우 높음을 알아야 한다. 만일 당신이 사탄에게 당신을 계속 공격할 수 있는 틈을 주면, 당신은 하나님의 왕국과 사탄의 왕국이 서로 싸움하는 영적 전쟁터에서 포로가 된다. 당신은 무장 해제된 상태이기 때문에 당신에게 속해 있는 무기는 아무 쓸모가 없다. 다시 말해, 예수께서 당신에게 부여하신 권세와 능력도 당신이 그것을 쓰지 않으면 아무 가치가 없는 것이 되고 만다는 뜻이다. 예수께서 허락하신 것을 사용하여 당신을 묶고 있는 사탄의 방해물에서 자유로워지지 못하면, 당신은 감옥에 갇히는 신세가 된다.

많은 사람이 자유로움이 어떤 것인지를 잘 모르고 있다. 귀신에게서 놓여남을 받은 사람들은 자신이 느끼는 감정을 이상한 것이라고 표현한다. 사람들이 자유롭고 가벼운 마음인 채로 사는 것이 정상적임에도 불구하고 그것이 이상하게 느껴진다는 것이다. 알트라는 남성은, "내가 이상해진 것 같아"라고 말하면서 믿을 수 없다는 듯이 자신이 앉아있는 의자 주위를 빙글빙글 도는 것이었다. 그의 표정을 통해 읽을 수 있는 생각은 "무언가를 더 할 필요가 있어. 이것이 아니야"라는 것이었다. 그는 18년 이상을 "자유로움의 느낌"이 무엇인지 모르고 살아왔기 때문에, 그것이 어떤 느낌인지 잊은 것이다. 그러나 그에게 넘치게 임한 자유함으로 말미암아 그는 다시 자리에 앉아 그것을 맘껏 기뻐하며 누리는 모습을 보았다. 수년 후 내가 알트를 만났을 때 "자유함의 느낌"이 그를 떠나지 않았음을 알 수 있었다.

또 다른 예를 들어보자. 줄리라는 선교사는 자유로움의 느낌이 무엇인지 모르고 있었다. 줄리는 알콜 중독자 아버지가 있는 가정의 큰 딸로 자라났다. 그녀는 어렸을 때부터 집안의 일을 떠맡아서 해야 했다. 이러한 과정에서 그녀는 강한 통제의 영에 들리게 되었다. 그녀가 남편과 함께 선교 활동하는 지역에서 내가 그녀를 만났을 때, 그녀는 약 일 년이 넘는 동안 심한 우울증으로 인해 거의 무기력한 상태에 처해 있었다. 그녀를 괴롭히던 강한 통제의 영과 우울증을 가져다준 약한 영 및 몇 가지 다른 영에서 자유스러워졌을 때 그녀는 확실한 변화를 체험했다. 그러나 그녀가 자유함의 느낌을 가져 본 기억이 없음으로 인해 자신이 체험한 변화를 어떻게 표현해야 할지를 몰랐다. 처음에는 자신이 다시 우울증을 느끼고 있다고 생각했다. 그래서, 줄리와 함께 일하던 사람들이 줄리가 이해할 수 있도록 도와주기도 했다. 이 년 후에 그녀를 만났을 때도 여전히 그녀는 계속해서 "날아가는" 듯한 기분을 갖고 있었다.

영적 혹은 감정적 쓰레기를 가지고 있는 사람이라고 해서 모두 귀신들리는 것은 아니다. 귀신의 유무를 떠나 우리는 우선 우리 안에 있는 쓰레기를 처치해야 한다. 그리고 귀신들린 문제를 다루는 것은 그다음의 과제이다. 그러므로, 당신이 만일 자신의 영적, 감정적 생활에서 자유로움이 없든지 부족하다고 느낀다면, 우리가 말하는 "내적 치유", "기도 상담", 혹은 "기억 치유"로 불리는 사역을 하는 자들의 도움을 받아야 한다. 내적 치유를 받는 과정에서 귀신들로 인한 것임이 드러나도 내적 치유를 통해 귀신들은 설 자리를 잃고 자취를 감출 것이고, 당신은 자유로워질 것이다.

2. 자존감의 문제를 갖게 한다. 사탄은 자존감에 관한 한 우리를 더욱 괴롭힌다. 서구 사회가 가진 몇 가지 양상은 사탄의 활동에 도

움을 준다. 우리의 개인주의, 경쟁심리는 다른 사람과의 관계를 단절시킨다. 우리는 진정한 인간의 모습에 의해 판단되기보다는 우리의 직업이 무엇인지, 우리의 외모가 어떤지, 우리의 평판이 어떤지, 우리가 얼마만큼의 업적을 쌓았는지 등으로 다른 사람들과 비교하도록 교육받았다. 다른 사람과 비교하는 기준은 보통 덧없는 것인 소유물, 외모(특히 여자의 경우), 폭넓은 친구 관계, 원만한 대인관계, 각종 정보 수집 및 활용 등이다. 다른 사람과의 비교를 통해 우리의 부족을 발견하고 이의 개선을 위해 심혈을 기울일 수 있다면, 그것은 좋은 것이 될 수 있다. 그러나 오늘날 많은 사람이 기준 미달인 듯 여겨지는 자신에게 환멸을 느끼고, 또 자기 자신, 다른 사람들, 하나님에 의한 거부감을 느끼고 있다. 사람들은 세상의 기준이 도달하기 어려운 것이라는 사실을 모르고 있을 뿐 아니라, 하나님의 기준이 세상 기준과 전혀 다르다는 사실 역시 모르고 있는 것 같다.

우리는 하나님께서 우리를 사랑하신다는 것을 믿기 원한다. 우리는 하나님 나라의 왕자와 공주가 되기를 사모한다. 우리는 우리가 하나님의 자녀이기 때문에 대단한 능력을 행사할 수 있음을 믿고 싶어한다. 그러나 자기비하의 감정이 우리가 받은 기업을 우리의 것으로 인정하고 요구하는 것을 방해한다.

나도 이런 문제로 인해 개인적으로 많은 갈등을 겪은 경험이 있다. 여러 해 동안 나는 "부정적인 생각의 테이프"를 머릿속에 넣어놓고 계속 사탄의 거짓말이 담긴 그 테이프를 들었던 것이다. 사탄은 "너 자신을 거부해라. 너는 쓸모없는 자이다", "너는 나쁜 사람이고 실패하기 쉬운 죄인일 뿐 그 이상은 아무 것도 아니다", "너는 네 죄를 짊어져야 한다. 왜냐하면 네 죄는 너무도 커서 하나님도 용서하실 수가 없기 때문이다", "너는 정말로 가치 없고 형편없는 자이다. 너는 항상 일을 그르치는 자이다", "다른 사람들이 너에 대해 어떻게 말하는지 걱정해라", "너는 또 실패할까 두려워해야 한다" 등의 말을 내게 들려주었다. 그러한 말들을 종합해 보면, 결국 나는 하나님 나라 왕자로 받아들여질 수 없는 부족하고 형편없는 자라는 것이다.

하나님의 진리 앞에 나를 드리고 그의 치유의 능력을 힘입었을 때, 예수님에 의해 나의 모든 생각이 "재정리" 되었고, 나는 예수님을 통해 그의 용서와 사랑을 배우게 되었다. 내 마음속에서 들려오던 부정적인 메시지들이 바뀌어 진리의 메시지가 되었다. 이제 하나님은, "내가 너 있는 그대로를 인정하였기 때문에 너는 너 자신을 용납할 수 있다", "나는 너의 너 됨을 사랑하고 용납하는 것이지 네가 무엇을 이루었기 때문에 사랑하고 용납하는 것이 아니다", "너는 용서받았으므로 죄의식을 느낄 필요가 없다", "내가 너를 택한 것이니 그 선택에 의문을 제기할 필요가 없다", "나는 너를 가치 있고 필요한 자로 만들었다", "나는 절대 너를 떠나지 않고, 홀로 버려두지 않을 것이다", "두려워 말라. 너의 염려를 다 내게 내려놓아라. 내가 처리해 주겠다" 등의 말씀을 들려주신다. 나는 이러한 말씀들을 통해 나의 잘못된 습관을 바꾸어 나가려고 아직도 노력하고 있다. 이러한 진리들을 다시 생각할 때 나는 기쁨의 눈물을 흘리지 않을 수 없다. 우주의 왕이신 분이 나를 용납하시고 사랑과 용서를 베푸심을 생각할 때 어찌 기쁨의 눈물을 흘리지 않겠는가?

하나님은 당신이 하나님의 사랑과 용서를 온전히 받아들이기를 원하신다. 하나님은 당신이 진정으로 당신을 향한 그의 사랑을 깨닫기 원하실 뿐 아니라, 하나님 나라에서의 당신의 위치 역시 바로 알기를 원하신다.

버나드 캘리는 그의 책, 『일곱 가지 은사』(Seven Gifts)에서 그리스도인이 자기에게 주어진 기업을 인정하지 못하는 이유를 아는 데 도움이 되는 유익한 비유를 소개했다.[1] 캘리는 하나님 나라의 자녀 된 그리스도인이 이를 확신하지 못하는 문제를 왕실 가정에 입양된 빈민가 출신의 아이와 비유했다. 먼저, 빈민가에 있던 아이는 가난에 찌든 환경에서 벗어나 궁전에 살게 된 것을 기뻐했다. 아이의 새 아버지인 왕은 아이에게 예전에 살던 더럽고 음침한 곳에 살 필요가 없다고 일러주었다. 왕은 그 아이가 왕의 자녀가 되었으니 궁중에 있는 모든 보물이 그의 것이라고 말해 주었다. 그런데도, 아이는 예전에 빈민가에 학대받고 어려움을 겪던 시절을 기억에서 지우지 못한 채 "이렇게 좋은 것이 주어진 것을 믿을 수 없어. 이건 사실이 아닐 거야"라고 생각했다.

불행하게도 이 불쌍한 빈민가 출신 아이는 많은 "빈민가 쓰레기"를 새로운 환경인 궁전에 가지고 온 것이다. 왕실 사람들이 그 아이를 빈민가에서 데려 올 수는 있었지만, 그의 안에 있는 빈민가 쓰레기는 없애줄 수 없이었다. 다행히게도 새 부모는 아이의 이러한 문

---

[1] Bernard Kelly, *The Seven Gifts* (London: Sheed and Ward, 1941), pp. 12-14.

제를 이해하고, 아이를 향한 자신의 조건 없는 사랑을 아이가 깨달을 수 있도록 가까이에서 가르쳤다. 관심과 사랑, 그리고 인내로 도와주었을 때, 마침내 아이는 진정으로 자신의 새 삶과 위치, 그리고 자신에게 주어진 기업을 깨닫게 되었다.

많은 그리스도인이 이 빈민가 출신 아이와 똑같은 반응을 나타낸다. 그들은 이미 가장 높으신 왕이신 하나님의 자녀로서의 새로운 삶과 기업을 부여받았음에도, 이 빈민가 출신 아이처럼 상함과 상처의 쓰레기를 새 삶 속에 가지고 들어간다. "이것은 사실이 아니야"라는 내부의 소리를 들을 때, 우리는 성령께 도움의 손을 내밀어야 한다. 우리에게 주어진 유산을 인정하는 데 방해물이 되는 상처의 치유를 성령께 부탁해야 한다. 예수님은 우리의 방해물이 되는 자기 증오, 낮은 자존감, 공포, 무가치함 등이 제거되기를 원하신다. 예수님은 우리가 하나님의 자녀로서 요구할 수 있는 당당한 자리로 나아가는 것을 돕기 원하신다.

내적 치유와 자유로움은 하나님의 강력한 역사를 통해 가능하다. 만일 내적 치유 사역 팀이 주위에 없다면 씨맨즈의 『상한 감정의 치유』(Healing for Damaged Emotions), 『기억의 치유』(Healing of Memories), 『치유하시는 은혜』(Healing Grace) 등과 샌포드의 『내적 인간의 변형』(Transformation of the Inner Man), 『상한 영의 치유』(Healing the Wounded Spirit) 등이나 나의 테이프(뒤의 목록 참고)를 들으면 도움이 될 것이다. 조용히 성령의 임재를 구하고 자신의 자존감에 상처받은 때를 기억나게 해달라고 기도하라. 성령께 각 사건에서 예수님을 볼 수 있게 해달라고 부탁하고 주님의 치유하심을 허락하라. 예수님은 하나님과 진정한 관계를 유지하셨고, 인정하시고 감사하셨다. 당신도 하나님과의 관계를 인정하고 당신의 새로운 신분에 대해 하나님께 감사하라. 예수님과 가까워지는 가운데 당신의 새로운 신분에 대해 언급된 성경의 진리를 계속해서 확인하고, 마음과 감정을 공격하는 적을 피하고 이기라.

3. 하나님에 대한 바른 이해를 갖지 못한다. 사탄은 우리가 하나님에 대해 올바로 아는 것과 진리를 깨닫는 것을 원치 않는다. 사탄은 특히 우리가 하나님에 대해 알게 되는 것을 싫어한다. 하나님은 말로 표현할 수 있는 것 이상으로 우리의 아버지가 되기 원하신다. 그러나 "아버지"라는 단어가 때로는 하나님께서 원하시는 것이 우리에게 전해지는 데 큰 장애 요소가 되기도 한다.

우리가 예수 그리스도께 우리 자신을 드렸을 때, 우리는 하늘에 계신 아버지에 의해 입양이 된 것이고 하나님의 임재 가운데 우리는 언제든지 환영받게 된 것이다.

> "그러므로 우리가 긍휼하심을 받고 때를 따라 돕는 은혜를 얻기 위하여 은혜의 보좌 앞에 담대히 나아갈 것이니라"(히 4:16)

우리 중 많은 사람이 조건 없이 사랑하시고 받아주시는 하늘 아버지의 실재와 씨름하고 있다. 그 이유는 우리가 육신의 아버지로에게서 그런 사랑과 용서함을 받아본 적이 없기 때문일 것이다. 많은 사람이 아버지에게서 버림받거나 학대당한 기억 때문에 "아버지"라 불리는 사람에게서 다른 대우를 받는 것을 상상하기 어려운지도 모른다.

나는 아버지라는 개념을 잘못 인식하는 많은 사람을 위해 사역하였는데, 그중 한 여인의 아버지에 대한 정의는 "내가 정말로 무엇인가 하려 할 때 언제나 내 앞을 가로막고 서 있는 사람"이었다. 또 다른 사람은 "내가 예수님을 그려볼 때마다 항상 손에 회초리를 들고 있는 모습으로 보인다"라고 했다. 많은 사람에게 "아버지"라는 단어는 매우 먼 곳에 있는 사람, 내게 관심을 두지 않는 사람, 정신적, 육체적, 성적으로 학대하는 사람으로 비칠 수 있을 것이다. 그런 사람들은 비록 이성적으로는 하나님이 어떤 분인지를 인정했어도, 마음으로 이를 인정 못하는 자신을 발견하게 된다. 그들이 하나님은 그들의 세상 아버지와 같지 않으신 분이라는 진리를 믿는 것이 쉬운 일은 아니다.

많은 사람의 또 다른 문제는 하나님께 대한 분노로 인해 하나님에 대한 바른 인식을 할 수 없는 경우이다. 이런 문제를 가진 사람들은 하나님께서 그들에게 나쁜 일이 일어나도록 허락하셨다고 하여 하나님께 원망의 화살을 쏘아댄다. 그들은 하나님은 원하시기만 하면 무엇이든지 하실 수 있는 분이라고 배워왔다. 그래서, 그들이 어려움을 당할 때 하나님께서 그들을 사랑하지 않아서 보호하지 않으셨기 때문에 그렇게 된 것으로 생각한다. 따라서, 그들은 하나님께 대해 화가 나게 될 뿐 아니라 자신들에 대해 형편없는 자아상을 갖게 된다.

이러한 하나님에 대한 잘못된 인식은 우리의 영적 권세를 이해하고 행하는 데 큰 장애물로 작용한다. 하나님의 자녀인 왕자와 공주의 신분을 충분히 누리려면 먼저 하나님과 예수님에 대한 잘못된 인식을 수정해야 한다. 우리는 하나님 아버지에 대해 거짓으로 말하는 것을 듣지 말아야 한다.

하나님 아버지와 바른 관계를 정립하고 예수 안에서 자유를 누리는 데서 중요한 역할을 하는 것은 용서다. 우리가 만일 하나님께 화를 내고 있다면 하나님을 용서해야 할 필요가 있다. 하나님을 용서한다는 것은 하나님의 뜻이 우리에게 나타나고 이루어지게 하려고 그를 향해 가지고 있는 분노와 쓴 뿌리를 제거함을 뜻한다. 왜 하나님은 사람들이 고난받는 것을 허락하시는지 우리는 이해할 수가 없는데 하나님은 보통 그 이유를 설명하지 않으신다(하나님은 욥에게 그 이유를 가르쳐 주지 않으셨다). 그러나 하늘이 땅보다 높음 같이 하나님의 길은 우리의 길보다 높으며 하나님의 생각은 우리 생각보다 높으므로(사 55:9 하나님을 이해하려는 시도를 포기하고 단순히 공의를 행하시는 하나님(창 18:25)을 받아들여야 한다. 그리고 하나님을 향한 분노를 없애고 우리 자신을 하나님께 드리는 작업을 해야 한다. 아울러, 하나님께서 모든 일을 함에 있어서 독재자처럼 군림하고 우리를 무시한다는 생각을 버려야 한다.[2]

---

2) 많은 문제가 하나님께서 아무 때나 그가 원하시는 것을, 심지어 우주를 지배하는 법칙을 깨면서까지, 아무것이 할 수 있다는 하나님의 전능에 대한 잘못된 신앙에서 유래한다. 사실상, 하나님께서는 어느 정도의 자유를 인간과 사탄과 그의 부하인 귀신들에게 주셨다. 그러나 그러한 자유가 잘못 사용했을 때, 하나님께서는 욥에게 하신 것처럼 자기의 자녀들을 보호하시지만, 그러한 일이 발생하는 것을 허용하신다. 한편, 우리는 종종 하나님께서

하나님을 용서해 드리고 나서 육신의 아버지가 자신에게 어떻게 행동했는지 혹은 얼마나 자주 힘들게 했는지를 불문하고 그를 용서해 주어야 한다. 다시 말하지만, 우리가 분노하는 것과 복수하는 마음이 생기는 것은 죄가 아니다. 그러나 만일 우리가 그러한 감정에 따라 행한다면 그 결과는 뻔한 것이다. 다른 면에서도 마찬가지이지만, 감정적인 면에서도 수확의 법칙은 적용된다(심은 대로 거둔다는 갈 6:7 참조). 분노, 복수심, 원한, 증오 등의 씨를 심으면 인간관계를 해치는 정서적 불안, 부정적인 사고, 암, 관절염, 당뇨병 등 원하지 않는 열매를 거둘 것이다. 더 나아가 귀신이 그러한 문제에 들러붙을 수도 있다.

문제 해결은 간단하다. 죄를 고백하는 것과 마찬가지로, 우리의 감정적 상태를 하나님께 아뢰고, 그러한 문제를 하나님께 내어놓고, 다시는 그 문제를 되돌려 받지 않는 것이다. 모든 문제를 다 하나님께 드리는 것이다. 그렇게 할 때, 하나님이 우리를 용서해 주심처럼, 우리도 우리에게 피해준 사람을 조건 없이 용서하게 된다. "너희가

우리를 보호하기 위해서 정녕 개입하셨다는 사실을 망각하고서 하나님께서 우리에게 피해를 준 사건이 발생하는 것을 막아 주지 않았기 때문에 하나님은 우리 편이 아니라는 피해 의식에 빠지게 된다. 우리는 이와 같은 오해에 사로잡혀, 하나님께 분노하게 되고 우리 마음에 하나님을 향한 원망을 품게 된다. 이런 태도는 우리가 하나님의 권위에 도전하는 결과를 초래하게 된다. 왜냐하면 이런 태도는 우리가 하나님보다 어떻게 우주가 운영되어야 하는 것에 대해 더 잘 알고 있다는 생각에서 유래되기 때문이다. 그러므로, 우리는 욥이 했던 것과 마찬가지로 그러한 우리의 태도를 회개해야 하고 하나님과 우리 자신을 향한 분노를 철회해야만 한다. 이런 의미로 우리는 "하나님을 용서한다"는 용어를 사용할 수 있다.

사람의 과실을 용서하면 너희 천부께서도 너희 과실을 용서하시려니와 너희가 사람의 과실을 용서하지 아니하면 너희 아버지께서도 너희 과실을 용서하지 아니하시리라"(마 6:14-15)라는 말씀의 원리를 기억하라. 용서를 베풀 때 자유함을 얻게 되는 것이다.

용서의 결과(용서를 심어 거두는 열매)는 피해를 주었던 사람이 용서받는 것과 용서해 주는 사람이 자유롭게 되는 일석이조의 효과를 가져온다. 육신의 아버지를 용서하면, 거리낌없이 그를 사랑할 수 있고, 또 그를 새롭게 이해할 수 있게 된다.

우리는 우리를 향한 우리 아버지(혹은 어머니나 친척들)의 행동에 대해 조심스럽게 평가해 볼 필요가 있다. 자녀들을 학대하는 대부분 아버지들은 그들 자신이 이런 종류의 학대 혹은 그보다 더 심한 학대를 당한 경험으로 인해 고통스러워한다. 그러나 그들이 자녀들에게 행한 일들을 자신들이 받은 학대 때문이라고 변명할 수는 없다. 대부분 자녀를 학대하는 아버지들은 계속해서 죄의식을 갖고, 그들의 행동에 대해 책임의식을 느끼고 있다. 이런 사실로 미루어 볼 때 우리는 그들의 행동이 의지로 저질러진 것이 아니라 순간적으로 저질러진 것이라고 생각할 수 있다. 그들이 자녀를 학대한 동기가 어떤 계획에 의해 이루어졌거나 학대하는 것이 옳다고 생각해서 행하는 것은 아니다. 그들이 자신의 행동을 조종할 수 없는 상태가 되어 충동적으로 행동하는 것이다. 그러한 감정적 충동은 예전에 그들의 삶 속에서 경험했던 분노, 원망, 복수심 등으로 인한 것이거나, 때로는 귀신에 의한 것일 수도 있다. 그들의 표적은 자녀가 아니고, 그들에게 상처를 주었던 사람이다. 그러므로, 자녀를 학대하는 사람을 정죄하기보다는 불쌍히 여기는 마음을 가져야 한다.

자녀를 학대하지 않는 아버지들도 때때로 실수, 그것도 큰 실수를 저지른다. 아버지들은 종종 자신의 낮은 자존감과 불안감을 자녀에게서 보상받으려는 경향이 있다. 우리의 사회구조는 좋은 사람이 되는 것에 중점을 두기보다는 얼마나 많은 일을 성취하는가에 따라 점수를 주는 구조를 지니고 있으므로, 사람들은 동료나 다른 사람들의 눈에 성공한 사람으로 보이기 위해 자녀들을 희생시키면서까지 열심히 일한다. 만일 당신의 아버지가 이런 분이라면, 그가 당신을 잘 돌보지 못하는 것을 용서해 주라. 당신의 아버지가 늦게 일어나는 것을 용서해 주라. 그리고 하나님 아버지는 육신의 아버지와는 다르다는 것을 인식하라. 하나님은 당신과 함께 보낼 시간을 충분히 갖고 계시는 분이시다. 성경은 "내가 과연 너희를 버리지 아니하고 과연 너희를 떠나지 아니하리라 하셨느니라"(히 13:5)라고 하셨다.

만일 당신이 하나님 아버지에 대해서 올바로 인식하지 못해서 갈등하고 있다면 우리를 사랑하시는 예수님의 치유를 기대하라. 예수님은 당신을 향한 그의 사랑의 깊이를 당신이 알기를 원하신다. 당신의 아버지 역시 당신을 매우 귀중한 자녀라고 생각할 것이고, 또 당신이 그것을 알기를 원할 것이다. 육신의 아버지와 관련된 문제를 풀어나가는 데 도움이 되는 기도문을 아래와 같이 만들어 보았다.

하나님 아버지, 나는 진정 나를 향한 당신의 사랑을 알기 원합니다. 나는 당신의 나라에서 왕자와 공주가 되는 것의 참 의미가 무엇인지를 알기 원합니다.

당신이 베풀어주신 용서를 생각하고 감사하면서 내 육신의 아버지를 용서합니다. 내게 상처가 된 그의 모든 행동을 낱낱이 용서합니다.

내가 하나님의 자녀로서 받게 된 기업에 대한 이해를 가로막는 어떤 방해물도 다 치워 주옵소서. 내게 있는 낮은 자존감이나 두려움에서 자유함을 얻을 수 있도록 치유하여 주옵소서.

성령님, 오셔서 나를 가르쳐 주시고, 하나님의 자녀에게 주신 영적 권세와 능력을 알고 행할 수 있도록 인도해 주옵소서. 나를 사랑해주심을 감사드리며, 예수님 이름으로 기도합니다. 아멘.

예수님과의 친밀한 교제가 가장 큰 무기다.

"만군의 여호와께서 말씀하시되 이는 힘으로 되지 아니하며 능으로 되지 아니하고 오직 나의 신으로 되느니라"(슥 4:6)

우리 내부의 문제 혹은 다른 사람과의 문제에 있어서 사탄의 영향력에 대항해서 싸우는 가장 훌륭한 무기는 우리가 맺고 있는 예수님과의 관계다. 예수님은 그의 삶을 통해 하나님과 계속해서 가깝게 지내신 모범을 우리에게 보여주셨다. 예수님은 늘 하나님의 음성을 들으셨다. 그래서 "내가 스스로 아무 것도 하지 아니하고 오직 아버지께서 가르치신 대로 이런 것을 말하는 줄도 알리라"고 하셨다(요 8:28). 예수님은 계속 하나님께서 무엇을 하시는지 보셨다. 그래서 "아들이 아버지의 하시는 일을 보지 않고는 아무 것도 스스로 할 수 없나니 아버지께서 행하시는 그것을 아들도 그와 같이 행하느니라"

라고 하셨다(요 5:19). 예수님은 완전히 하나님을 의지하여 사셨다. 그래서 "내가 아무것도 스스로 할 수 없노라 듣는 대로 심판하노니 나는 나의 원대로 하려 하지 않고 나를 보내신 이의 원대로 하려는 고로 내 심판은 의로우니라"라고 하셨다(요 5:30).

위에서 언급한 것들이 예수께서 매일의 삶에서 보이신 모범들이다. 예수님은 자신의 시각이 하나님의 것과 같은지 알기 위해 정기적으로 한적한 곳에서 하나님과 함께 시간을 보내곤 하셨다. 예수께서 한적한 곳을 찾아 하나님과 함께 시간을 보내셨다는 것을 우리는 성경에서 자주 발견한다.

우리가 필요한 사람에게 치유와 축사 사역을 하지만 우리가 치유자가 아님은 명백한 사실이다. 치유와 축사가 우리의 은사 때문에 일어나는 것이 아니다. 하나님 자신이 우리와 함께하시기 때문에 사람들은 감동하고, 치유 받고, 귀신들에게서 벗어나는 것이다. 이런 것들이 우리의 힘에 의해 되는 것이 아니고 하나님의 영에 의해 되어진다는 사실을 인식하는 것은 매우 중요하다. 그러므로, 예수님과 친밀한 관계를 유지하여 성령에 의지하여 계속 일할 수 있도록 하는 것이 그 무엇보다도 우선되어야 함을 알아야 한다.

많은 사람이 생각하는 것처럼 예수님과 친밀해지는 것이 무슨 신비한 경험을 하는 것이 아니다. 그것은 어떤 종교적 의식이 있어야 하는 것도 아니다. 사람들은 자주 내게 "당신은 어떻게 축사 사역을 준비하십니까?"라고 묻는다. 솔직히 말해서 나는 대부분의 경우 특별한 준비를 하지 않는다. 그러나 나는 계속 준비된 상태가 되기 위해 노력한다. 왜냐하면 언제 내가 기도 요청을 받게 될지 모르기 때문이다. 제2장에서 언급한 바 식당에서 두려움의 영에서 자유를 얻은 목사의 경우가 좋은 예가 될 것이다. 언젠가 나는 만난 적이 없는 사람에게서 갑작스러운 전화를 받고 대화한 지 반 시간 내에 그 사람에게서 귀신들을 쫓아냈다. 직접 만나서 하든지 전화상으로 하든지, 불시에 사역해야 할 때가 있으므로 항상 준비되어 있어야 한다. 그래서 나는 예수님 가까이 있어 항상 준비되어 있으려고 노력한다.

나는 영적 권세가 영적 친밀함과 비례한다고 믿는다. 우리의 능력은 성령의 내주하심에서 나온다. 우리의 권세는 주님과 좋은 관계를 유지하는 것에서 온다.

제5장

귀신의 활동

나쁜 상태를 악화한다.

"근신하라 깨어라 너희 대적 마귀가 우는 사자같이 두루 다니며 삼킬 자를 찾나니"(벧전 5:8)

"너희가 무슨 일에든지 누구를 용서하면 나도 그리하고 내가 만일 용서한 일이 있으면 용서한 그것은 너희를 위하여 그리스도 앞에서 한 것이니 이는 우리로 사탄에게 속지 않게 하려 함이라 우리는 그 계책을 알지 못하는 바가 아니로라"(고후 2:10-11)

사람들은 가끔 인생을 살면서 나쁜 일을 겪는 것이 모두 귀신의 장난인지 묻는데, 그때마다 나는 그렇지 않다고 대답한다. 또 "정서적 혹은 육신적 문제가 있는 사람은 귀신들린 것입니까?"라는 질문을 받을 때도 있는데, 이에 대한 나의 대답 역시 "아닙니다"이다. "그렇다면, 어떻게 귀신들린 것과 아닌 것을 구별할 수 있습니까?"라는 질문에 대한 대답은 좀 복잡하다.

하나님과 사탄 사이의 영적 싸움에 대한 기본적 이해를 살펴보면 다음과 같다.

(1) 사탄과 그를 도와 활동하는 부하 귀신들로 이루어진 왕국은 존재한다.

(2) 그들은 할 수 있는 한 하나님의 일을 붕괴시키려 한다.

(3) 그들은 하나님의 형상으로 창조된 인간을 겨냥하여 괴롭힌다.

(4) 사탄과 그의 졸개인 귀신들은 하나님이 허락하신 법칙 안에서만 일할 수 있다.

하나님의 허락 없이 사탄이 아무것도 할 수 없음을 우리는 알고 있지만, 그는 생각보다 더 많은 것을 할 수 있도록 허락받은 듯이 보인다. 그러나 정당한 권리를 주장하지 않고는 사람들을 해칠 수 없다는 어떤 법칙이 있는 것 같다. 사탄은 이미 있는 것에 덧붙여 유익을 얻을 수밖에 없으므로 그의 활동은 제한되어 있다. 그러므로, "들어갈 구실"을 찾지 못할 때 사탄은 유명무실한 존재일 수밖에 없다. 환언하면, 사탄은 이미 있는 것에는 붙을 수 있지만, 그렇지 못할 때는 문제를 일으킬 권리가 없다는 말이다.

이런 기본적인 원리에 의해 사탄은 나쁜 것에 달라붙어서 그것을 더욱 악화시키고, 사람들이 좋은 것을 추구하지 못하도록 방해하고, 균형을 깨뜨리는 작업을 하는 것이다. 그러므로, 사탄은 약한 것과 강한 것 모두를 찾아 헤매지만, 두 경우에 대처하는 방법이 각각 다르다. 그리고 그는 우리가 인식하지 못하는 우리 자신에 대한 것을 알고 있다.

언젠가 나는 오순절파 목사님 부부들의 모임에서 강의를 한 적이 있었다. 두 번째 강의를 시작하려고 일어섰을 때, 왼쪽 등 아랫부분에 통증을 느꼈다. 목사님들이 나를 위해 기도해 주었으나 통증이 없어지지 않았기 때문에, 나는 강의를 중단할 수밖에 없었다. 나는 몇 분의 목사님들과 조용한 곳에 가서 기도했는데, 약 30분 후에 내 신장에서 담석이 나왔고, 나는 다시 그 모임에 돌아가서 강의를 마칠 수 있었다.

나는 나에게 담석 문제가 있는 것을 모르고 있었지만, 사탄은 내게 담석이 생긴 것을 알고 있었고, 그 약점을 공격하는 데 가장 적절한 시간을 택했던 것이다. 언젠가 또 나는 어떤 선교사에게서 귀신을 내쫓는 사역을 하는 도중에 비슷한 경험을 한 적이 있다. 기도하고 잠시 휴식하고 있을 때, 나는 오른쪽 엄지발가락에 갑작스러운 통증을 느꼈다. 이어서 그 선교사를 위해 기도하는 중에 귀신은 그 선교사를 통해 "내가 네 발가락을 아프게 했다"고 말했다. 사탄은 그곳의 약함을 알아채고 덤빈 것이었다. 그러나 우리가 예수 그리스도의 이름으로 그를 쫓아냈으므로, 결과적으로 그의 전략은 성과를 거두지 못했다.

어떤 일이 일어났을 때 그것이 사탄의 방해인지 아닌지 어떻게 알 수 있는가? 나는 적어도 두 가지 대답을 할 수 있다.

(1) 사탄의 왕국에 속한 자들은 사람들에게 할 수 있는 한 해를 주려고 혈안이 되어 있다. 그래서 어떤 문제가 일어나면 그 문제를 통해 사람들을 해치려고 노력한다.

(2) 사탄의 왕국에 속한 자들은 우리에게 이미 있는 문제에만 붙을

수 있으므로, 우리는 자신의 문제를 인식하고 잘 처리해야 한다.

따라서, "귀신이 그렇게 하게 했어"라고 말해서는 안 된다. 성경은 비록 사탄이 관여되어 있는 문제라도 우리에게 문제의 책임이 있음을 이야기한다. 예수께서 자신이 고난을 받고 죽임을 당하고 제 삼일에 살아날 것이라고 말씀하실 때, 베드로는 사탄의 영향을 받아 그리 말라고 거역하는 말을 했다(마 16:22-23). 이때 그런 말을 입으로 한 사람은 베드로이므로 그에게 책임이 있다. 대제사장의 집 뜰까지 예수님을 따라간 베드로가 세 번 예수님을 부인하는 말을 한 것(마 26:69-75)도 그의 책임이다. 베드로가 사탄의 영향을 받아 부인했음이 분명하지만, 그가 입으로 말을 내뱉은 것은 그의 책임이다. 베드로에게 약함이 있었음이 분명하다. 베드로에게 있던 약함이 불안, 공포, 의심 등이었을 수 있다. 사탄이 그의 약함을 공략하여 예수님께 거역하는 말과 예수님을 부인하는 말을 하도록 유도한 것이다.

귀신들린 자에게 효과 있는 사역을 하려면, 사탄의 왕국에서 활동하는 악한 영들이 쓰는 보편적인 방법을 알아야 한다. 바울은 고린도 교인들이 사탄의 궤계를 알고 있음을 언급했다(고후 2:11). 그러나 불행하게도, 대부분의 서구인들은 영적인 것에 대해 무지한 세계관을 갖고 있어서 현실적으로 분명히 보이고 확실히 나타나는 것만 믿는다. 사람들은 성경 저자들이 언급하고 하나님께서 우리가 알기 원하시는 영적인 세계를 인식하지 못하고 있다. 사탄은 "우는 사자 같이 두루 다니며 삼킬 자를 찾는다"(벧전 5:8). 사탄은 그의 존재를 알지 못하거나 믿지 않는 사람들 가운데서 광범위하게 일하는 지혜를 갖고 있다.

그러나 우리가 사탄의 일을 알게 되면 그의 졸개들은 힘을 쓰지 못한다. 그들은 어떤 일을 잘 알아내지만 창조적이지 못하므로, 같은 계략을 반복해서 쓴다. 그러므로 귀신들을 영적으로 보는 안목을 높이려면 그들이 쓰는 방법을 연구해야 한다. 사탄이 선수를 치지 않는 한 사탄이 쓰는 방법을 알아두면 많은 도움이 된다. 이는 전쟁터에 나가는 병사가 적의 작전을 알고 나가는 것과 같은 이치다. 그러므로, 귀신들이 잘 쓰는 보편적인 책략을 자세히 알아보는 것이 잘 준비하고 영적 전쟁터에 나가는 것이다.

귀신의 전략

먼저 귀신들이 사람들 밖에서나 붙어 있는 사람의 내부에서 사람들을 조장하는 것들을 살펴보자. 나는 적어도 한 명의 귀신이 우리 각자의 몸 밖에서 우리의 연약함을 살피고 공격하도록 지시받고 있다는 생각이 든다. 그리고 사탄에게 큰 위협이 되는 사람에게는 하나 이상의 귀신 혹은 힘센 귀신이 파견되는 것 같다.

귀신은 사람들 속에 들어가려고 노력한다. 그 이유는 사람 안에 들어가야 더 큰 영향력을 끼칠 기회가 주어지기 때문일 것이다. 그들이 사람 속에 들어갈 수 없을 때는 있는 힘을 다해 그 사람 밖에서 공격한다. 아래 열거한 사항에서 나는 사탄의 졸개들이 사람의 안에서, 혹은 밖에서 일하는 것을 구분하지 않고 기술했다. 나는 단지 그들이 어떤 상황에서든지 수단과 방법을 가리지 않고 우리를 겨냥하는 것들이 무엇인지 살펴보려 할 뿐이다.

1. 모든 문제의 배후에 귀신이 관련되어 있다고 추측할 수 있다. 나는 "원인"이라는 말을 되도록 쓰지 않으려 한다. 왜냐하면, 귀신들이 문제 시작의 원인이 될 경우는 드물거나 없다고 믿기 때문이다. 그러나 그들은 사람들을 넘어뜨리고, 자극하고, 유혹하고, 부추겨서 나쁜 일을 저지르거나 현명하지 못한 결정을 하게 한다. 그들은 이미 어려움을 겪고 있는 사람을 찾으면 그의 어려움을 악화시키려 애쓴다. 만일 하나님께서 보호하지 않으시면, 우리가 현실에서 직면하는 각종 사고, 인간관계의 분열, 육체적, 정신적, 성적 학대 등은 상상을 초월하는 것일 것이다.

앞서도 말했듯이, 그리스도인들은 사탄의 특별한 목표물이다. 심리학자인 나의 친구, 리타 카베자는 귀신의 입에서 나온 말에서 이런 사실을 확인했다. 그녀가 믿지 않는 동료 심리학자 한 사람이 지켜보는 가운데 귀신들린 여인을 위한 사역을 하는 중에 있었던 일이다. 그녀의 동료 심리학자가 귀신에게 왜 비그리스도인이 아닌 그리스도인 안에 들어 있느냐고 물었는데, 귀신은 "당신은 내 관심 밖의 인물이다. 그 이유는 당신은 이미 악의 세력 아래 있기 때문이다. 당신 깊은 곳에 이미 악이 자리 잡고 있다"라고 말했다. 그 여인 속에 있던 귀신은 그 동료 심리학자 속에 있는 네 가지 귀신들의 이름까지 말해 주었다. 그러나 그가 귀신들린 그리스도인 여인에 대해 말할 때는, "나는 이 여자를 해치는 데 관심이 있다. 나는 이 여자와 (두 다른 그리스도인 여인들을 가리키면서) 저 여자, 그리고 또 저 여자를 공략하는 데 관심이 있다"라고 말했다. 그 귀신은 이렇게 말하기도 했다: "나는 이 여자를 파괴하고, 고통스럽게 함으로써 기도하지 못하고 하나님을 찾지 못하게 하는 데 관심이 있다. 그렇게 되면 이 여자는 하나님을 멀리 떠나 살게 될 것이다. 나는 이 여자의 마음속에 자리 잡고 있다. 이 여자의 내면 다른 곳이 아닌 마음속에 들어 있다."

사탄의 졸개 부하들의 목표는 그리스도인, 혹은 비그리스도인을 통해서 나타나는 하나님의 일을 가능한 한 방해하고 파괴하는 것이다. 그래서 그들은 영적인 것이나 세속적인 것이나를 가리지 않고 개인, 집단, 기관, 봉사/사역, 정부 등을 공격 목표로 삼아 일한다. 그들은 그들의 힘을 강하게 나타낼 수 있는 곳에 견고한 진지를 구축하기를 원한다. 그 이유는 그렇게 해야 많은 수가 그곳에 들어갈 수 있기 때문이거나, 아니면 그렇게 할 때 그들의 영향력이 그 사람이나 집단 속에 깊이 침투될 수 있기 때문일 것이다.

2. 유혹의 첫째 원인은 귀신이다. 성경에 등장하는 가인(창 4:4-8), 노아와 함(창 9:21-22), 사라와 아브라함(창 16:1-3), 세겜(창 34:1-2), 다말과 유다(창 38:12-26), 요셉(창 39:7-10), 베드로(마 16:22-23; 26:69-75), 가룟 유다(눅 22:3-6), 아나니아(행 5:3) 등을 유혹한 자는 사탄의 명령대로 일한 귀신들일 것이다.

다시 말하지만, 비록 귀신이 우리 마음에 죄에 대한 생각을 심어 주었어도, 그 생각을 따라 행한 데 대한 책임은 우리에게 있다. 우리 모두 죄에 빠지기 쉬운 자들이라는 것을 알고 있는 귀신은 우리 마음속에 죄의 생각을 넣어주고, 그 생각이 행동화되도록 부추긴다. 그 이유는 그래야만 그들이 모든 사람 속에서 마음껏 활동할 수 있기 때문이다. 예를 들면, 귀신들은 성적인 면에서 전혀 약점이 없는 사람들을 향해서는 거의 성적 유혹을 시도하지 않는다. 말하자면, 이것은 전혀 종교적이지 않은 사람을 종교적인 데서 나오라고 유혹하지 않고, 돈에 관심이 없는 사람을 구두쇠가 되라고 유혹하지 않는 것과 같은 이치이다. 노인을 공경하는 젊은이나 여자에게 잘하는 남자에게 그렇게 하지 말라고 유혹하지 않는 것과 같은 것이다.

그러나 귀신들은 유혹할 여지가 있는 것은 무엇이나 계속 두드려 본다. 귀신들은 될 수 있으면 사람들을 넘어뜨리려 하는데, 그것이 바로 그들이 하는 일이다.

3. 귀신은 사람들이 자기의 존재나 활동을 모르게 하려 한다. 이 전략은 특히 서구 사회에서 효과적이다. 귀신들은 사람들이 그들의 존재를 무시하는 것을 좋아하고, 더 나아가서 그들이 존재하지 않는다고 믿을 때 환호한다. 축사 사역을 하다 보면 귀신이 이런 전략을 계속 사용하는 것을 알 수 있다. 얼마 전 귀신들림에 대해 배우고 있는 심리학자가 지켜보는 가운데 행해진 사역 도중에 한 귀신이 화가 나서 "나는 저 여자(심리학자)가 우리에 대해서 배우는 것을 싫어한다. 우리는 여러 해 동안 우리의 정체가 드러나지 않도록 했고 사람들이 자신의 문제를 심리적인 현상이라고 믿도록 했다"라고 소리친 적이 있었다.

귀신은 사람들 속에 있는 문제에 들러붙음으로써 자신을 교묘히 숨길 수 있다. 귀신은 자연적인 이유로 일어난 문제에는 흥미를 갖지 않는다. 그러나 귀신은 자주 사람들이 이러한 문제에 직면할 때 실망하게 하고, 문제를 이겨나갈 수 없도록 유혹해서 일을 어렵게 한다. 이렇게 할 때 귀신은 사람들이 생각지도 않았던 일에서 성과를 올린다. 자주 사람들은 "나는 그런 문제 속에서 살 수밖에 없다고 생각했었어요"라든가, "내 문제가 조상의 잘못에서 대물림하여 내려온 것이기 때문에 희망이 없다고 생각했어요"라는 말을 듣는다. 그래서 많은 사람은 자신이 미쳤다고 생각하거나 어떻게 할 수 있는 것이 아니라고 생각하여 아예 치유 받을 희망을 포기한다.

귀신들은 사람들이 희망을 포기하는 것을 매우 좋아하고 즐긴다. 그들은 사람들로 나쁜 방향으로 생각하도록 유도할 뿐 아니라 자책감을 느끼게 한다. 나는 때때로 두려움의 영을 가진 사람을 위해 기도해 주는데, 두려움의 영은 사람들이 나를 두려워하게 하려고 필사적으로 애쓴다. 어떤 사람들에게는 거짓의 영이 들어 있어서 내게 거짓말을 하도록 사주하기도 한다. 또, 어떤 사람들은 그들 속에 있는 폭력의 영에게서 나에게 폭력을 행사하라는 지시를 받기도 한다. 사람들은 그들의 이러한 반응들이 자연스러운 현상에 의한 것이 아님을 알게 되면 매우 놀라워한다. 사람들은 이런 반응이 자연스러운 것인 줄 알고 오랜 세월 그러한 것들에 익숙해져 있다.

4. 사탄의 또 다른 전략은 사람들이 그를 두려워하게 하는 것이다. 사람들이 자신의 정체를 모르게 하려는 전략이 실패할 경우에 그들의 다음 전략은 사람들이 이해하지 못하는 부분을 두려워하거나

보는 것이 너무 이상해서 두려워하도록 하는 것이다. 다시 말해, 극적으로 귀신이 쫓겨나가는 것에 대한 많은 이야기를 들은 적이 있으므로 이에 대해 두려움을 느끼는 것인데, 이것이야말로 사탄이 바라는 것이다.

사람들이 두려워하게 하는 전략에도 여러 가지 방법이 있다. 나는 자신이 귀신들린 것을 두려워하는 사람들을 위해서도 많이 사역해 왔다. 이런 두려움은 그들이 영적으로 무엇인가 잘못되어 있기 때문이라는 생각을 갖게 한다. 자신의 영적 상태가 귀신의 존재 여부와는 거의 관계가 없다(귀신들이 영적 성장을 방해하기는 하지만)는 사실을 사람들은 인식하지 못하고 있다. 내게 오는 사람 중 많은 사람은 내면에 있는 나쁜 영으로 인해 방해를 받고 있지만, 영적으로 매우 성숙한 사람들이다. 나를 찾아온 사람들 중 많은 사람이 조상의 영향으로 귀신들렸거나, 어떤 학대 행위를 당하는 가운데 귀신들렸거나, 아니면 그리스도인이 되기 전에 있었던 어떤 일로 인해 귀신들린 경우였다. 영적인 문제로 인해 귀신들린 경우는 극히 드물었다. 영적으로 성장한 사람들은 귀신이 들렸어도 그 힘이 매우 약하기 때문에 쫓기가 쉽다. 예수님과 너무 가깝게 있기 때문에 그 사람 속에서 힘을 쓸 수 없다고 고백하는 귀신들의 소리를 나는 수없이 들었다.

반대로, 어떤 사람들은 자신에게는 귀신이 없어서 두렵다고 하면서 나에게 찾아온다. 그런 사람들은 자신이 가진 문제의 책임을 귀신에게 돌려서 문제에 대한 죄책감에서 벗어나고 싶은 심정이 있어서 그런 것이다. 이런 사람들을 위한 사역은 좀 어려운데, 그 이유는 그들은 자신에게 귀신들이 찾아 들어온 통로를 마련해준 쓰레기가 있음을 직면하려 하지 않을 뿐 아니라 책임을 회피하려 하기 때문이다. 그러나 자신이 분명히 미친 것으로 생각하거나 영원히 치유될 수 없는 병에 걸렸다고 생각했던 사람이라도, 문제의 대부분이 귀신으로 인한 것이므로 나을 수 있다는 희망을 갖게 된 사람들도 있었다. 이런 사람들은 거의 치유되었다.

많은 사람이 사탄의 힘을 두려워한다. 그들은 다른 사람의 이야기를 듣고, 영화에서 보고, 또 실제로 귀신들린 사람과 육체적으로 씨름을 벌인 적이 있는 사람들과의 대화를 통해 사탄은 무시무시한 힘을 가지고 있는 존재라고 인식한다. 앞에서 어떤 목사가 그의 사무실에서 귀신들린 사람이 토하는 것을 본 후로는 귀신들린 자를 위한 사역을 중단했다는 이야기를 했었다. 그러나 그가 간단히 귀신에게 명령함으로써 그런 일을 피할 수 있다는 것을 배운 후 다시 귀신들린 자를 위해 기도해 주기 시작했음은 매우 의미 깊은 일이다. 대부분의 육체적 씨름은 귀신에게 그렇게 하지 말라고 명령함으로써 피할 수 있다. 어쨌든, 진짜 싸움은 육체적인 것이 아님을 알아야 한다. 그것은 영적인 것이기 때문에 몸을 사용해서 이길 수 있는 것이 아니고 능력 있는 말씀을 사용해야 이길 수 있다.

사탄은 하나님이 가지신 능력에 비해 보잘것없는 힘만을 가졌다는 사실을 알게 되면, 우리는 사탄을 두려워하지 않게 된다. 사탄을 가볍게 다루어서도 안 되지만, 그렇다고 두려워할 필요도 없다. 그들에게 큰 힘이 있는 듯 보이는 것은 거짓이거나 과장된 것이기 때문에 우리는 담대한 마음으로 그들을 대적해야 한다. 귀신은 그가 들어있는 사람이 허락하는 한도 내에서만 힘을 쓸 수 있다. 바꿔 말하면, 사람에게 귀신을 대적하려는 의지가 있으면 귀신이 나가는 것은 시간 문제라는 말이다. 귀신들린 사람의 의지가 하나님 편에 속할 때까지 갈등이 없을 수 없겠지만, 그의 의지가 하나님께 드려지면 문제는 쉬워진다. 축사 사역을 부탁하는 사람 대부분은 하나님의 도우심을 받으려는 마음이 있는 사람들이다.

5. 사탄의 활동에서 거짓이 주된 무기이다. 예수님은 사탄을 "거짓의 아비"(요 8:44)라고 말씀하셨다. 사탄에게 거짓은 아주 자연스러운 것이므로 그의 말을 듣는 자에게 계속 거짓을 이야기한다. 사탄은 우리가 누구인가에 대해 거짓으로 가르쳐 주고, 하나님이 누구시며 어떤 일을 하는 분이신가에 대해 거짓말을 한다. 에덴 동산에서처럼 사탄은 사람들에게 말도 안 되는 거짓말을 속삭인다. 동산 중앙에 있는 나무의 실과를 따 먹으면 죽는다는 하나님의 말씀이 거짓이고 그 실과를 따먹어도 "너희가 결코 죽지 아니하리라"(창 3:4)라고 사탄은 하나님의 말씀을 직접 부인했다. 사탄은 간접적 질문도 던졌다. 그는 아담과 하와에게 "하나님이 참으로 너희더러 동산 모든 나무의 실과를 먹지 말라 하시더냐"라고 질문했다(창 3:1). 마음속에 다음과 같은 질문들이 떠오른 적은 없는가? "너는 정말 하나님께서 그런 일이 네게 일어나도록 허락하셨다고 생각하느냐?", "하나님께서 너를 사랑하신다면 그러한 부모의 자녀로 태어나게 하셨을까?", "나는 과연 쉽게 용서받을 수 있는 사람인가?", "나는 정말 구원을 받은 것일까?" 등등.

위의 질문들은 사탄이 잘 쓰는 계략이 어떤 것인지를 나타내 주는 것들이다. 그 계략은 사람들이 그러한 거짓을 그들 자신의 것인 양 속게 하는 것이다. 내가 축사 사역할 때 즐겨 사용하는 방법은 귀신들에게 자기가 한 거짓말이 무엇인지 말하라고 종용하는 것이다. 사람들은 (그들 자신, 다른 사람, 그리고 하나님에 대하여) 자신을 괴롭히던 부정적인 생각을 갖게 한 근원이 귀신임을 발견할 때 매우 놀란다. 한 여인 안에 있던 귀신이 25가지 거짓말을 했다고 말하는 것을 듣고, 그 여인은 놀라 "나는 평생 하루에도 몇 번씩 그 모든 거짓말을 들어왔어요"라고 외쳤다.

6. 귀신은 가능한 방법을 다 동원해 선한 것들을 방해한다. 귀신들은 사람들이 하나님에게서 멀어지도록 방해하고, 하나님이 원하시는 일하는 것을 방해한다. 그들은 믿지 않는 자의 마음을 혼미하게 하여 그리스도의 영광의 복음의 광채가 비추지 못하게 한다(고후 4:4). 또 그리스도인의 믿음을 약화하려고 노력한다. 예배, 기도, 성경공부, 사랑을 실천함, 동정을 베푸는 것 등은 귀신들이 가장 싫어하는 행위이다.

그러나 귀신들의 기본적 전략은 사람들의 연약함을 발견하고, 그것을 공략하는 것이다. 귀신들은 공평함을 모르는 존재이다. 어떤 사람의 약점이 클수록 그 약한 부분은 귀신의 공격을 당하기 쉽다. 그들은 마치 피 냄새를 맡으면서 상처입은 짐승을 끝까지 쫓아가서 결국 잡아먹는 끔찍한 육식 동물과 같다. 죽이는 데 실패할지는 몰라도 할 수 있는 한 사람들을 괴롭히는 것을 일삼는다.

7. 귀신은 사탄과 마찬가지로 정죄하는 자이다. 귀신들은 정기적으로 사람들이 모든 것을 정죄하도록 유도한다. 이런 영향을 받는 많은 사람은 사람들을 부정적인 관점에서 본다. 그들의 보편적 책략은 사람들이 자기 자신과 다른 사람들을 정죄하게 하는 것이다. 그리고 건강, 사랑, 관계, 그 외에 하나님에게서 오는 것들이 하나님으로 인해 잘못되었다고 하나님을 원망하게 한다.

서구 사회의 영향을 받은 현대인들이 자기 자신을 싫어하는 경향은 사탄의 정죄를 통한 책략에 좋은 밑거름이 된다. 나와 함께 기도한 수많은 사람의 주된 문제점은 자신을 용납하지 못하고 자신은 무능하다는 생각에 사로잡혀 있는 것이었다. 어떤 사람은 왜 기도를 받아야 할 필요가 있느냐고 반문하면서 "나는 자신을 싫어해요"라고 말했다. 귀신들은 부정적인 태도에 달라붙어서 사람들이 자기 증오와 자기 비난 속에서 허우적거리게 한다.

그들은 사람들이 하나님을 비롯하여 다른 사람들을 비난하게 한다. 귀신들은 쓸데없는 소문이 돌게 하고, 오해하게 하고, 하나님을 원망하고 분노하는 것이 정당하다고 믿게 한다. 사탄은 사람들이 하나님께 죄를 고백하여 사함을 받았음에도 불구하고, 자신이 구제불능이라고 생각하여 죄의식 속에서 살게 한다. 사탄은 사람들이 받은 학대가 자신의 잘못으로 인한 것이라고 생각하게 한다. 더 나아가서 사탄은 사람들이 가진 문제들이 하나님에게서 온 것이라고 주장하면서 사람들은 마땅히 그런 문제 가운데 살아야 한다고 거짓말을 한다. 사탄은 교묘하게 사람들이 자신이 저지른 잘못도 다른 사람 때문이라고 생각하게 한다. 하나님을 대적하는 사탄의 속삭임들을 예를 들어보면, "하나님은 공평하지 않은 분이다", "나쁜 일이 일어나는 걸 보면 하나님은 좋은 분이 아니다", "하나님의 용서는 그렇게 간단하고 쉽게 이루어지는 것이 아니다" 등이 있다.

죄사함을 받았음에도 불구하고 이를 확신하지 못하고 계속 자신을 규탄하면, 스스로를 저주하게 되고 스스로에게 맹세하는 격이 되기 때문에 사탄이 틈탈 기회를 제공해 준다. 자기 자신을 거부하는 사람들은, "나는 내 육체(혹은 얼굴 생김, 성적인 기관들, 성격, 그 밖의 다른 부분 등)가 몹시 싫다", "나 아닌 다른 인물이 되었으면 좋겠다", "나는 절대 그렇게 될 수 없어", "그 수준에 도달하지 못하느니 차라리 죽는 게 낫다고 생각해" 등의 말을 한다. 이러한 말들은 저주나 맹세와 관련되어 있는 것이어서 다른 사람들에게 피해를 주는 결과를 초래하지 않는 이상 우리는 예수 그리스도의 능력으로 이런 것들을 물리쳐야 한다.

여자들의 몸매에 대한 서구 사회의 기준 역시 때때로 귀신들의 영향을 받기도 한다. 그렇게 함으로써 귀신들은 여자들이 자기의 몸매가 이상적인 기준에 도달하지 못한다는 강박관념으로 자신의 육체를 싫어하고 저주하게 만든다. 성적 학대를 받은 경험이 있는 많은 사람이 사탄의 거짓말(성적 학대가 자기 잘못으로 일어난 현상이라는 것)을 믿기 때문에 결과적으로 자신의 성적 기관을 저주하거나 성(性)까지 저주한다. 그들은 "나는 내 몸 중 이 부분을 굉장히 싫어해"라든지, "내가 여자가 된 것이 싫어"라고 얘기하는데, 이것은 사탄의 유혹으로 하는 말이다.

질이라는 여인은 자신의 가슴에 만져지는 멍울을 발견한 후 마음이 산란해져서 나를 찾아왔다. 내가 하나님께 무어라고 대답하면 좋을지 가르쳐달라고 기도했을 때 "학대"라는 단어가 떠올랐다. 그래서 그녀에게 성적 학대를 당한 적이 있느냐고 물었는데, 그녀는 그렇다고 대답하면서 그녀의 가슴이 남자들의 관심의 대상이 된 부분이었다고 말했다. 나는 이 말을 듣고 "그래서 당신은 가슴을 저주한 적이 있습니까?"라고 물었고, 그녀는 "예. 남자들이 제 가슴에 관심을 갖지 못하게 가슴이 없기를 바라면서 자주 제 가슴을 저주했습니다"라고 대답했다. 그녀가 자신이 한 저주를 예수 그리스도의 이름으로 풀고 축복하고 일주일 후 병원에서는 그녀의 가슴에서 멍울을 찾지 못했다. 사탄이 주는 정죄감이 자기거부를 나타내는 증상의 주된 원인임을 알아야 한다.

8. 귀신은 사람들이 충동적으로 되도록 부추긴다. 귀신들은 사람들이 좋은 것 혹은 나쁜 것에 대해 충동적이 되도록 부추기는 걸 즐긴다. 다이안이라는 목사 부인은 남편이 매사에 충동적이라고 말했다. 일할 때나 공부할 때나 목회할 때, 심지어 부부 관계 시에도 남편이 충동적이라고 말했다. 어느날 그녀의 남편이 내 강의실에 있을 때 그에게 있던 제법 강한 귀신이 드러났다. 우리는 강의가 끝난 후 그에게서 귀신을 쫓아냈고, 그는 충동질하던 귀신에서 자유함을 얻었다. 그런 일이 있고 3주 후 내가 세미나를 인도하고 있을 때 다이안이 일어나서 "지난 3주 동안 나는 전혀 다른 남자와 살고 있습니다. 내 남편에게 나타났던 충동적인 현상은 이제 찾아볼 수 없습니다"라고 말했다.

귀신은 사람들을 충동적이 되게 하여 마약중독, 알코올 중독, 담배중독, 과식증, 폐식증, 포르노 감상, 성문란, 노름, 물질주의, 경쟁의식, 지배욕에 사로잡히게 한다. 그뿐만 아니라, 일반적으로 좋다고 생각하는 많은 것에도 영향을 미친다. 좋다고 생각되는 것이란 일하는 것, 공부하는 것, 좋은 옷을 입는 것, 종교적인 것, 교리적인 것, 가족, 성취, 그리고 성공 등을 들 수 있다. 사람들을 충동적이 되게 하는 데 사용하는 귀신들의 일반적인 방법은 사람들의 약점을 이용하거나, 혹은 사람들이 그들의 힘을 과시하게 하는 것이다. 충동심은 두려움과 불안감, 그리고 무가치하다고 느끼는 것에 그 뿌리를 두고 있다. 귀신은 이런 태도를 통해 사람들을 충동적이 되게 한다.

9. **귀신은 여러 모양으로 사람들을 괴롭힌다.** 사탄의 주된 관심은 사람들의 삶, 특히 그리스도인의 삶을 파괴하는 것이다. 그는 마치 성난 짐승처럼 우리의 발뒤꿈치를 물어뜯어 놓고 서서히 다른 곳을 공격한다. 사탄은 "이 세상 임금"(요 14:30)으로 불린다. 그는 사람들이 다른 왕에 속하는 것을 싫어하기 때문에 그의 영역 안에서 눈을 부릅뜨고 사람들이 다른 곳으로 못 나가도록 안간힘을 쓴다. 그래서 수시로 수단 방법을 가리지 않고 그리스도인을 괴롭힌다. 나는 귀신이 우리의 일상적인 삶의 환경 속에서 어느 정도 영향을 끼칠 수 있는지 잘 알지 못한다. 나는 그들이 하나님께서 허락하시는 한도 내에서는 무엇이나 하려고 애쓴다고 생각한다. 귀신의 주목적은 우리의 삶을 파괴하는 것이므로 교통 체증, 일기, 건강, 긴장감, 대인관계, 예배, 수면, 다이어트, 자동차, 컴퓨터 등에 영향을 끼칠 수

있다. 예를 들면, 예수께서 회당에서 가르치실 때 귀신들이 예수님의 일을 방해하려 했던 것(눅 4:33-34), 예수께서 갈릴리 호수 위 배안에서 잠들어 계실 때 광풍이 내리쳐서 배에 물이 가득하게 하여 제자들을 두렵게 한 것(눅 8:23-24), 그리고 바리새인이 계속 예수님을 비난하게 한 것 등을 들 수 있다. 나는 무슨 일이 잘못 되어간다고 느낄 때면 "이것이 사탄의 방해라면 예수 그리스도의 이름으로 차단한다"라고 말하는 습관이 있다. 이런 명령에 의해 많은 문제가 사라지는 것을 보면 얼마나 놀라운지 모르겠다.

사탄은 교회와 성도들 방해하기를 즐긴다. 설교하는 동안 마음이 어지러운 경험을 해보았는가? 예배드릴 자세를 갖추기 어려운 경험은 없었는가? 알지 못할 부족감으로 답답함을 느낀 적은 없는가? 듣고 보고 생각하는 것들 때문에 일에 집중할 수 없는 순간은 없었는가? 교회로 가는 도중에 차 안에서 다툰 일은 없는가? 귀신들은 목사가 교회를 세상 조직처럼 운영하게 한다. 그뿐만 아니라 목사가 교회를 병원보다 사회의 클럽처럼 운영하게 하고, 교인들 개개인에게 관심을 두고 목회하기보다는 설교와 프로그램 위주로 교회를 이끌어가게 하고, 실제적으로 필요한 것을 말하기보다는 신학적으로 설교하게 하고, 서로 대화하기보다는 일방적으로 말하게 한다. 귀신들은 예배 도중 음악 프로를 담당하는 자가 자신을 나타내 보이게 하고, 예배의 흐름을 방해하기 위해 장황하게 광고하게 하고, 안내자들이 너무 눈에 띄게 해서 사람들을 혼란스럽게 하기도 한다. 간단히 말해, 귀신의 목적은 하나님께서 교회를 통해 하시려는 일을 방해하여 약화하는 것이다. 그리스도인을 방해하는 것이 그들의 주된 임무이다. 사탄의 궤계를 아는 것(고후 2:11)은 사탄의 행동에 대처할 수 있도록 준비하는 의미에서도 매우 필요하다.

주목할 사실은 사탄이 모든 그리스도인을 똑같이 방해하지 않는다는 것이다. 사탄은 자신에게 큰 위협이 되는 사람이나 기도 후원을 충분히 받지 않은 사람들 방해하는 데 중점을 두는 듯하다. 많은 그리스도인의 신앙 생활이 너무 수동적이므로 사탄은 위협을 느끼지 않는다. 이런 사람들은 사탄의 관심밖에 놓인다. 어떤 목사가 사탄과 협상하면서 사탄이 그의 목회 활동을 방해하지 않으면 그도 사탄을 대항하는 설교는 하지 않겠다고 했다는 말을 들은 적이 있다. 그 목사는 "나무, 풀, 짚"(고전 3:12) 같은 목회를 하는 것이어서, 불로 심판받을 때 멸망할 것이다. 이렇게 멸망하기보다는 사탄에게 큰 위협이 되므로 공격을 당하는 편이 낫다. 예수께서 "잘하였다"(눅 19:17)라고 말씀하시는 것을 듣는 것이 멸망하는 것보다 훨씬 나을 것이다.

사탄에게 큰 위협이 되거나 충분한 기도 후원이 없는 사람은 정기적으로, 혹은 알지 못하게 사탄의 방해를 받을 위험이 있다. 그러므로, 많은 사람의 기도 후원을 받아야 한다. 특히, 사탄을 크게 대적하기 전에는 중보기도 은사를 받은 사람들의 기도 지원을 받는 것이 바람직하다. 많은 중보 기도자가 기도할 때 사탄은 힘을 잃는다. 사탄의 공격에서 보호를 요청하는 중보 기도는 효력이 확실하다. 예수님도 사탄의 방해를 받으신 것과 연약한 그리스도인이 방해받는 듯하다는 사실로 미루어 볼 때, 그리스도인이 사탄의 진영에서 살아가는 한 사탄의 표적에서 완전히 자유로울 수 없다고 생각한다.

위에서 열거한 사탄의 전략들은 사람의 외부 혹은 내부 모두에 적용되는 귀신들의 활동들이다. 내 생각에는 귀신들은 대부분 사람의 내부에서 더욱 끈질기고 효과 있게 공격하는 것 같다. 그러나 좋은 소식이 있음을 잊지 말라. 우리 안에 귀신이 살고 있어도, 그리스도 안에서 성장해 나가면 그들로 인해 해를 받지 않는다는 것이다. 더 나아가서, 상담가나 기도 사역자의 도움을 받아 우리 속에 있는 감정적 혹은 영적 쓰레기를 없애면, 귀신은 쫓겨나가기 전에도 놀랄 정도로 영향력이 약화한다. 이 책의 나머지 부분에서 귀신이 사람들 속에 있을 때 어떻게 행동하는가를 다루려고 한다. .

분명히 나타나는 귀신의 활동

때때로 귀신은 분명한 방법으로 행동한다. 귀신들은 용기백배해 있을 때, 멍청해졌을 때, 그리고 성령에 의해 정체가 드러났을 때 더 분명하게 행동한다.

1. 악에 속한 영은 자신의 전술에 의지하여 용감하게 행동한다. 귀신은 자신을 분명히 나타낼 때 더 효과적으로 사람들을 방해할 수 있다고 믿는 것 같다. 귀신은 자신이 괴롭히는 사람에게 자신들을 분명하게 나타냄으로써, 특히 혼자 있거나 어둠 속에 있을 때 사람들을 놀라게 할 수 있다고 믿는다. 귀신이 용감하고 확신 있게 행동하는 것은 어둠 속에서 자신을 나타내기 때문이다. 사람들은 보통 밤에 귀신을 보거나 느낀다. 이런 일은 가정집에서도 일어나고, 무

덤에서도 일어나고, 사교 집단이 힘을 행사하면서 의식을 거행하는 건물이나 프리메이슨의 집회처에서 일어난다. 귀신은 꿈같이 생각되는 상태에서 나타나기도 한다.

내게 찾아왔던 여인은 밤마다 침실 밖 복도에서 귀신을 보곤 했는데, 그 일은 그녀의 남편이 없을 때든지, 그녀가 전혀 귀신에 대해 생각지도 않았을 때 일어나곤 했다. 예상하지 못할 때 갑작기 나타난다든지, 남편은 없고 어린아이하고 있을 때 나타았으므로 그녀는 몹시 불안하고 당황했다. 이 경우를 포함해서 몇 가지 유사한 경우를 통해 귀신은 한번 나타났던 장소에 또 나타난다는 것을 알게 되었다.

귀신이 같은 장소에 계속 나타나는 것은 어떤 사건이 그 장소에서 일어났기 때문일 수 있다. 예를 들어, 사교에서 외우는 주문이나 희생제사 의식, 행운점 보는 것, 사탄의 영향을 받은 사건, 귀신들린 사람의 죽음, 폭력, 피 흘림 등이 그 장소에서 벌어졌을 경우 귀신은 그곳에 계속 나타날 "권리"를 주장한다.

그런 일이 일어났던 집에 사는 사람이 허락할 경우 귀신은 또다시 그곳에 출몰한다. 사람이 허락할 경우란 귀신을 초청하는 것을 말하는데, 그것이 귀신들린 사람에게서 올 수도 있고, 사교 활동으로 인해 올 수도 있고, 포르노 잡지나 사탄이 영향을 준 음악이나 사탄에 의해 행해지는 다른 활동 등을 통해 올 수 있다. 알지 못하는 신께 드려진 오래된 물건에 귀신이 있을 수 있다. 관광객이나 군인 가족이 가끔 해외에서 물건을 가지고 들어오는데, 그 중에는 사교가 거행하는 의식에 드려졌던 것이나 알지 못하는 신이나 영에게 드려졌던 영향력 있던 사람의 형상이나 무엇을 상징하는 물건도 있다.

대담한 행동을 취하는 귀신들은 사람들의 머릿속에서 들을 수 있거나 거의 들을 수 있는 말을 한다. 귀신은 사람들이 자신의 문제를 심리적인 현상으로 믿게 하고, 그 문제가 자기 잘못으로 인한 것이라는 자책감을 갖게 한다. 귀신들이 이렇게 사람들을 미혹하는 것은 그렇게 해야만 사람들의 방해를 받지 않고 자유롭게 일할 수 있기 때문이다. 그러나 귀신들은 자기들이 고통 주고 있는 사람을 잘못 판단할 수도 있으므로 결국 그 사람에게서 쫓겨나가기도 한다.

악한 영들은 어떤 사람을 마음대로 할 수 있다고 확신하면, 그의 육체에 영향을 끼쳐서 무서워 떨거나 기절하거나 시력을 잃거나 발작을 일으키게 한다. 사람이 다른 음성으로 말하게 하기도 한다. 이처럼 눈에 뜨이는 현상은 성령의 능력 안에서 귀신을 쫓을 때 간혹 일어난다.

2. 악한 영은 자주 실수한다. 위에 열거한 귀신들의 담대함도 사람들이 그들의 정체를 알아내고 공격을 시도하면 이 빠진 사자같이 되어 힘을 잃으므로 문제가 되지 않는다. 이와 관련된 예를 들어보자. 어떤 목사는 자신이 때때로 머릿속에서 어떤 음성을 듣곤 한다고 말하였다. 귀신들은 그 목사가 그런 소리를 듣고 두려워하거나 자신을 증오하거나 목사직을 내놓으리라고 생각한 모양이었다. 아니면, 그 목사가 귀신의 존재에 대해 무지하기 때문에 그들을 알아채고 내쫓지 못할 것이라고 생각했는지도 모른다. 그러나 그러한 짐작은 빗나갔고, 그들은 그 목사에게서 나가지 않을 수 없었다.

귀신들은 사람들이 알지 못하는 방법으로 사람들을 괴롭히는 것을 즐긴다. 그러나 그들은 자주 실수를 한다. 그들의 방법을 알고 있는 자들을 공격하는 것을 예로 들 수 있는데, 이런 경우 그들은 꼼짝없이 쫓겨나간다. 나는 배드리는 것이 매우 힘들다고 말하는 사람을 위해 기도해준 적이 있다. 우리는 사탄의 일을 알고 있으므로 귀신들로 인해 방해받는 사람을 자유롭게 해 줄 수 있다. 그들은 사람을 잘못 보고 공격하는 잘못을 범했던 것이다.

3. **성령의 능력으로 인해 귀신은 스스로 함정에 빠진다.** 다음에 나오는 각 장에서 우리가 어떻게 사람에게서 귀신을 쫓아내는가에 대해 자세히 논하려 한다. 그러므로 여기서는 성령의 능력과 귀신들의 힘 사이에 일어나는 대결에 대해서만 간단히 언급하기로 한다. 귀신은 성령의 능력과 대결하여 싸움을 벌이는 도중에 자기 뜻과 상관없이 어떤 사실을 알려주고 정체를 드러낸다.

예를 들면, 귀신들린 사람이 하나님께 예배드리고 있을 때 하나님의 능력에 의해 귀신은 정체를 드러낸다. 귀신이 정체를 드러내면 귀신들린 사람은 두려워서 몸을 떨거나 육체적인 고통을 느끼거나 멍청한 상태가 되거나, 아니면 이상한 충동(예를 들면, 달려나가고 싶은 생각, 성관계를 갖고 싶은 강한 욕구 등)을 느낀다. 귀신이 예수 그리스도 이름으로 공격받을 때도 비슷한 현상이 일어난다.

귀신의 영향을 단절하라.

사람의 안에서 활동하든지 밖에서 활동하든지 귀신의 힘은 어떤 요인에 의해 약해질 수 있다. 귀신의 힘을 약하게 하는 요인이 사람 안에 있는 귀신을 나오라고 명령하는 것에 국한되는 것은 아니다. 이와 관련된 자세한 과정은 나중에 다루겠다. 어쨌든, 귀신의 활동을 일시적으로 약화하거나 막을 수 있는 요인들을 살펴보자.

1. 영적 성장은 사람에 끼치는 사탄의 영향을 약화할 수 있다. 나는 몇몇 귀신에게 왜 그들이 그 사람 안에서 큰 힘을 발휘하지 못하는지 물어본 적이 있다. 그들이 말한 내용의 요지는 "그 사람은 하나님과 너무 가깝다"였다. 영적으로 성장했다고 해서 귀신이 완전히 나가는 것은 아니지만, 예수 그리스도의 이름으로 내쫓을 때 쉽게 나갈 정도로 힘을 약화할 수 있다. 많은 귀신들은 힘을 잃으면, 상관들에 의해 송환되는 것 같다.

영적으로 성장하려면 하나님과 교제하는 시간을 가져야 하는데, 그것은 개인적으로, 그리고 성도들과의 교제에서 이루어져야 한다. 하나님의 음성을 듣고 하나님께 말하는 기도를 쉬지 말아야 한다(살전 5:17). 그것은 친구들의 대화처럼, 아들과 아버지의 대화처럼, 부부간의 대화처럼 이루어져야 한다. 그리할 때 귀신의 힘은 약화한다. 그리고 우리의 구주요 주님이신 예수님께 대한 사랑을 나타내고, 자신을 헌신하면서 하나님을 경배하고 찬양하는 삶을 살아야 한다. 성도들간의 교제와 성경읽기 및 암송도 필요하다. 더 나아가서 우리의 생각을 선한 것으로 채워서 주 안에서 항상 기뻐해야 하고(빌 4:4), 그리스도인답게 행해야 한다(빌 4:8-9). 우리가 하나님이 원하시는 삶을 살면, 사탄은 힘이 약해지든지, 아니면 힘을 잃고 떠나간다.

2. 우리가 예수께 무거운 짐을 맡길 때 귀신의 활동이 약화된다. 예수님은 "수고하고 무거운 짐 진 자들아 다 내게로 오라 내가 너희를 쉬게 하리라"고 하셨다(마 11:28). 성경은 "너희 염려를 다 주께 맡겨 버려라 이는 저가 너희를 권고하심이니라"라고 말한다(벧전 5:7). 특히 살면서 상처받은 사건에 부정적으로 반응함으로써 생긴 짐을 예수께 내놓는 것이 중요하다. 분노, 쓴 뿌리, 증오를 예수께 내어놓아야 할 뿐 아니라(엡 4:17-32), 우리가 용서받은 것같이 우리도 사람들을 용서해 주어야 한다(마 6:14-15).

만일 우리가 내면에 있는 쓰레기를 치우면, 안이나 밖에서 주어지는 사탄의 영향이 상당히 약화한다. 나는 예수님의 말씀인 "이 세상 임금이 오겠음이라 그러나 저는 내게 관계할 것이 없으니"(요 14:30)라는 구절을 통해 내적 쓰레기가 없다는 것을 이해할 수 있다. 예수님은 내적 쓰레기가 없었기 때문에 사탄이 어찌할 수 없었다. 많은 사람은 기도를 통해 내적 쓰레기를 제거할 수 있다. 그러나 어떤 사람은 내적 치유자의 도움을 필요로 한다. 이에 관해서는 제7장에서 언급하겠다.

3. 귀신은 예수 그리스도의 이름으로 쫓겨나간다. 어떤 일에 사탄이 개입되어 있다는 의심이 생기면 나는 "만일 이것이 사탄의 짓이라면 예수 그리스도의 이름으로 명하니 나가라"고 명령하는 것이

도움이 된다. 내가 "만일"이라는 말을 붙이는 이유는 그것이 귀신으로 인함인지 알지 못하기 때문이다. 그러나 예수님의 권세를 가지고 명령했을 때 사탄의 졸개들이 활동을 멈추는 것을 보고 나는 거듭 놀란다.

나는 사탄과 그의 졸개 부하들이 나를 방해하려 한다는 가정한다. 그들은 일을 나쁘게 만들거나, 이미 나빠져 있는 것에 붙어서 더 악화한다. 그러므로, 만일 내가 어떤 싸움에 말려들나, 중요한 약속이 있어 가는 중 교통체증으로 지체되거나, 누가 나를 속인다고 느끼거나, 잃은 물건을 찾느라고 속상하거나, 여행 계획이 방해받는 사건이 생기면, 나는 악의 영에게 나의 삶의 굴레에서 나가라고 명령한다. 때로 소리쳐 기도하고, 때로는 영으로 기도한다. 어떤 방법으로 기도하든지 사탄은 내가 하는 소리를 듣고 따른다.

이렇게 한다고 해서 모든 문제가 해결되는 것은 아니다. 그 이유는 모든 문제에 귀신들이 관여하는 것이 아니기 때문이다. 내가 교통체증에 시달릴 때 방해하는 세력에게 물러가라고 명령해도 효력이 없을 때가 많다. 최근에 나는 약속된 강연에 한 시간가량 늦은 적이 있는데, 그 이유는 내가 충분한 시간을 두고 출발하였음에도 불구하고 유달리 심한 교통 체증 때문이었다. 내가 물건을 잃어버렸을 때 악의 영들에게 방해 말라고 명령하는 방법을 썼다고 해서 늘 그것을 찾는 것은 아니지만, 보통 얼마 후에 그것을 찾고 한숨 돌리기도 한다.

내 경험으로 보면, 상황이 전혀 다른 상황으로 바뀌기도 한다. 아내와 함께 여행하던 중 우리가 탄 비행기가 늦는 바람에 다음에 연결되어 있던 비행기를 놓쳐서 하룻밤을 보내야 한 적이 있었다. 그때 나는 예수님의 권세로 적의 방해를 묶었고, 항공사는 많은 승객을 태울 수 있는 큰 비행기를 마련해 주었다. 그것이 우연이었다고 생각할 수 있지만, 내가 권세를 가지고 기도함으로써 상황이 변했다고 생각할 수도 있다.

귀신들은 그리스도인이 가진 능력이 자신의 능력보다 많음을 알고 있으면서도 우리를 괴롭히려고 애쓴다. 우리가 누구인지, 그리고 우리가 가진 권세와 능력을 쓰는 것을 알지 못하거나 잊고 있을 때 사탄의 전략은 성공한다.

4. 사탄은 거짓을 통해 공격하므로 우리의 가장 좋은 방패는 진리이다. 우리가 마음에서 들려오는 거짓말을 받아들이면, 사탄이 승리한다. 그러나 그 거짓말을 거부하고 진리를 주장하면 사탄은 패한다.

귀신은 우리가 자신에 대해, 다른 사람에 대해, 하나님에 대해, 또는 환경에 대해 진실이 아닌 부정적인 생각으로 대처하게 한다. 이러한 생각을 진리의 생각으로 바꿔야 한다. 그러한 부정적인 생각들을 떨쳐버리고 진리를 말할 때 큰 변화가 일어난다. "나는 쓸모없는 인간이야"라는 생각과 말에 대해서는 "그것은 진리가 아니야. 나는 그런 생각을 인정하지 않는다. 내가 높은 보좌에 앉으신 하나님의 자녀라는 것이 진리야"라고 말하도록 권한다. "그런 일을 저질렀으니 너는 용서를 받을 수 없어. 하나님의 용서를 받으려면 무엇인가 더 해야 해"라는 말에 대해서는 요한일서 1장 9절을 인용하면서 하나님께서 우리의 죄를 어떻게 다루시는지에 대한 진리를 선포하라. 아니면, 간음하다 잡힌 여인을 예수께서 어떻게 다루셨는지(요 8장) 말하거나, 세 번이나 예수님을 부인한 베드로를 예수님이 어떻게 다루셨는지(요 21장) 말하라. 다른 사람에 대해 거짓을 말하거나 과장해서 말할 때는 그 말을 듣지 말고 "형제들아 무엇에든지 참되며 무엇에든지 경건하며 무엇에든지 옳으며 무엇에든지 정결하며 무엇에든지 사랑할만하며 무엇에든지 칭찬할 만하며 무슨 덕이 있든지 무슨 기림이 있든지 이것들을 생각하라"(빌 4: 8절)는 말씀을 사용하라.

하나님은 거부하는 분이 아니라 용납하는 분이심을 주장하라. 당신 자신과 다른 사람들을 정죄하도록 유혹할 때는 당신 자신과 다른 사람을 용서하는 것이 진리임을 주장하라. 귀신이 증오하고 거부하도록 유혹할 때면 사랑과 용서를 주장하라. 귀신이 비판하도록 유혹할 때는 사람들을 축복해야 함을 강조하라. 하나님은 누구시며 무엇을 하는 분이신가에 대한 성경의 진리를 주장하라. 사탄의 거짓말을 하나님의 진리의 말씀으로 대적하라. 그러면 사탄은 결국 거짓말로 공격하는 데 지쳐서 당신을 피할 것이다(약 4:7).

제6장

귀신들림의 이유 및 귀신의 힘

어둠의 세력을 헤치며 걷자

홍콩의 구룡채 성에 "성곽 도시"(Walled City)라 불리는 오래된 지역이 있다. 수년 전 나는 단체로 선교여행을 하던 중 이곳에 들른 적이 있었다. 그때 우리는 그 지역을 잘 아는 선교사 잭키 풀링거(Chasing the Dragon and Crack in the Wall의 저자)의 안내를 받았다.

넓이가 26.5㎡에 불과한 이 지역에 선물 가게, 작은 공장들, 주거용 건물들이 빽빽히 있었는데, 임시 건물들처럼 허름했다. 목적지에 가려면 건물과 건물 사이의 좁은 길과 건물 안의 층계를 지나야 했는데, 가는 동안 햇빛을 볼 수 없었다. 우리가 건물 안에 있는지 밖에 있는지 분간할 수 없었다. 우리가 지나가는 통로에 있는 박스에서는 물이 뚝뚝 떨어졌고, 금세 전기가 통할 것 같은 전기줄이 널려 있었다. 이 모든 것이 훔쳐온 물건이라고 했다. 우리는 물이 질퍽거리는 콘크리트 바닥이나 젖은 나무바닥을 지나든지, 아니면 온통 쓰레기와 오물로 뒤범벅이 된 흙바닥을 밟고 지나가야 했다.

어디를 가든 어두컴컴하고 질퍽거렸으며 먼지투성이였다. 또 냄새 사 지독해서 질식할 것 같았다. 그곳은 마치 수천명의 마약중독자, 도망자, 매춘부, 포주 등이 우글거리고 있는 듯했다. 이 지역은 세상에서 가장 어둡고 더러운 지역 중 하나임이 분명했다.

나는 되도록 쓰레기가 쌓인 곳과 오물로 더럽혀진 곳을 밟지 않으려 조심하면서 좁은 길을 지나면서 "한 곳에 쓰레기가 이토록 많이 있는 곳은 본 적이 없다"라고 생각했다. 이렇게 생각하면서 또 다른 사실을 발견했다. 그곳에는 많은 쥐가 사람들과 함께 살고 있었다. 쥐들은 사람들을 두려워하지 않고 이리저리 다녔다. 그 지역은 쥐들이 활개치는 곳이었다. 잭키의 말에 의하면, 쥐가 그 지역에 있는 사람 수에 맞먹게 많다는 것이다. 이것은 놀라운 일이 아니다. 쓰레기가 쌓여 있는 곳에 어찌 쥐가 없을 수 있단 말인가.

쓰레기와 쥐

성곽 도시에서의 경험을 귀신을 다룰 때 직면하는 것에 비유할 수 있다. 축축하고 어둡고 쓰레기가 가득한 성곽 도시는 귀신들이 살기 좋아하는 장소를 연상시켰다. 어둠의 도시에 쓰레기가 있어서 쥐들이 만연하는 것처럼, 사람들 속에 감정적이고 영적인 쓰레기가 있는 것은 귀신이 있을 수 있는 좋은 구실이 된다.

귀신은 감정적, 영적 쓰레기가 있는 곳을 찾아 들어간다. 어둠의 도시가 파괴되어 그곳에 있던 쓰레기가 모조리 치워진다면, 쥐들은 그곳에 살아 있을 수 없다. 그러므로 성곽 도시가 쥐 문제를 해결하는 방법은 쥐를 쫓는 것이 아니라 쓰레기를 치우는 것이다. 귀신을 다룰 때도 마찬가지이다. 문제가 되는 것은 쓰레기이지 귀신이 아니다.

이제 내 말의 뜻을 이해했을 것이다. 귀신은 상처입은 감정이나 죄에 자주 붙는다. 만일 죄로 인한 것이라면, 보통 감정적 상처를 받았을 때 취한 태도 때문에 야기된 것이다. 그러므로, 나는 감정적 문제를 다룰 때 사람들이 상처받은 감정으로 인해 지은 죄, 예를 들면 용서하지 못함 등을 죄라고 말하지 않으면서 부드럽게 다룬다. 이렇게 부드럽게 다루는 데는 두 가지 이유가 있다.

(1) 자신이 죄라고 생각하지 않을 정도로 보편적이 된 죄를 발견하는 데서 난폭하게 다루는 것보다 부드럽게 다루는 것이 실제적인 접근 방법이라고 생각하기 때문이다.

(2) 귀신들림의 이유가 그 사람의 죄 때문이라는 암시를 주는 것은 그 사람에게 상처를 주는 것이기 때문이다. 죄 때문인 경우가 없지 않지만, 귀신들린 이유가 모두 죄 때문이라고 주장하는 것은 잘못이다.

보통 귀신은 감정에 붙으므로 감정과 관련된 이름을 가진다. 또 개인적인 고유의 이름을 갖기도 한다. 내적 치유를 통해 귀신을 다룰 때(제7장 참조), 귀신의 기능적 이름을 알아내는 것은 매우 유익하다. 그 이유는 그 이름이 사람들이 치유받아야 할 연약한 감정이나 태도, 그리고 귀신을 쫓아내야 할 필요를 알려주기 때문이다.

귀신은 대개 단체로 행동한다. 단독으로 일하는 경우는 드물다.

귀신들에게는 상하관계가 분명한 계층 조직이 있으며, 한 귀신이 한 그룹의 지도자 역할을 한다. 그래서 나는 우두머리 귀신을 찾아내어 성령의 도움으로 묶고 다른 귀신들은 그의 지배를 받게 하는 방법을 쓴다. 이렇게 할 때 어떤 사람 안에 있는 모든 귀신을 동시에 다룰 수 있다. 그 이유는 우두머리 영이 다른 영들에게 명령할 수 있기 때문이다. 그러나 때로는 여러 집단의 귀신들이 한 사람 안에 들어있을 수도 있다. 이때 각 집단의 우두머리들은 동등한 힘을 지닌다. 이러한 경우에도 한 집단의 우두머리 영이 묶이면, 다른 집단들의 영들도 함께 묶인다. 이에 대해서는 제9장에서 상세히 다루기로 하자.

귀신들은 다음 두 가지 상황에서만 사람 안에 거할 수 있다.
(1) 사람에게서 들어갈 수 있는 "침입로"인 감정적, 영적 약함을 찾았을 때.
(2) 영적 세계의 법칙에 따라 허락받고 "정당한 권리"를 행사할 때.

이 두 경우는 귀신들린 사람이 부정적 태도와 잘못된 행동 등을 처리하지 않았을 때 일어난다. 문제를 무시하는 것은 귀신이 좋아하는 쓰레기를 사람 안에 쌓아놓는 것과 다르지 않다. 정직하게 죄를 대면하여 처리하는 데 실패하는 것과 부정적인 태도를 가진 것이 사람의 감정을 약하게 하는데, 이 약함이 귀신들의 침입로 역할을 한다. 죄와 부정적 태도에서 벗어나지 못할 때, 귀신은 정당한 권리를 주장하고, 사람들 속에 들어간다.

짐은 어려서 어른들에게 크게 상처를 받았다. 그의 할머니와 할머니의 고용인은 그를 자주 때렸다. 특히 고용인은 짐에게 성적 학대까지도 가했다. 그런 이유로 짐은 할머니와 고용인, 그리고 그를 학대하는 사람 모두에게 화를 냈다. 그가 화를 낸 것은 정상적인 반응이요 이해할 수 있는 태도이다. 짐이 나를 찾아왔을 때는 45세였는데, 그의 내부는 증오의 감정으로 가득했다. 이러한 증오의 감정이 폭발하여 자제력을 잃으면, 그는 아내를 때리기도 했다. 짐은 감정을 억제할 수 없는 데 대해 심한 자책감을 느낄 뿐 아니라, 그에 따르는 후회가 그를 괴롭혔다. 그는 폭력 때문에 이미 세 번 이혼했는데, 네 번째 결혼도 위기를 맞고 있었다. 그는 자기 자신, 그를 학대한 사람, 그리고 하나님께 화가 나 있기 때문에 마음이 평안하지 못했다.

짐이 어린 시절 표출했던 반응들은 어느 면에서 정상적인 것이었다. 문제는 그가 계속 그런 감정을 품고 있었다는 데 있다. 그에게 있던 계속된 분노의 감정으로 말미암아 분노의 영이 침입로를 제공받고 그의 속에 자리 잡았고, 정당한 권리를 주장하면서 그를 괴롭혀온 것이다. 감정적으로나 영적으로 곪은 상처는 분노의 영에게 쓰레기를 제공했을 뿐만 아니라 다른 귀신들에게 먹을거리를 제공한 셈이었다. 짐이 분노하는 태도를 버리지 못하는 한, 그리고 상처를 준 사람들을 용서하지 못하는 한 분노의 영과 다른 귀신들은 그에게서 떠나지 않고 자리를 지킨다.

나는 귀신의 힘이 강할 때 곧바로 대적하는 것을 싫어하기 때문에, 먼저 짐의 상처를 치유하려 했다. 왜냐하면, 내적 치유를 통해 귀신의 힘이 약해지기 때문이다. 나는 성령께 짐이 과거에 당한 각각의 사건으로 돌아가서 그때 느꼈던 상한 감정을 다시 느끼게 해주시며,

예수 그리스도의 임재를 경험하여 그가 처했던 각 사건 속에서 자유로워질 수 있도록 도와주고 보호해 주시기를 기도했다. 성령의 능력과 인도함을 따라 나는 짐이 그를 학대했던 사람들 역시 희생양이었음을 알게 되기를 구했다. 그러나 짐은 왜 자신을 학대한 사람들이 나쁘지 않고, 학대한 만큼 정죄받지 않아도 되는지 이해하지 못했다. 예수께서 그를 해친 사람들을 용서하심 같이(눅 23:4) 짐도 자기에게 상처 준 사람들을 용서해야 한다는 것을 이해하기까지 꽤 시간이 걸렸다. 결국 짐은 격한 감정을 자제하지 못해 전 부인들과 현재 아내, 그리고 동생을 때린 자신까지도 용서하게 되었다. 또 그에게 이런 끔찍한 일이 일어나도록 방관하였다고 분노했던 하나님도 용서했다.

나는 이렇게 내적 치유를 한 후에 귀신들을 대적했다. 짐을 폭력적이 되게 하였던 영들은 이미 힘을 많이 잃었다. 그에게 있던 분노의 영은 "아이고. 이제 어쩔 수 없네"라고 말했다. 짐은 모든 사람을 용서했다. 그는 이제 할머니와 고용인에게 분노하지 않았으며, 자기 자신, 하나님, 그 외의 사람들에게도 분노하지 않았다. 그 결과 귀신들은 그의 속에서 쓰레기를 발견하지 못했기 때문에 명령에 따라 나갈 수밖에 없었다. 다시 말해, 분노의 영과 다른 영들은 침입로와 정당한 권리를 박탈당한 것이다. 쓰레기를 치우면 쥐를 쉽게 없앨 수 있다. 짐은 내면에 있던 쓰레기더미와 오물을 치움으로써 쥐를 없앨 수 있게 된 것이다. 짐이 그에게 해를 주는 태도를 다시 갖지 않는 한 귀신들은 그에게 멀리 있을 것이다.

기능에 따른 귀신의 이름

귀신들은 기능을 상징하는 이름을 가지고 있다. 그래서 대부분 귀신의 이름은 감정의 이름이다. 아래 열거한 이름들은 대표적인 것들이다(자세한 것은 Hammond & Hammond의 *Pigs in the Parlor*를 참조하라). 아래 이름 중 반복된 것이 있음에 유의하라. 한 집단의 우두머리 격인 귀신들의 이름은 고딕체로 써서 구별하였다.

- 죽음의 영, 자살의 영, 살인의 영
- **파괴의 영**, 폭력의 영
- **어둠의 영**, 거짓의 영
- 격노의 영, 분노의 영, 증오의 영
- 용서 못함의 영, 분노의 영, 원한의 영, 후회의 영
- 반역의 영, 고집의 영
- 거부의 영, 자기 거부의 영, 두려움의 영
- 두려움의 영, 공포의 영, 고통의 영, 무엇(거부, 고통, 어둠, 혼자 있음, 집 밖에 있음, 높음)을 무서워하는 영
- 자기 거부의 영, 무력의 영, 무가치의 영, 완전주의의 영
- 죄의식의 영, **부끄러움의 영**, 당황의 영, 신경과민의 영
- 근심의 영, 걱정의 영, 무엇(미래, 남에게 주는 인상 등)을 걱정하게 하는 영
- 기만의 영, 거짓의 영
- 혼동의 영, 좌절의 영, 망각의 영

- 비판의 영, 정죄의 영, 판단의 영, 잘못을 찾는 영
- 음란의 영, 유혹의 영
- 강간의 영, 폭력의 영
- 우울의 영, 분노의 영, 패배의 영
- 신경질의 영
- 신경과민의 영, 두려움의 영
- 의심의 영, 불신의 영, 냉소의 영
- 자만의 영, 거만의 영, 허영의 영
- 완전의 영, 불안의 영
- 경쟁의 영, 불안의 영, 우울의 영
- 허약의 영, 병(암, 당뇨, 관절염 등)의 영
- 모독의 영, 저주의 영, 조롱의 영

감정과 같은 이름을 가진 귀신들에 덧붙여서, 강압적으로 충동질하거나 중독되게 하는 영들의 이름을 열거해 보자.

- 강박 충동의 영
- 통제의 영, 지배의 영, 소유욕의 영
- 성취의 영, 타인을 즐겁게 해주는 영
- 지성주의의 영, 꼭 알아야 하는 영, 이성주의적 영
- 광신의 영, 의식주의의 영, 교리에 빠지는 영
- 음욕의 영, 부정의 영, 간통의 영
- 포르노의 영, 성적 환상의 영

- 동성연애의 영
- 자위행위의 영(심하게 사로잡힌 상태)
- 알코올중독의 영
- 마약중독의 영
- 담배중독의 영
- 식욕 과다의 영
- 식욕 감퇴의 영
- 게걸병의 영
- 카페인 중독의 영

사교에 속한 영들(거짓 종교를 포함한)은 다르게 분류된다. 이들은 매우 강력한 힘을 가진다. 이들을 살펴보면 다음과 같다:

- 프리메이슨리(Freemasonry)의 영
- 크리스천 사이언스의 영
- 사이언톨로지(Scientology)의 영
- 여호와의 증인의 영
- 뉴에이지의 영
- 연금 마법술의 영
- 일체파(Unity)의 영
- 몰몬의 영
- 부적의 영
- 점성술의 영

- 마법사의 영
- 행운점의 영
- 손금술의 영
- 수맥찾기의 영
- 불교의 영과 여러 불교의 영들
- 이슬람교의 영과 여러 이슬람교의 영들
- 힌두교의 영과 여러 힌두 영들
- 신도(神道)의 영과 여러 신도 영들

귀신의 힘

귀신이 사람에게 주는 영향은 강도에 상당한 차이가 있다. 귀신들의 힘은 여러 가지 요소에 의해 정해진다.

1. 귀신들의 힘은 각기 다르다. 어떤 귀신은 다른 귀신들에 비해 원래부터 기운이 세다. 예를 들면, 조상을 통해 내려오는 사교의 영들은 다른 감정에 붙는 귀신들보다 힘이 세다. 내가 대적했던 영 중 가장 센 것은 프리메이슨리의 귀신이었다. 또 의식적으로나 저주를 통해서 들어간 귀신들은 일상생활을 하는 중 들어간 귀신들에 비해 힘이 강하다. 대체로 강압 충동에 의해 들어간 귀신이 감정에 붙은 귀신보다 그 힘이 세다.

2. 귀신의 먹이인 쓰레기의 분량에 따라 힘이 좌우된다. 만일 어

떤 귀신이 상처가 많은 곳에 붙게 되면, 그 귀신의 힘은 꽤 강하게 된다. 반대로, 적게 상처받은 데 어떤 귀신이 붙게 되면, 그 귀신의 힘은 약하게 된다. 만일, 상처가 매우 미약한 것이라면 나가라는 명령을 받지 않아도 떠나갈 것이다. 그러나 이 경우에도 귀신은 자신의 상관이 허락해야 떠날 수 있다. 언젠가 나는 매우 힘이 약해진 귀신에게 그 사람에게 붙어 있을 이유가 없는데도 불구하고 왜 떠나가지 않느냐고 물은 적이 있었다. 그때 귀신은 "나는 아직 떠나라는 허락을 받지 않았다"라고 대답했다.

3. **귀신들은 계급 집단이기 때문에 상관의 통제를 받는다.** 내 경험으로 보면, 한 사람 안에 하나 혹은 둘의 귀신이 들어 있는 경우는 드물었다. 만일 어떤 사람을 위해 사역할 때, 그 사람에게 여러 귀신들 중 음욕의 영이 있음을 알게 되었다고 하자. 그 음욕의 영 휘하에 셋이나 넷이나 되는 귀신들이 함께 있을 수도 있다. 예를 들어, 성적 타락의 영, 공상의 영, 거짓의 영 등이 함께 있을 수 있다. 그리고 기도받는 사람이 인정했든지, 사역하는 사람이 지식의 말씀을 통해 알게 되었든지, 음욕의 영 위에 분노의 영이 있고, 분노의 영 위에 공포의 영이 있음을 알게 된다. 공포의 영은 자신과 음욕의 영 사이에 거부의 영, 단념의 영, 포르노의 영 등을 두고 있는 높은 계급의 영이다. 그리고 두려움의 영 위에 격노의 영, 파괴의 영, 어둠의 영, 죽음의 영 등이 있는데, 이들은 각 집단의 우두머리이다.

4. **사교의 영이 아니라도 특정 귀신들은 다른 귀신들을 통솔한다.** 예를 들어, 죽음의 영은 다른 영들 위에 군림한다. 죽음의 영이

없을 때는 파괴의 영이나 흑암의 영이 주도권을 갖고, 때로는 거부의 영이나 두려움의 영이 우두머리 노릇을 한다.

이런 영들이 사교의 영 수하에서 기능을 나타낼 수도 있다. 사교의 영이 따로 수하에 귀신들을 갖고 있으면서 죽음의 영과 거의 같은 위력을 과시하기도 한다. 짐을 위해 사역하면서 알게 된 사실이 있다. 그것은 짐 안에 격노의 영이 한 그룹의 귀신들을 거느리고 있었고, 한편으로는 아메리칸 인디언의 영이 한 그룹의 귀신들을 통솔하고 있었다.

5. 사람 속에 있는 영들은 사람 밖에 있는 높은 계급의 귀신에 복종한다. 보통 사람 밖에 있는 높은 계급의 영들이 어떤 사람 안에 을 들여보낸다. 이렇게 해서 사람 안에 들어간 귀신들은 보낸 영들의 허락이 있거나 강제로 쫓겨 나갈 때 외에는 그 사람에게서 떠나지 않는다. 이 사실에 따라 볼 때 사역을 시작할 때 사람 밖에 있는 높은 계급의 영이 방해하지 못하도록 미리 명령하는 것이 바람직하다.

6. 귀신들린 사람의 행동이 귀신의 힘을 약화할 수 있다. 사람 속에 들어있는 귀신은 그 사람의 영적 성장에 의해 힘이 약해진다. 귀신들린 그리스도인이 그리스도께 가까이 갈수록, 귀신은 구심점을 잃는다. 내가 몇몇 귀신에게 왜 그 사람 속에서 힘을 잃느냐고 물어보았을 때, 그들은 "그녀는 하나님과 매우 가까이 지내고 있다. 그래서 나는 그녀를 마음대로 할 수 없다"라고 말했다.

예배, 기도, 성경읽기, 성도의 교제 등은 임시라도 귀신들을 힘들게 하는 요소가 된다. 그러나 죄를 해결하고 감정적 상처를 치유하는 것이 문제에 붙어 있던 귀신들의 힘은 영원히 약하게 한다.

귀신의 힘을 약하게 하는 데 중요한 역할을 하는 것은 사람들의 중보기도다. 귀신들은 가끔 하나님께서 어떤 사람에게 귀신들의 영향력에서 자신을 지킬 수 있는 능력을 부여하신 것에 대해 말한다. 또 귀신들은 한 사람을 보호하기 위해 보내진 천사의 수를 언급하기도 한다. 영적 성장과 기도, 이 둘은 귀신들린 사람을 보호하는 역할뿐만 아니라 귀신의 활동을 저지하는 역할을 한다. 적진에 뛰어들어 싸우는 사역자에게는 많은 기도가 필요하다.

귀신의 활동에 영향을 준 기도에 대해 들은 이야기 중 엘리자베스 마호니의 간증은 매우 극적이다. 그녀는 뉴에이지에 관련되어 있던 사람이었다. 그녀는 직접 치유사역을 할 뿐만 아니라, 그들이 섬기는 영을 불러내 치유하는 방법을 가르치기도 했다. 그러나 그리스도인인 그녀의 어머니 친구들이 그녀를 위해 "티즈"(Tiz)라는 기도운동을 펼쳤는데, 결국 그녀는 이를 통해 사교의 영에서 자유로워졌다. 그 후 그녀는 다음과 같이 썼다.

> 처음에는 그 영향력이 아주 미미한 것 같았는데 점차 강도가 심해지면서 내가 하는 모든 일이 잘 안 되고 방해를 받았다. 내가 섬기던 영은 냉랭하게 느껴졌고, 멀리 있는 것같이 생각되었다. 영을 불러내는 일은 고통스러웠고, 내 몸은 서서히 아프기 시작했고, 모든 것이 힘들게 느껴졌다. 결국 나는 너무 연약해져서 하던 일을 수행할 수 없는 지경에 이르렀다.
> 친구들은 내가 자신을 고칠 수 없는 것을 보고 충격을 받았다.

많은 사람이 나에게 와서 도움을 구하곤 했지만, 나는 무력해져서 그들을 도와줄 수 없었다. 내가 섬기는 영에게 도움을 구했지만 응답이 없었다.

내가 묵상을 하고 있을 때 한 영매가 마지막으로 내게 말해주었다. 그의 말에 의하면, 어떤 영도 그녀에게 머물러 있을 수 없게 되었다는 것이다. 그들은 화나고 분한 소리로 "너는 이제 더 높은 권세에 속하게 되었다. 그 권세는 우리보다 훨씬 더 능력이 큰 것이다"라고 말했다.

"그게 누구죠? 어떻게 하면 그를 찾을 수가 있지요?"라고 내가 물었을 때, 그들은 "그는 너무나 능력이 크신 분이라 우리는 감히 그의 이름을 말할 수조차 없다"라고 대답했다. 나는 혼란스러웠고 두려워서 어찌할 바를 몰랐다.[1]

그 당시에는 알지 못했지만, 이제 그녀는 많은 사람의 기도가 악의 영들을 묶고 그녀를 그 집단에서 나올 수 있게 했음을 알고 있다.

7. 귀신들린 사람의 행동이 귀신들의 힘을 강화할 수 있다. 귀신들린 사람이 귀신의 유혹에 넘어가고, 귀신에 의해 감정이 악화될 때 귀신의 힘은 더 강해진다. 어떤 사람은 축사 사역을 받는 도중에 힘들고 어려워서 귀신과 싸우는 것을 포기하는데, 이때 귀신은 힘을 얻고 승리한다. 또 만일 귀신들린 사람이 귀신을 쫓아낸 후에 다시 그 귀신을 초청해 들이면, 그 귀신은 떠날 때보다 더 강해져서 들어

---

1) Elizabeth Mahoney의 미출간 된 책 중의 한 장, "The New Age: Satan's Subtle Deception."

오거나 다른 귀신들을 몰고 들어온다(눅 11:26.)

귀신의 힘이 의미하는 것

이제 귀신의 힘이 세다라는 말의 의미가 무엇인지 확실히 알게 되었겠지만, 이를 다시 정리하는 것이 도움이 될 것으로 생각한다.

귀신의 힘을 이야기할 때 의미하는 것 중 하나는 귀신이 그 사람을 얼마나 조종할 수 있는지이다. 힘이 매우 약한 귀신은 그 사람을 지배할 수 없고, 그 사람을 집적거리는 것으로 만족해야 한다. 사람을 방해하거나 지배하는 것의 세 가지 측면에 관해 설명해 보면 다음과 같다.

1. **약한 영의 방해**. 강간을 당할 때 두려움의 영의 침입을 받은 여인이 있다고 하자. 그녀는 자기를 강간했던 사람을 연상시켜주는 남자들을 만날 때마다, 혹은 자신이 강간당할 때를 기억하거나 보도 매체를 통해 강간에 대한 소식에 접할 때마다 두려움을 경험할 것이다. 그러나 상담(축사 사역은 제외됨)과 영적 성장을 통해 두려움의 영은 힘이 약화될 수 있으므로 귀신은 그녀를 괴롭히지 못할 것이다.

2. **제법 힘센 영에게서 받는 지배의 정도**. 또 다른 강간 피해자가 있다고 하자. 그녀가 강간당할 때, 하나 혹은 그 이상의 귀신들(분노, 두려움, 고통의 영)이 그녀에게 침입해 들어옴으로 인해 감정이 정상적이지 못할 경우에 가끔 자신을 억제하지 못하는 상황에 처할

것이다. 예를 들면, 자녀를 야단칠 때 분노 때문에 이성을 잃고 자녀들에게 심하게 구는 자신을 발견할 것이다. 남편과 부부 관계를 할 때도 이유 없이 감정적으로 복잡해져서 방해받는 자신을 발견할 것이다. 아니면, 성행위 후에 목욕해야 할 필요성을 충동적으로 느끼기도 할 것이다.

이런 경우 귀신들은 특정한 때나 상황에 따라 그 사람을 조종할 수 있게 된다. 이 귀신들린 여인은 자신이 자제하지 못하는 것에 대해서 당황하지만, 외부의 어떤 세력에 의해서 방해받고 있다는 사실까지는 모를 것이다. 적지 않은 수의 여인들이 자신들은 다른 일에는 아무 문제가 없는데 자녀들을 대할 때는 자제력을 잃을 때가 많음을 호소해 온다. 이러한 문제들은 내적 치유를 통해 해결될 수 있다. 내적 치유란 그들이 어린 시절 받았던 상한 감정을 다루는 것이다. 이러한 상한 감정으로 인해 귀신은 그들에게 들어갈 기회를 받아 들어가서 그들이 자제력을 잃고 행동하도록 영향을 준다.

앞서 언급한 강간 당한 여인과 두 번째 강간당한 여인의 차이점을 유의해 보라. 두 번째 희생자는 쓰레기를 처치하지 않았다. 처음 W귀신의 침입을 받았을 때 두 사람 다 정도가 비슷했을 것이다. 그러나 처음 경우의 여인에게 있던 귀신들은 그녀가 상한 감정을 정직하고 효과적으로 다루었으므로 그녀에게 영향력을 끼칠 수 없었다.

3. **사교의 영의 지배 정도**. 사교의 영은 감정에 붙은 귀신들에 비해 그 힘이 센 편이다. 나는 로리라는 훌륭한 목사 부인을 위해 사역할 기회가 있었다. 당시 그녀는 30대 중반이었는데, 그녀의 부모들

은 일평생 프리메이슨단과 관련을 맺고 있었다. 로리는 십대였을 때 무지개 소녀단(Rainbow Girls)이라는 프리메이슨단 조직에 속한 적이 있었다. 그녀는 그리스도인이 된 후에는 프리메이슨단과 관련을 끊고 살았는데, 그 이유는 그것이 위험하다고 여겨서가 아니라 그리스도인 활동이 더 의미 있었기 때문이었다.

우리가 로리를 위해 한 주 내내(약 25시간) 사역한 후 그녀는 드디어 프리메이슨의 영을 비롯하여 그가 초청한 수십 개가 넘는 영들에게서 자유롭게 되었다. 그녀가 너무 달라졌기 때문에 그녀의 남편은 "나는 이제 새 부인을 맞았다"라고 말했다. 로리는 자신의 과거와 현재의 차이를 비교하면서 귀신들이 지배하고 있던 정도를 정확히 꼬집어 말할 수 있었다. 예를 들어, 그녀는 생애를 통해 처음으로 명확하게 생각할 수 있게 되었다.

자기 자신을 사랑한다는 것은 상상조차 할 수 없었던 그녀가 이제는 자기 자신을 사랑할 수 있게 되었다. 자기 자신을 사랑함으로 말미암아 감사할 수 있게 되었고, 세 자녀와도 친밀하게 되었다. 남편과 그의 사역에 대해서도 분노하지 않고 헌신적으로 사역에 참여했다. 결혼한 후 처음으로 남편의 사랑을 받아들이게 되었고, 그녀 자신의 사랑도 남편에게 거리낌없이 주게 되었다. 로리는 정말 다른 사람이 되었다.

이전에 로리는 사람들이 자신을 정상이라고 생각하게끔 속일 수 있었다. 그러나 그녀와 가까운 사람들은 그녀의 불행과 힘든 과정을 볼 수 있었다. 그녀에게 문제된 감정들은 프리메이슨리의 영 및 그가 불러온 다른 영들이 그녀를 지배함으로 말미암아 생겨난 것이었다. 로리는 많은 사람에게 큰 문제를 안겨주는 아동학대를 당하지 않았지만, 부모에 의해 버림받은 느낌을 갖고 있었다. 그녀의 경우는 귀신의 침입로를 마련해준 감정의 문제가 먼저 있었던 것이 아니라, 귀신이 들어온 후에 로리의 삶에 쓰레기들이 축적된 것이다. 왜냐하면, 그녀에게 들어온 우두머리 귀신은 그의 부모를 통해 내려온 것이기 때문이다. 이런 이유로 로리 안에 있던 프리메이슨리의 영은 계속 그녀를 지배할 수 있었다.

앞서 언급한 예들은 내가 직접 대면했던 많은 것들의 대표적인 것들이다. 부모에게 물려받은 우두머리 귀신이 수십 개가 넘는 다른 영들을 초청해서 괴롭혔던 로리의 경우는 하나님께서 내게 인도하신 많은 중 특별한 경우였다.

귀신들림 강도의 차이

사람에게 들러붙어 있는 귀신들의 힘의 강도를 1에서 10까지라고 가정하고서 이야기해 보는 것이 도움이 되리라고 생각한다. 강도 1은 힘이 가장 약한 것을 의미하고, 강도 10은 가장 강한 것을 뜻한다. 나는 이 척도를 귀신들린 그리스도인에게만 적용한다. 비그리스도인에게 들어있는 귀신들의 힘을 측정하려면 폭넓은 척도, 즉 1에서 15까지, 아니면 그리스도인과 다른 척도 사용이 필요할 것이다.

약 함			보 통			강 함		
1 2 3			4 5 6			7 8 9 10		

복음서 저자들의 관심을 끈 귀신들린 사건들은 모두 "매우 심한" 경우였다는 것이 나를 놀라게 한다. 하나님과의 구원 관계에 있었던 사람들(누가복음 13:10-17의 "아브라함의 딸"의 경우)을 나는 9 혹은 10의 척도에 둔다. 하나님의 구원을 받지 못한 사람이 이런 경우에 처했다면, 그 사람은 1부터 15까지의 수치 중 가장 높은 수치에 해당할 것이다.

많은 병든 사람과 귀신들린 사람이 예수님께 왔을 때 예수님은 그들을 모두 고쳐주셨다(눅 5:15; 6:18-19; 7:21). 여기에서 언급된 귀신들에게서 자유함을 얻은 사람들 중에는 귀신들린 정도가 약한 사람들도 있었을 것이다. 복음서 기자들은 심한 경우의 사건들을 상세히 다룬다.

예수님 시대의 사람들은 귀신들림에 대해 알고 있었다. 그들 중(예수님의 제자가 아닌 사람 중) 어떤 사람들은 예수께서 바알세불을 힘입어 귀신을 쫓아낸다고 말하였다(눅 11:15,19). 그들이 예수님에 대해 기이하게 생각하고 놀랍게 여긴 것은 예수께서 귀신을 쫓아내셨다는 사실이 아니고, 귀신에게서 사람들을 즉시 자유롭게 해주신 것과 그가 사용한 능력과 권세였다(눅 4:36). 그러므로 복음서 저자들이 특별한 사건들만 기록한 것은 이해할 만하다.

예수님과 그의 제자들 당시에 있었던 귀신들의 문제, 혹은 오늘날 그리스도인들이 당면하는 귀신 문제는 대부분 척도 1부터 10까지의 기준으로 볼 때 아주 낮은 수치에 해당한다. 그래서, 나는 다음과 같은 표를 만들어 보았다(이 아이디어를 제공해 준 존 윔버와 블레인

쿸에게 감사한다).[2]

 귀신들을 다루는 우리의 전략은 귀신들을 쫓기 전에 먼저 보통의 힘, 혹은 강한 힘을 가진 귀신들을 먼저 약하게 만드는 것이다. 이런 과정을 생각할 때 우리는 위의 척도 중 어디에 해당하는 귀신들이 들어있는지를 먼저 알아내는 일을 한다. 그리고 나서 그 귀신들의 힘이 표시하는 계기 바늘을 높은 곳에서 낮은 곳으로 내려놓는 작업을 한다. 예를 들면, 7정도의 힘을 갖고 있던 귀신을 1이나 2정도의 힘밖에 쓸 수 없도록 내적 치유를 통해 그 정도를 낮추어 놓는 일을 한다.

 강한 힘을 갖고 있던 귀신들의 힘을 약하게 했다고 해서, 그것이 항상 각 척도에 맞는 정도로 되는 것은 아니다. 예를 들면, 척도 1이나 2정도의 힘을 가진 귀신이 드물게는 사람의 성대를 사용할 힘을 보유하기도 한다. 자기들이 거하는 사람의 목소리를 통해 알아듣게 말할 수 있었던 7이나 8 정도의 힘을 가진 귀신이 힘이 약해져서 1이나 2 정도 수준이 되어도 전처럼 사람을 통해 말할 수도 있다. 그러나 힘이 약해진 귀신의 성대는 매우히 기운 빠져 있음을 쉽게 알 수 있다.

 다음은 우리가 처음 귀신들을 대했을 때의 상태(힘이 약화하지 않은 상태)에 따라 각각의 정도를 관찰해 본 것의 대략이다.

---

2) Charles H. Kraft, *Christianity with Power*, pp. 129-130.

정도 1-2: 여기에 해당하는 귀신들은 힘이 매우 약해서 거의 사람들을 지배하지 못한다. 그러나 그들은 사람들을 성가시게 할 뿐만 아니라 방해한다. 그들은 사람들이 편안하게 예배드리거나 성경공부하지 못하게 방해한다. 꿈에도 영향을 주고, 병에 대한 면역력도 약화시키고, 잘못 판단하게 하거나 혼란스럽게 하기도 한다.

예수님의 이름으로 귀신을 대적할 때, 귀신은 사람들이 기침을 하거나 잠자거나 하품하게 하고, 몸의 어떤 부분에 고통을 주거나, 가벼운 목졸림의 현상이 일어나게도 한다. 보통 귀신들이 우리가 들을 수 있는 소리로 말하는 것은 아니지만, 사람의 마음속에 떠오르는 어떤 그림이나 느낌을 통해서 그들의 일을 알아낼 수 있다. 이 수준에 있는 귀신은 보통 쉽게 빨리 쫓을 수 있다.

정도 3-4: 여기에 해당하는 귀신들은 사람들에게 더 큰 영향을 미친다. 그들은 제어할 수 없는 분노나 공포를 느끼게 하고, 때때로 예배드리는 것이 싫어서 뛰어나가고 싶게 한다. 이 수준의 귀신을 가진 사람들은 자주 자신에게 "나를 이렇게 만드는 것이 무엇일까?"라고 자문한다. 그들은 때때로 방해받는 사건을 경험하게 되는데, 그때마다 그들 자신의 정상적 사고능력을 의심하고 제정신으로 그러는 것인지 의문을 갖기도 한다. 자살하고 싶은 생각이 일어나거나 육체적 병을 일으키는 경우는 드물다.

예수님의 이름으로 귀신들을 대적할 때 이 수준의 귀신들은 건방지고 거만하게 행동한다. 그들의 힘이 약해지기 전에 도전을 받으면 싸우려고 덤빈다. 그들은 호흡을 곤란하게 하기도 하고, 혼란스럽게 하기도 하고, 육체적으로 아프게도 한다. 이런 수준의 귀신들렸던 사람들의 말을 빌리면 그들 속에 있던 귀신들은 고양이가 발톱으로 목구멍, 목, 혹은 머리 뒤를 "움켜잡고 있는" 것 같이 그들을 괴롭혔다고 한다. 이 수준의 귀신들은 그들이 들어있는 사람의 마음이나 그 사람의 성대를 사용해서(이 때는 그 사람이 허락해야 목소리를 사용할 수 있지만) 제법 명확하게 의사를 소통하기도 한다. 귀신들이 소리내지 못하게 하는 것(특히 귀신들이 하는 소리를 듣고 놀란 경험을 한 적이 있는 경우에는)이 그리 어려운 일은 아니다. 이 수준의 귀신들을 쫓아내려면, 제법 오랜 시간 싸워야 할 것이다. 그러므로, 귀신들을 가장 약한 수준으로 끌어내는 작업을 먼저 하는 것이 바람직하다.

정도 5-6: 이 수준의 귀신들은 충동적인 행동을 하도록 유도하는 데 전문가이다. 이 수준의 귀신들을 갖고 있던 어느 목사의 부인은 "남편이 하는 일은 모두 충동적이었어요"라고 말했다. 이 수준의 귀신들은 오랫동안 그 사람을 지배한다. 만일 분노, 두려움, 혹은 증오와 같은 것들이 어떤 사람 속에 있다면, 그것들로 인해 그 사람의 인격은 비뚤어질 수 있다. 알레르기, 혹은 다른 성가신 육체적 문제도 나타날 수 있다. 만일 귀신들이 사람을 포르노 잡지에 빠지게 하여 성도착증을 갖도록 유도하거나 충동적 자위행위에 집착하게 한다면, 그들은 그 사람 안에서 상당한 힘을 과시할 뿐만 아니라, 그 사람을 죄의식을 갖도록 유도한다. 만일 그 사람이 그들의 정체를 충분히 알 수 있게 되면, 이 수준의 귀신들은 담대하게 그 사람의 마음에 그들의 존재를 알려주거나 자신이 미쳤다고 생각하게 하기도 한다. 자살하고 싶은 강한 충동이나 세상을 그만 살고 싶어서 어떤 시도를 하려는 것들 모두 여기에 속하는 증상이다.

이 수준의 귀신들은 대적하여 쫓아내려 하면 끝까지 저항하기도 한다. 그러지 말라고 하지 않는 이상 그들은 사람들의 몸을 뒤틀리게 하기도 하고, 축사 사역을 그만두게 하려고 고통을 주기도 한다. 귀신들은 사람들을 훼방하면서 힘을 과시하기도 한다. 또 그들은 귀신들의 힘을 약하게 하는 내적 치유를 방해할 수도 있다. 귀신들린 사람이 자신의 목소리를 사용하는 것을 막지 않는 한 귀신들은 그들이 들어 있는 사람의 성대를 사용해서 말할 수 있다. 만일 귀신들이 내적 치유 도중에 말참견한다면, 그것은 귀신들이 스스로 유익한 정보를 제공해주는 셈이 되기 때문이다. 그러한 정보를 통해 그들의 폭력 행사를 금하게 하고, 그들이 붙어 있는 것이 무엇인지 알아낼 수도 있다. 귀신들의 정체를 알면, 귀신들린 사람을 치유하여 귀신들의 힘을 약화할 수 있다.

정도 7-8: 사교 집단에 속한 적이 없는 한 그리스도인으로서 이 수준의 귀신들린 사람은 드물다. 여기에 해당하는 귀신들은 사람들을 꽤 많이 혹은 오랫동안 지배할 수 있다. 이 수준의 귀신에 들린 사람들은 둘 혹은 그 이상의 매우 다른 인격을 소유하는 것 같이 보인다. 이 수준의 귀신들이 힘을 발휘할 때 다른 사람을 쳐다보는 눈초리가 이상하거나 폭력을 쓰거나 예상치 않은 행동을 하게 된다. 귀신들린 사람이 나중에 자신의 행동을 부끄럽게 생각하는 수도 있지만, 한편으로는 자신의 행동을 확실히 기억하지 못하거나 전혀 기억하지 못할 때도 있다. 만일 귀신들린 사람이 그리스도인이면 지배하는 회수가 적어질 것이고, 지배를 주장하는 힘이 약화될 것이다.

이 수준의 귀신들이 그 힘을 발휘한다면, 폭력을 행사하지 말라고 금해도, 많은 폭력이 야기될 수 있다. 이럴 때는 먼저 폭력을 금하는 명령을 해야 한다. 이 수준의 귀신은 사람들이 "몸짓으로 나타내게" 한다. 예를 들면, 동성연애자들이 쓰는 제스처를 하게 하거나, 뱀같이 생긴 글을 쓰게 하기도 한다. 그리고 내적 치유를 통해 힘을 약화시키려는 시도를 강력하게 방해한다. 이처럼 방해를 받으면 귀신들린 사람의 의지에 맡겨 일하도록 하는 것이 매우 힘들게 된다. 이 수준의 귀신들은 사람들의 성대를 통해서 쉽게 이야기한다. 이때 귀신들은 자신들이 들어있는 사람의 제약을 받지 않을 수도 있다. 때로는 귀신들이 다른 음성을 내기도 한다.

정도 9-10: 그리스도인들이 이 수준의 귀신들리는 것은 매우 드물다. 정도 7-8에서 논한 것들 모두 정도가 심한 것이 이 수준에 해당한다. 다시 말해, 귀신들의 지배는 더 강해지고 그 빈도가 잦아진다는 말이다.

이 수준의 귀신들이 그 힘을 몽땅 발휘할 때는 곧바로 대적하는 것은 바람직하지 못하다. 이 수준의 귀신들은 귀신들린 사람을 오랜 시간 동안 광적으로 되게 한다. 그렇기 때문에 금식하고, 기도하고, 영적으로 성장하도록 도와주고, 의지를 강하게 하여 근본적 문제를 풀어나가는 것이 필요하다. 그리고 귀신에게서 정보를 얻기 위해 그들과의 대적을 시도하는 것이 필요하다.

인식하라.

　귀신들린 서양인들은 귀신들의 방해가 그들의 삶 속에 엄연히 실재한다는 사실을 의심한다. 악한 영들의 실재를 무시하는 세계관이 귀신에 대한 사람들의 인식 부족에 기여한다(저자의 『능력 기독교』 참조). 서양 교회들은 이런 세계관의 영향을 받아 사탄과 귀신들의 존재에 대해 무지하다. 따라서 귀신의 방해로 인한 현상을 자연적인 감정의 문제로 여긴다. 그리고 그런 문제를 갖게 책임이 그 사람에게 있다고 말하는 경향이 있다.

　귀신과 관련된 문제임에도 불구하고 자신을 질책하는 것은 귀신에 대한 인식 부족으로 인함이다. 이러한 인식 부족이야말로 사탄이 좋아하는 것이다. 사탄은 자신이 하는 일이 눈에 뜨이지 않는 것, 그리고 방해받지 않고 일하는 것을 좋아하므로, 사람들이 자신에 대해 모르는 것이 신바람 나는 것이다. 또, 사탄이 기뻐할 때가 있는데, 그것은 사람들이 그리스도인은 귀신들릴 수 없다고 믿을 때다. 그리스도인은 귀신들릴 수 없다고 믿는 사람들 사이에서 사탄은 눈에 안 뜨이게 정기적이고 효과적으로 일할 수 있다.

　특히 낮은 수준의 귀신들린 사람은 침입자인 귀신의 존재를 모를 수도 있다. 그들은 시간이 갈수록 부정적으로 생각하는 자신을 발견하기도 하고, 예배드릴 때, 기도할 때, 성경공부 할 때 방해받기도 할 것이다. 그리스도인들이 바른 가르침을 받고 있어도, 귀신들은 인간의 죄성을 물고 늘어질 수도 있고, 아니면 원인을 따져 들어가도록 유도하기도 할 것이다. 비록 귀신들의 힘이 약하고 그들의 방해가 약해도 사람들 스스로 자책하게 함으로써 일을 심각하게 만들 수 있다. 귀신들은 사람들이 영적으로 잘못된 것이 있어서 그렇다고 믿게 하기도 한다. 그리고 자주 그들이 구원을 받았는지에 대해서도 의심하게 만든다. 우리의 영적, 감정적, 육체적 상태에 대해서는 우리 자신이 책임을 져야 한다는 말은 맞는 말이다. 우리가 이러한 책임을 회피하여 이것을 사탄이나 귀신의 탓으로 돌리는 것은 잘못된 것이다. 그러나 한편 성경은 "이는 우리로 사단에게 속지 않게 하려 함이라 우리가 그 궤계를 알지 못하는 바가 아니로라"(고후 2:11)고 했다. 이 성경 구절은 사탄이 우리를 속이는 책략을 갖고 있음을 알려준다. 그러나 오늘날 미국에 있는 대부분의 그리스도인이 이 말씀과 같이 악한 영들의 존재를 믿는 것은 아니다. 그 이유는 고린도후서가 쓰여진 당시의 사람들에 비해 우리는 사탄의 일에 대해 너무 모르기 때문이다. 그러므로, 우리는 내면에서 일어나는 모든 일에 대한 전적인 책임을 져야 하지만, 사탄의 일이 무엇이며 사탄이 어떻게 일하는지 알아야 한다.

   서구 사회 그리스도인들은 귀신들린 상태가 꽤 심한 편이라 해도 이를 발견하지 못하고 그냥 지나치는 경우가 많다. 충동적이거나 자제하지 못하여 문제가 일어날 때, 그 문제의 원인이 인간의 죄성이나 감정적 상처에 기인한다고만 여긴다. 보통 수준에 있는 귀신들에 들린 사람은 흔히 정신과 의사를 찾아간다. 그 사람이 찾아간 정신과 의사가 그리스도인이라 해도 그는 귀신에 대해서는 어떻게 해야 하는지를 모르고 있는 것이 보통이다. 정신과 의사들은 보통 자연적인 방법을 쓴다. 그들은 귀신에게서 사람들을 자유롭게 해주는 방법이나 능력에 대해서 알지 못하고 있다.

정신과 의사들은 어찌할 수 없어도, 귀신이 붙은 원인을 파악하고 이에 대응할 수 있다면 귀신들은 힘을 잃고 떠나갈 것이다. 이 경우 귀신들은 상관의 허락이 있어야 떠날 수 있다. 드물게는 허락 없이도 떠나간다. 강한 힘을 가진 귀신들 꽤 힘들게 나간다.

심한 정도의 귀신이 들린 사람들은 오랫동안 자신을 제어하지 못하는 상태로 있었기 때문에 무언가 매우 잘못된 것이 명백히 보인다. 이 경우에 속하는 많은 사람은 거리로 나가 다니든지, 정신병원에 들어가든지, 정신병 환자 수용소에 들어가게 된다. 그러나 이들 중에서도 사람들 앞에서는 대개 자신을 제어할 수 있는 사람들도 있다. 자연적 세계관을 갖고 있는 서구인들은 그들의 문제 중에 귀신이 가져다 주는 것이 있다는 것을 이해하지 못하고 있다.

한 가지 더 언급하고 싶은 것은, 사람마다 귀신들의 영향력에 대항하는 능력이 서로 다르다는 것이다. 비교적 힘센 귀신이 있음에도 불구하고 겉으로 나타나는 증상을 교묘히 잘 숨길 수 있는 사람이 있고, 약한 귀신이 들어있음에도 불구하고 형편이 엉망인 사람이 있다. 그 이유가 무엇인지 나는 모른다. 하지만 그것은 귀신들린 사람 자신의 의지와도 관계가 있는 듯하다. 무엇이 어떤 사람은 대항할 의지를 강하게 갖게 하고, 또 어떤 사람은 그 의지가 약해지는지는 알 수 없는 노릇이다.

귀신들린 것과 관련된 어떤 것도 극단적으로 비난하지 않도록 주의해야 한다. 그러나 귀신들은 우리의 삶을 방해하는 것을 주목적으로 삼고 있다는 사실을 새삼 자각할 필요가 있다. 신앙적으로 균형 잡힌 그리스도인 지도자들이 귀신과 관련된 주제에 대해 더욱 관심을 두는 것은 바람직한 일이다. 귀신의 존재에 대해 말하는 것은 단지 "별난 세계"에 살고 있는 사람의 전유물인양 생각하는데, 그것은 잘못된 것이다.

제7장

내적 치유와 쓰레기

귀신보다 쓰레기 치우기가 우선해야 한다.

사람들이 축사 사역에 관해 이야기하는 것을 들을 때, 나는 그들이 과연 축사 사역에 관해 제대로 이해하는지 의문이 들 때가 많다. 우리가 귀신에게서 사람들을 자유롭게 해주는 방법은 대다수의 축사 사역을 하는 사람들의 방법과 매우 다르다.

많은 사람이 다짜고짜 귀신들을 대적하는 경향이 있는데, 그것은 적어도 두 가지 문제점을 일으킨다. 첫째는 귀신들의 힘이 강한지 약한지 모르는 상태에서 도전하는 격이어서 축사 사역을 하는 사람이나 귀신들린 사람 모두에게 좋지 못한 폭력 현상이 일어날 수 있다. 둘째는 내가 쓰레기라 부르는바 치유되지 않은 상한 감정의 양이 너무 많아서, 나갔던 귀신이 다시 그 사람 속에 들어가거나, 동료들을 불러 함께 들어와 기생할 수 있다는 것이다.

사람들은 귀신들을 내보내면 모든 일이 다 끝났다고 생각한다. 귀신에게서 자유로워지면 기분이 좋고 잠시 모든 게 잘 돼 나가는 것처럼 보이므로 내적 치유의 필요성을 등한시하게 된다. 이런 경우 귀신이 나갔을지 모르나 가장 중요한 치유가 이루어지지 않았으므로 그 사람은 다시 나빠질 위험에 처할 뿐만 아니라, 전보다 더 많은 귀신에 의해 고통당할 수도 있다(눅 11:26).

그래서 우리는 우리가 하는 사역을 단순한 축사 사역이라고 일컫지 않는다. 축사 사역에서 가장 중요한 부분은 귀신 쫓는 것 자체는 아니다. 우리의 목적은 치유이다. 하나님, 자기 자신, 그리고 다른 사람과의 관계 단절로 깊은 상처를 입은 사람에 대한 치유가 성령의 능력 아래 이루어지지 않으면 온전한 치유가 되지 못한다. 이런 치유를 내적 치유라고 일컫는다. 이에 대한 다른 이름을 열거해 보면 기억 치유, 능력 사역, 기도 상담 등이다.

제인은 오빠 소개로 나를 찾아왔다. 그녀는 30대 후반이었는데 그녀의 삶은 한 마디로 엉망진창이었다. 그녀는 자기가 증오하는 결혼에 관해 이야기했고, 자신이 지나치게 분노함으로써 악화된 자녀들과의 관계에 대해서도 이야기했다. 그녀의 어린 시절과 결혼 초기에 당하던 상처, 학대, 질투, 원한, 공포에 대해서도 이야기했다. 제인과 그녀의 자녀 몇은 육체적인 질병 때문에도 괴로워하고 있었다. 그녀는 정신과 의사들과 상담해 보았으나 그것마저 포기한 상태였다.

제인과 그녀의 여동생에게서 들은 이야기를 종합해 볼 때, 그녀는 귀신들린 게 틀림없었다. 그리스도인은 귀신들릴 수 없다고 믿던 제인이었지만, 그녀는 자신이 귀신들린 게 아닌지 두려워하고 있었다.

그리스도인은 귀신들릴 수 없다고 믿으면서도, 자신이 귀신들렸을 지도 모른다고 여기는 사람들은 자신의 구원에 대한 확신이 없는 게 보통이다. 제인도 자기의 구원을 확신하지 못했다.

내가 처음 제인과 대면했을 때 나 자신에게 한 질문은 "어디서부터 시작할 것인가?"였다. 우리는 늘 하는 대로 어디서부터 시작해야 할지 보여달라고 주님께 기도한 후 사역을 시작했다. 사역을 시작하여 세 시간이 지났으나 우리는 귀신을 대적하지 않은 채 끝마쳤다. 우리는 과거에 받은 그녀의 많은 상처를 찾아내는 작업을 했고 또 그 상처들의 치유를 위해 기도했다. 우리는 그 상처들의 치유를 위해 기도했다. 우리는 그녀가 갖고 있는 분노, 원한, 질투, 공포들을 제거할 수 있도록 도와주었고, 또 그녀가 자신에게 해를 입힌 사람들을 기억하는 한 다 용서해 줄 수 있도록 도와주었다.

그렇게 하는 것이 귀신의 힘을 약화하는 방법이다. 어떤 사람이 가지고 있는 것이 귀신의 문제든 아니든 상관없이 심한 상처가 먼저 치유되어야 한다. 나는 내게 찾아오는 사람들에게 보통 이 방법을 사용한다.

제인이 두 번째 방문했을 때 나는 그녀의 허락을 받고 귀신들을 대적했고 성령의 능력에 의해 그녀는 귀신에게서 놓여남을 받았다. 그녀에게 찾아온 변화는 엄청난 것이었다. 그녀가 자신의 내적인 고통을 예수님의 능력 안에서 정직하게 내놓았을 때, 그토록 힘들게 여겨졌던 새로운 피조물로서의 삶이 무엇인지 알게 되었다고 간증했다. 귀신들은 그들의 먹이가 되는 쓰레기가 처리되지 않았을 때는 제인을 괴롭힐 수 있으나, 그 먹이들이 치워지면 귀신들은 쉽게 나갈 수 있다.

제인은 아직 도움을 필요로 한다. 다른 사람도 마찬가지이지만 제인의 경우 역시 그녀에게서 귀신을 쫓은 것보다 더 중요한 것은 그녀의 내적 치유였다.

내적 치유란 무엇인가?

내적 치유, 혹은 내가 좋아하는 명칭인 깊은 차원의 치유(deep-level healing)란 온전한 사람이 되는 데 목적이 있는 것으로서, 성령의 능력 아래 이루어지는 사역이다. 인간이 가진 질병 대다수가 상한 감정이나 영적인 문제와 긴밀한 관계가 있으므로, 내적 치유는 이런 영역을 중점적으로 다룬다. 내적 치유는 사람들에게 상처가 된 문제들이 예수 그리스도의 능력으로 치유되기를 구하는 것이다. 도움받기 위해 오는 사람의 무의식 속에 잠재해 있던 기억이 문제가 되는 경우가 있으므로, 내적 치유는 "기억 치유"에 초점을 둔다. 우리가 자주 대면하는 사람들의 특별한 문제들은 용서 못함, 분노, 원한, 거부, 낮은 자존감, 공포, 걱정, 그리고 성적인 것들이다.

탭스콧(Tapscott)과 씨맨즈(Seamands)의 말을 인용하여 내적 치유를 다음과 같이 정의할 수 있다:

> 내적 치유란 속 사람의 치유이다. 그것은 마음, 감정, 고통스러운 기억, 꿈 등을 포함한다. 내적 치유는 원한, 거부감, 자기 연민, 우울, 죄의식, 공포, 슬픔, 열등감, 죄책감, 무가치함 등의 감

정에서 자유로워지는 과정이다. 로마서 12장 2절을 보면, "너희는 이 세대를 본받지 말고 오직 마음을 새롭게 함으로 변화를 받아…"라고 되어 있다. 내적 치유는 사람의 마음을 새롭게 하는 것이다.[1]

내적 치유란 기독교 상담과 기도의 한 형태다. 내적 치유는 어떤 감정적, 영적 문제들에 대한 성령의 치유 능력에 중점을 두는 사역이다.[2]

인생을 살다 보면 상처를 입게 마련이다. 우리 대부분은 많은 상처를 받으며 살고 있다. 만일 우리가 상처받을 때마다 몸에 작은 반창고를 붙인다고 가정해 본다면, 우리의 모습은 마치 미라 같을 것이다. 우리는 상처받을 때 분노를 자제하려 하거나, 사회적으로 용납될 수 없는 격한 행동을 한다. 두 가지 반응 모두 솔직한 반응은 아니다.

솔직한 반응을 억제하는 것이 상처받은 당시의 상황을 모면하게 해줄 수 있겠지만, 결국 그 상처는 우리가 상대해야 할 부산물로 남게 된다. 자신의 솔직한 반응을 억제하는 것은 상처리를 소독하지 않은 채 반창고를 붙이는 것과 다를 바 없다. 상처는 반창고를 붙였

---

1). Betty Tapscott, *Inner Healing through Healing of Memories* (Kingwood, TX: Hunter Publishing, 1975), p. 13.

2). David Seamonds, *Healing of Memories* (Wheaton, IL: Victor, 1985), p. 24.

지만 병균으로 말미암아 곪는다. 상처의 원인이 무엇이었던가를 잊은 후에도 그 상처는 우리의 삶에 계속 영향을 끼친다.

상처를 받은 즉시, 혹은 가능한 한 빨리 솔직하게 이를 다루는 것이 이상적이다. 우리는 자신의 솔직한 감정을 직면하고, 인정하고, 예수께서 이를 해결하시도록 내어놓는 일을 해야 한다. 예수님은 수고하고 무거운 짐을 다 그에게 가져오기를 원하신다(마 11:28). 사도 바울은 분노(다른 반응들도 포함되리라 여겨진다)를 해질 때까지 품지 말라고 훈계한다(엡 4:26). 예수님과 바울은 사람들의 잘못을 용서하라고 명한다(마 6:14-15; 엡 4:32).

상처를 바로 처리하지 않고 우리 안에서 곪아 터지게 내버려둘 때 세 가지 관계—하나님과의 관계, 자신과의 관계, 사람들과의 관계—에 약하게든 심각하게든 문제가 생긴다. 이 세 관계의 분열은 귀신이 좋아하는 대부분의 쓰레기를 만들어 내는 요인이다. 그러므로, 이 세 분야에서의 치유는 사탄의 힘을 약화한다.

하나님과 이상적인 관계를 맺으면 자신을 새로운 피조물로 볼 수 있고(고후 5:17), 주와 합한 자로서 한 영이 될 수 있고(고전 6:17), 성령 충만을 받고(행 2:4), 예수님처럼 하나님의 음성을 듣고 행하는 자(요 5:19, 30)가 될 수 있다.

자기 자신과 이상적인 관계를 맺으면 하나님이 우리를 용납하시고 사랑하시고, 용서해 주심 같이, 우리 자신을 용납하고 사랑하고 용서한다. 우리 자신을 하나님의 자랑스러운 자녀로 바라볼 수 있게 된다(요일 3:1; 롬 8:14-17; 갈 4:4-7). 우리는 하나님께서 예수님을 위해 예비하신 모든 것을 예수님과 함께 받는 상속자다. 그러므로, 우리는 고개를 들고 왕자 혹은 공주로 행세할 수 있다. 우리가 이런 신분을 가진 사람이라는 사실이 우리를 자유롭게 해주는 요인일 뿐만 아니라, 우리에게 상처 준 사람을 용서해줄 수 있게 한다.

다른 사람과 이상적인 관계를 맺으면, 하나님께서 사람들을 용납하시고 사랑하시고 용서하심 같이, 우리도 사람들을 용납하고 사랑하고 용서하게 된다. 우리는 사람들, 특히 그리스도인들과 건강하고 건전한 인간관계를 유지하게 된다. 또 질투, 판단 등 부정적인 감정에서 자유로워질 수 있다. 또 하나님께서 기름 부어 세우신 모든 사람과 바른 관계를 갖게 된다.

위에서 이상적인 관계들을 살펴보았다. 그러나 우리의 실상은 이 같은 기준에서 멀리 떨어져 있다. 그러므로, 삶 속에서 영적 질병의 원인을 찾아내야 한다. 예를 들면, 죄, 친밀하지 못한 하나님과의 관계, 하나님에 대한 잘못된 인식, 우리가 저지른 일에 대해 하나님께 분노하는 것 등을 찾아내야 한다. 그리고 조상에게서 물려받은 영이나 저주를 갖고 있을 수도 있다. 이런 것들이 있을 경우, 그로 말미암은 쓰레기가 우리 안에 있기 때문에 사탄의 공격을 받게 된다. 이것 역시 영적인 질병에 속한다.

자신과의 관계가 잘못된 데서 오는 질병은 그 원인이 보통 어린 시절 형성된 것으로 볼 수 있는데, 자신을 무가치하게 여기거나 거부하는 것이 그 원인이다. 무가치함이나 자기 거부는 자신을 학대하게 할 뿐만 아니라, 자신에게 분노하고 자신을 용납하고 용서하지 못하게 한다. 더 나아가서 자기 증오를 일으키기도 한다. 조상으로부터 유전된 영이나 저주, 사탄의 공격은 우리 자신과의 올바른 관계 형성에 손상을 준다.

사람들과의 관계가 잘못된 데서 오는 질병도 있다. 우리의 개인주의 사상이 다른 사람들과의 올바르고 가까운 관계 형성을 방해한다. 깨진 관계는 관계성 질병을 일으킨다. 그러므로 하나님과의 바른 관계를 위해 죄 문제를 해결하고, 자신과의 바른 관계를 위해 건강한 자아상을 확립하고, 사람들과의 바른 관계를 위해 거만하고 비판적인 태도를 지양해야 한다. 조상에게서 유전되어 내려오는 영이나 저주, 혹은 사탄의 공격도 사람들과의 관계를 파괴하는 역할을 한다.

관계성 질병은 보통 감정적 문제를 일으킨다. 사람들이 우리에게 한 행동에 대한 반응이나 우리 자신의 행동에 대한 반응이 좋지 못한 태도를 유발한다. 죄책감, 분노, 원한, 용서 못함, 공포 등이 이에 속한다. 부적절한 가족 형태가 때로는 완전주의, 성취욕, 비판적인 태도의 요인으로 작용하기도 한다.

문제가 되는 것은 상처 자체가 아니라 그것에 대한 반응임을 기억하라. 정당한 반응을 나타낸 것일지라도 결국 그것은 귀신들을 먹이는 감정적 쓰레기를 쌓는 것이 된다. 우리는 분노하고 복수할 권리를 갖고 있다. 그러나 예수님은 우리가 그러한 권리를 주장한다면 내면의 상처가 우리를 완전히 파괴할 것을 알고 계셨기 때문에 "나에게 모든 짐을 맡기라"고 말씀하셨다. 감정을 느끼는 것이 잘못된 것은 아니다. 그 감정을 내면에 쌓아놓는 것이 우리를 망가뜨린다.

이러한 감정적 질병은 과거를 직면하는 두려움에 처하게 하기도 한다. 우리의 뇌는 우리 삶에서 일어난 모든 것을 기억하는 반면, 괴롭게 느껴졌던 일들의 회상을 억제하거나 숨기려 한다. 숨김으로써 순간적 위기는 벗어날 수 있을지 몰라도, 계속 숨겨진 상태로 있으면 현재의 삶에 나쁜 영향을 미친다. 많은 사람이 상처받은 감정을 오랫동안 억제함으로써 어려운 상황을 맞는다. 우리가 과거의 상처받은 일을 기억하도록 권유해서 기억이 되살아날 때, 그들은 자신이 느끼는 두려움에 어떻게 대처해야 할지 몰라 당황한다. 사탄은 사람들이 두려워하도록 부추긴다.

우리는 작은 문제에도 민감하게 반응할 수 있다. 우리는 현재의 상황과 관계없는 일로 인해 우울해지는 경험을 한다. 우리는 이상한 꿈을 꾸거나 잠자는 습관이 이상해지는 것을 경험한다. 우리는 이런 것들이 무엇을 뜻하는 것인지를 알지 못해 안타까워하고, 어떻게 대처해야 할지 몰라 안절부절못한다. 어떤 사람은 정신과 의사에게 상담받기도 한다. 어떤 사람들은 상담을 받으면서 과거의 기억을 되살려 치료받음으로 증상을 극복한다. 그러나 많은 사람은 내면에 있는 것을 드러내려 하지만 잘 되지 않아 고민한다. 이런 경우에는 문제가 해결되지 않는다. 그러므로 공포와 수치스러운 생각은 치유를 방해하는 요소이다.

내면에 감추어진 것을 내놓지 않는 것은 위에서 언급한 세 가지 관계에 영향을 미친다. 먼저, 하나님과의 관계에서 편하지 못하게 되는데, 그 이유는 하나님께서 우리를 벌주시고 비난하신다고 생각하기 때문이다. 특히 하나님께서 우리 가까이 오려 하실 때, 우리는 이런 생각을 떨치지 못한다. 우리는 죄의식, 무가치함, 하나님의 심판에 대한 공포 등으로 고통받게 된다.

다음, 우리 자신과의 관계에서 자신이 합당하지 못한 감정의 늪 속을 허우적대는 느낌을 받는다. 자기를 거부하고, 사랑을 받아들이지 못하고, 하나님이나 다른 사람들을 용납하거나 용서하지 못하는 자신을 발견하게 된다. 우리는 자신을 사랑하지 못하고, 용서하지 못하고, 받아들이지 못하기 때문에, 우리에게 나쁜 일이 일어났을 때 자신을 비난한다. 우리는 우리에게 나쁜 일들이 일어난 것은 우리가 마땅히 그러한 일을 당할 잘못을 저질렀기 때문이라고 생각한다. 육체적인 질병이 때로는 이런 감정적인 문제로 인해 일어난다.

마지막으로, 다른 사람과의 관계에서 우리는 하나님이나 사람들이 우리의 과거를 알게 되면 우리를 용납하지 않을 것으로 생각하고서 계속 두려움 속에서 살고 있다. 우리는 사람들과 거리를 두면서 고독한 가운데 살게 되고, 다른 사람들에 비해 자신의 상황이 달라 보이는 것에 질투하고 분노하면서 살게 된다.

하나님께서 원하시는 것은 정직하고 진실하게 사는 것이다. 하나님은 우리가 자신의 과거를 정직하게 대면하고, 그것을 하나님의 도움으로 극복하기를 원하신다. 북부 나이지리아의 속담 "목욕할 때 배꼽을 감추려고 애쓰지 말라"는 말처럼, 하나님은 우리가 자신을 솔직하게 내어놓기를 원하신다. 치유받으려면 모든 것을 솔직하게 털어놓고 도움을 구해야 한다. 그러나 우리는 하나님께 직접 내놓고 그의 치유하심과 자유를 얻을 수 있다. 신체적인 수술에서 처럼 영적 수술에도 아픔이 따른다.

우리는 자신이 과거 상처받았던 때를 기억하고 예수님의 도우심을 입어 그 기억을 치유 받을 수 있다. 상처받은 경험에는 우리가 기억할 수 있는 것과 머릿속에 남아 있지만 기억되지 않는 것이 있다.

이 모든 것들을 우리는 예수님과 함께 다시 경험할 수 있다. 우리는 예수님의 도움으로 우리에게 상처 주었던 사람을 용서할 수 있을 뿐 아니라 우리의 고통을 예수님께 드릴 수 있게 된다. 그 결과는 매우 놀라운 것이다. 우리는 우리의 삶에 손상을 주었던 과거의 기억에서 벗어나게 된다. 그리고 만일 그것이 귀신의 문제였다면, 그들의 먹이가 되었던 쓰레기가 치워짐으로 인해 귀신의 속박에서 벗어난다.

원리의 적용

내가 사용한 사역 방법을 소개하면서 내적 치유의 원리를 어떻게 적용하는지 설명하고자 한다. 물론 이것이 유일한 방법은 아니지만, 나의 많은 사역 경험 중 대표적인 것이어서 가치가 있다고 생각한다. 그것은 수지라는 이름을 가진 젊은 여인을 위해 사역한 것인데, 우리는 먼저 성령께서 사역을 인도해 주시기를 비는 기도로 시작했다. 우리는 또한 성령께서 우리 모두와 가정을 사탄의 공격에서 보호해 주시기를 위해 기도했다. 이러한 우리의 기도가 분노라 일컫는 귀신의 화를 돋웠다. 내가 수지에게 그녀의 문제가 무엇인가 묻기 시작했을 때, 분노의 영은 우리의 대화를 방해하려고 갖은 애를 다 썼다. 그 분노의 영은 우리가 측정하는 척도 5나 6의 힘을 가졌기 때문에, 그 방해가 눈에 띄었다. 만일 그 귀신이 우리를 방해하지 않았다면 내적 치유가 끝날 때까지 나는 그 귀신에 관심을 두지 않았을 것이다. 그러나 수지가 찾아온 이유를 밝힌 사실에 근거하여 나는 분노의 영이 활동하고 있음을 알았다.

분노의 영은 으르렁거리며 위협을 가했다. 그는 수지의 등에 통증을 주면서 그녀에게 겁을 주었다. 그래서 나는 권세 있게 예수님의 이름으로 그 귀신에게 자신을 나타내지도 말고 수지에게 통증도 주지 말라고 명령했다. 이런 나의 명령이 분노의 영을 화나게 했지만 그는 어쩔 도리가 없었다. 그 영은 자신이 하던 위협적인 행동을 대부분 그칠 수밖에 없었다. 왜냐하면 우리의 능력이 자신보다 세었기 때문이었다. 그리고 난 후, 수지의 등에 있던 통증은 조금 남았지만 귀신의 거만한 말과 위협적인 태도는 완전히 사라졌다.

분노의 영이 한바탕 난리를 치고 난 후 나는 수지의 과거에 대해 묻기 시작했다. 몇 분 후 수지는 결혼한 후 줄곧 자신을 말로 학대해 온 남편에게 깊이 분노하고 있다고 고백했다. 성령께 우리를 인도해 달라는 기도를 드린 후 나는 수지에게 남편이 그녀를 학대한 사건들 중 한 가지를 마음으로 그려보도록 이끌었다. 나는 그녀가 그 당시의 상처와 좌절, 그리고 남편을 향해 가졌던 분노를 다시 한번 느끼도록 도왔다. 그리고 난 후, 나는 그녀가 아픔을 당하고 있을 때 예수께서 그녀와 함께 그 장소에 계셨음을 그녀가 다시 볼 수 있도록 기도했다.

수지가 실제로 그리고 감정적으로 상처받았던 사건 속에 들어갔을 때, 그녀는 얼굴에 동정의 빛을 띠고 그녀 옆에 서 계신 예수님을 볼 수 있었다. 예수님의 자세는 마치 남편이 그녀를 해할 때 언제든지 그녀와 남편 사이에 끼어들어 그녀를 보호하려는 자세였다. 그녀가 그러한 상황을 마음에 그리며 그 일을 경험한 후, 나는 그녀가 남편의 가정 환경에 대해 생각해 보도록 이끌었다. "당신 남편은 살면서 어떤 특정한 사람에게서 학대받은 적이 없었나요?"라고 물으며, 다음과 같이 말했다. "그 사람 역시 당신과 같은 희생자였을지 모릅니다. 그는 자기가 당한 고통을 극복하지 못하고 있었던 것이 아닐까요? 자신이 학대받은 경험이 있는 사람이 또 다른 사람을 희생자로 만듭니다."

수지는 남편이 부모에게 학대받았었다고 말했다. 그녀의 남편은 제대로 할 수 있는 일이 없는 사람인 것 같았다. 그의 부모들은 그를 형편없는 사람으로 몰아붙이고 단점들을 드러내놓고 지적하기 일쑤였다. 이렇게 비난받고 자란 영향으로 그녀의 남편은 친구들에게 비난을 예사로 퍼부었고, 결혼 후에는 아내에게 그렇게 했던 것이다. 그의 부모들은 수지를 못마땅해했다. 우리가 수지 남편의 가정 배경에 대해 이야기하고 있던 중, 수지는 남편에 대해 관심을 갖기 시작했다. 수지는 남편 또한 희생자라는 사실을 알게 되자 그에 대해 깊은 동정심을 갖게 되었다. 그녀는 남편이 받은 학대를 나름의 방식으로 그녀에게 되돌려주었다는 사실을 이해하게 된 것이다. 이 사실을 알게 된 수지는 남편이 받은 상처를 그녀에게 다시 준 사실을 쉽게 용서할 수 있게 되었다.

수지가 자신이 학대받았던 한 사건을 구체적으로 회상하고 예수께서 그녀와 함께하신다는 것을 인식하였을 때, 그녀는 자신에게 욕을 해대던 그 당시의 남편을 용서해 줄 수 있었다. 수지는 다른 비슷한 사건들도 이런은 방법으로 처리했다. 그런 후 수지는 나의 권유를 받아들여 그녀가 수년 동안 가지고 있었던 용서하지 못함, 분노, 원한 등을 예수께서 그녀 손 위에 가득 쌓아 올릴 수 있도록 허락했다. 그런 후 손 위에 쌓여있는 모든 쓰레기를 예수님께 넘겨드렸을 때 그녀는 매우 자유로운 기분을 갖게 되었다.

수지는 남편 이외에 다른 사람들에게도 분노하고 있었다. 그녀의 아버지도 포함되어 있었는데, 그녀는 아버지가 자신에게 무관심했고 잘 돌보지 않았다고 느끼고 있었다. 그녀는 아버지를 용서하는 작업을 하였고, 아울러 다른 사람들도 모두 용서하게 되었다. 이런 일을 하는 동안 때로는 기억되는 사건마다 하기도 했고, 때로는 총체적인 방법으로 하기도 했다. 각각의 경우마다 수지는 자기를 돌보시는 예수께서 자신이 분노함으로 말미암아 가졌던 죄의식에서 놓여날 수 있도록 해주심을 느꼈다. 그녀는 자신의 모든 짐을 예수님께 드릴 수 있었다. 그녀는 많은 눈물을 흘렸는데 그것은 분노의 눈물, 동정의 눈물, 해방감의 눈물이었다. 수지는 거대한 짐 덩어리가 어깨에서 벗겨 나간 느낌을 받았다고 했다.

우리는 수지의 분노, 용서하지 못함, 그 밖의 뒤얽힌 상한 감정들—공포, 자기 거부, 우울, 실망 등—을 치유하는 데 약 두 시간을 소모했다. 그런 후에 우리는 분노의 영을 불러냈다. 앞서 북새통을 치던 분노의 영은 그 힘이 많이 약해져 있었다. 우리는 분노의 영이 몇 개의 영을 거느린 우두머리 영이었음을 알게 되었다. 분노의 영 밑에서 활약하던 영들은 거부, 공포, 실망, 질투 등의 이름을 갖고 있었다. 내가 이 졸개 영들에게 우두머리인 분노의 영에 붙으라고 명령했을 때, 그들은 그대로 했다. 이렇게 명령한 이유는 그렇게 해야 일일이 그들의 이름을 부르며 쫓아내지 않고 한꺼번에 쫓아낼 수 있기 때문이다.

나는 분노의 영에게 수지가 용서해야 할 사람이 더 있으면 말하라고 성령의 능력으로 명령했다. 분노의 영은 그녀의 남동생을 용서해야 한다고 말했다. 수지가 남동생을 용서한 후에 다시 그 분노의 영에게 더 남은 것이 있느냐고 물어보았다. 귀신은 수지가 자기 자신을 증오한다고 대답했다. 나는 수지가 정말 어떤 사람인지 알 수 있도록 도와주었다. 나는 수지가 하나님의 자녀(요일 3:1)이므로 하늘나라 공주의 신분을 가졌다고 알려주었다. 이 사실을 안 수지는 매우 놀라와 했다. 수지는 예수께서 그녀를 용납하시고 용서하시고 사랑하심같이 그녀도 자신을 용납하고 용서하고 사랑하기로 작정하였다. 이런 과정이 지나자 분노의 영과 그의 졸개들은 그녀 속에 거할 이유가 없음을 시인하였고, 우리는 그들을 수지에게서 내쫓았다.

위의 이야기는 귀신들린 사람들을 치유하는 데 필수적인 내적 치유를 어떻게 하는가를 보여주는 대표적인 예다. 만일 귀신이 나타났을 때 단순히 그 악한 영에게 나가라고만 명령했다면, 우리는 귀신과 심하게 싸워야 했을 것이다. 또 수지에게 감정적 쓰레기가 남아 있는 한 귀신들은 나가려 하지 않을 것이어서, 쫓아낼 수 없었을 것이다. 만일 우리가 수지 안에 있는 쓰레기를 그대로 둔 채 귀신들을 쫓아냈어도 귀신들은 다시 떼지어 나타나서 수지를 괴롭혔을 것이다. 그럴 경우 수지는 전보다 더 나쁜 상태가 되거나, 하나님의 능력에 의한 치유를 받지 못하고 상처를 가득 가진 채 살아갔을 것이다.

남편을 향한 심한 분노, 용서하지 못함 및 다른 감정적 상처들이 수지의 내면에 그대로 자리 잡고 있는 한 그녀는 고통당하고 힘들어 할 수밖에 없는 것이다. 이렇게 될 경우, 수지가 그녀에게 행해진 축사 사역이 제대로 안 된 것이라는 결론을 내리는 것은 뻔한 이치이다. 귀신이 쫓겨나간 후에도 치유가 되지 않는 것을 사탄은 매우 좋아한다. 진정한 자유를 가져다주는 근본적 방법인 내적 치유 없이 행해지는 축사는 해야 할 일 중 아주 적은 부분에 지나지 않는다.

내적 치유는 예수님의 사랑을 나타낸다.

축사 사역을 할 때 내적 치유를 하는 가장 중요한 이유는, 내적 치유를 하는 과정에서 우리가 예수님의 사랑을 진정으로 보여줄 수 있기 때문일 것이다. 축사 사역이나 다른 어떤 치유 사역의 주된 목표가 단순히 예수님의 능력을 나타내거나 적과 더불어 싸워서 이기는 것만이 아니라 예수님의 사랑을 나타내는 것이라는 점을 재차 강조하고 싶다. 그 이유는 우리의 사역이 사랑에 근거한 것이 아니라면, 그것은 예수님의 방법이 아니기 때문이다. 예수께서 의도하신 바대로 치유하는 데서 그의 사랑은 빠질 수 없는 요인이다. 예수님은 사랑을 나타내기 위해 능력을 사용하셨다. 우리도 그렇게 해야 한다.

요란스럽고 격렬한 축사 사역을 내가 반대하는 이유는 여기에 있다. 귀신들이 위협을 가하면서 공포를 조장하거나 소리를 지르거나 토하는 것을 허용하는 것은 귀신들린 사람들을 사랑으로 대하는 방법이 아니다. 이러한 일이 일어났을 때 많은 사람은 그러한 경험을 한 사실에 부담감을 느껴 후회할 수도 있다. 그래서 많은 사람은 자기 안에 있는 귀신을 쫓아내야 할 필요성을 인식하면서도 축사 사역 받기를 꺼린다. 성경에 나타나는 실례들에서 우리는 귀신들이 방해

함으로 나타나는 현상들이 잠시 있었던 것을 볼 수 있다. 그러나 오늘날 자주 볼 수 있는 굉장한 종류의 축사 사역과 비슷한 것은 성경 어느 곳에서도 찾아볼 수 없다. 우리는 예수님과 제자들이 귀신을 조용히 내쫓고, 귀신들린 자를 사랑으로 대했음을 알 수 있다.

우리가 내적 치유를 하는 이유는 그것이 효과적이기 때문이지만, 상처받은 사람에게 사역할 때 사랑을 나타낼 방법이기 때문이다. 나는 사역할 때 예수님을 초청하여 상한 자를 치유해 달라고 부탁한다. 그럴 때마다 예수께서 하시는 일을 보면서 놀라지 않을 수 없다. 나는 예수님은 자신의 능력을 나타내실 뿐 아니라, 우리가 상상도 못할 방법으로 사람들 내면에 있는 깊은 상처들을 부드럽게 다루시는 분이심을 시간이 가면 갈수록 알게 된다. 우리가 도와주는 사람들의 속마음 깊이 묻혀 있는 아픈 상처를 예수님은 아신다. 우리가 성령의 인도하심을 구하면, 성령께서는 덜 아픈 고통부터 아주 깊은 것까지 하나씩 하나씩 치유해 주신다.

이런 과정을 거치는 동안 예수님께 대한 신뢰와 예수님과의 친밀한 교제가 새로 자리 잡거나 회복된다. 이런 신뢰와 교제는 치유하는 데만 아니라 귀신들과 그들의 거짓말을 대적하는 데 필요한 요인이다.

성공적 내적 치유를 위한 조언

축사를 위한 내적 치유를 함에 있어서 어떤 신비한 방법은 없다는 점을 나는 강조하고 싶다. "내적 치유를 쉽게 할 수 있는 여섯 단계"

등을 제시할 수 있으면 이 사역이 쉬워질 수 있겠지만, 우리는 그렇게 할 수가 없다. 우리가 할 수 있는 것은 우리가 발견한 방법 중 가장 도움이 될 만한 접근 방법들을 제안하는 것뿐이다. 그러나 이 방법들 역시 그 사역에 초청된 성령의 인도하심에 따라 사용되어야 한다.

1. 상한 경험을 한 사람이 겪었던 그 사건 속에 예수께서 나타나시도록 초청하라. 이 방법을 적용하기 전에 기도 받는 사람에게 확실히 해 두어야 할 점들이 있다.

(1) 왜 하나님께서 사람이 고통당하는 것을 허락하시는지 설명할 수 없다는 것.

(2) 우리가 아는 것은 사탄이 그를 멸망시키려 한다는 것.

(3) 그런데도 그가 패배하지 않았다는 것.

(4) 이런 사실로 미루어 볼 때, 사탄보다 힘센 누군가가 존재하면서 그를 보호한다는 것.

그러고 나서 우리는 자기에게 해를 주었던 사람들 모두를 용서하라고 권하고, 예수께서 그가 당한 아픈 사건들 속에 함께 계시는 것을 마음에 그리도록 이끈다. 우리는 예수께서 정말 그 당시 그곳에 계셨고 그를 보호해 주셨지만(그렇지 않았으면 악한 영들이 그를 패배케 하였을 것이다), 그가 사건이 일어났을 때 보지 못했을 뿐이라는 것을 주지시킨다. 이때 사람들은 보통 예수님의 임재를 보거나 느낀다. 예수님의 임재는 오랜 세월 외로움과 싸웠던 그의 가슴을 뿌듯하게 해주고 편안함을 느끼게 해준다.

2. 오래 걸리는 과정에서 자주 사용하는 방법은 태어나기 전 어머니의 자궁 속에 있을 때로 거슬러 올라가는 것이다. 이 방법은 문제를 총체적으로 다룰 수 있게 할 뿐 아니라, 상세히 다루어져야 할 것들을 알게 해준다. 이 방법은 태 속에 있는 생명이 어머니가 느끼고 생각하는 것의 영향을 받는다는 심리학적인 이론에 근거한 것이다. 우리는 사탄의 세력이 태어나지 않은 생명도 해치려 한다는 것을 알 수 있다.

나는 가끔 이 과정에 동역자인 몰리 서덜랜드 도드 여사의 방법을 적용한다. 나는 기도받는 사람에게 한 손에는 아버지의 정자, 다른 손에는 어머니의 난자가 놓인 예수님의 손을 그려보라고 말한다. 그런 후, 그 사람이 자발적으로 예수님의 두 손을 포개어 정자와 난자가 합해지게 해서 그 사람의 이름이 새겨진 수정난이 되는 과정을 생각하게 한다. 나는 하나님께서 모든 수태 과에 실제로 함께 하신다고 말해준다. 그런 후에 "당신의 생명이 잉태되도록 허락하신 하나님이 잘못이라고 생각하십니까? 하나님이 실수로 당신의 성별을 정하셨다고 생각하십니까?"라고 질문한다. 많은 사람이 부모가 원치 않았는데 자신을 낳았다고 여기거나 의심한다. 또 많은 사람이 자신은 부모가 원했던 성별이 아니라는 사실을 알거나 의심한다. 사람들이 하나님은 자신의 존재를 있게 하시고 성별을 정하신 분이심을 알게 되면, 그들의 자존감 치유는 획기적인 전기를 맞게 된다.

사람들이 자신의 잉태에 대해 생각하는 것과 마찬가지로, 나는 그들의 조상들에 대해서도 생각하게 한다. 그래서 그들의 부모들과 그 조상들에게 있었던 저주, 헌신, 발작적인 병, 감정적인 문제, 질병,

그 이외에 조상 적에 있었던 사탄의 영향 등의 세력을 모두 끊거나 무효로 하기 위해 예수님의 권세로 부계와 모계를 차례로 훑어 내려가는 작업을 한다. 이 과정에서 사람들은 아무런 느낌을 못 받을 때도 있다. 그러나 때로는 무엇이 깨지는 듯 하며 놓임을 받는 듯한 느낌을 가지기도 한다. 비록 당시는 느낌이 없어도, 나중에 실제로 어떤 세력들이 힘을 잃은 사실들을 발견하곤 한다. 그러나 반면 부모 중 한쪽 혹은 양쪽에 있던 사탄의 세력이 다 떠나가지 않고 있는 경우도 종종 보아왔다. 나는 왜 그런 세력이 어떤 경우에는 떠나가고, 또 어떤 경우에 그대로 있는지 잘 모른다.

다음으로, 우리는 임신 기간을 지나는 어린 생명을 각 달마다 축복한다. 우리는 우리가 자궁 속에 있는 기간을 달마다 축복하는 동안 그 사람이 어떤 느낌을 갖는지 물어본다. 가끔, 사람들은 불편한 느낌, 고독한 느낌, 어둠 속에 있는 느낌, 혹은 번쩍이는 어떤 강한 것이 떠오르는 느낌이 든다고 이야기한다. 어떤 여인은 이러한 과정을 통과하는 중에 두려움과 고독감, 그리고 빛이 있는 세상으로 나오고자 애쓰는 공포감 같은 것, 태어나고 싶은 강렬한 욕망을 느꼈다고 이야기한 적이 있다. 우리가 한달 한달 부르며 지나갈 때 성령께서는 가끔 어머니로부터 올 수 있는 부정적인 것들을 끊게 하신다. 대표적인 것으로는 분노, 무가치하다고 느끼는 것, 아버지나 어머니에 대한 부정적인 태도, 공포감, 그리고 임신 중 받았던 쇼크 때문에 생긴 해로운 반응 등이 있다. 좋지 않은 많은 것이 어머니에게서 아이에게 내려간다. 쌍둥이의 경우에 다른 쪽 쌍둥이에 대해 있을 수 있는 부정적인 태도를 다루어야 할 것이다.

다시 말하지만, 우리는 기도 받는 사람들이 그들에게 해를 끼치거나 상처를 준 모든 사람을 용서하고 그들을 향한 부정적인 감정들을 모두 예수님께 드리도록 부탁한다. 우리는 임신 기간 중의 각 달마다 그 아이를 축복하되 기쁨, 평화, 세상에 나오는 기대감 등이 포함된 말들로 한다. 그리고 그들이 느끼고 있는 부정적인 감정에 반대되는 개념으로 축복한다. 만일 스스로를 태어나지 않았어야 했을 사람이라고 느낀다면, 이 과정에서 "내가 마음에 든다"라고 몇 번 말하게 하는 것도 좋은 방법일 것이다.

아홉 달째를 축복한 후에 우리는 기도받는 사람이 출산 때를 그리도록 한다. 아이가 세상에 태어나면, 그 아이가 예수님 품안에 안겨 있는 모습을 그려보게 한다. 그러면 사람들은 예수님의 품안에서 유쾌하고 안전한 기분을 느낄 수 있다고 말하기도 한다. 나는 때때로 탯줄이 아직 끊어지지 않은 채 있느냐고 질문한다. 만일 아직 연결되어 있다고 하면, 이것은 보통 어머니나 아버지와 어떤 잘못된 연결이 있는 것을 의미한다. 그래서 그것을 끊기 위해서 성인이 된 그 사람에게 그 장면 속에 들어가서 탯줄을 끊으라고 요청한다. 그러고 나서, 어린 생명을 예수님의 품에서 넘겨받게 한다. 이때 아이가 그의 품에서도 예수님의 품안에서와 같이 안전함을 느낄 수 있도록 도와주라고 말해준다.

종종 사람들은 자신의 출생을 재경험하는 데 어려움을 느낀다. 이것은 무엇인가 더 해야 할 일이 있음을 암시하는 것이다. 많은 사람은 예수님이 품 안에 어린 생명을 안도록 허락하는 것이나, 그들의 품 안에 어린 생명을 안고 있도록 허락하는 것이 어렵게 느껴진다고 한다. 어떤 남자는 "나는 그 아기를 떨어뜨릴까 봐 두렵습니다"라고 말했다. 이런 문제 대부분은 무가치하게 느끼는 것이나 살 필요가 없다고 느끼는 것과 관련이 있다. 그러므로, 이런 이야기를 들으면 모든 순서를 중단하고, 용서하지 못한 일, 분노, 무가치하게 느끼는 것, 자기 저주, 죽고 싶은 욕망 등을 없애는 작업을 하는 것이 좋다.

어떤 남자는 그의 출생 시에 칼들이 그의 주위를 싸고 있는 것을 보았다. 나중에 우리는 그 남자 속에 증오의 영이 자리 잡고 있었음을 알았다. 또 다른 남자는 어린아이가 허물어지듯 그의 팔에서 떨어지는 모습을 보았다. 이것은 그의 아내가 자신과 상의하지 않고 임신중절 수술을 받은 데 대한 죄의식과 분노와 연관이 있는 것이었다. 어떤 때는 왜 이런 장면이 연출되는지 즉시 알지 못할 때가 있다. 만일 그 이유를 분명히 알지 못하면, 사역하는 사람은 나중에 사역할 때 단서로 이용할 수 있도록 그것을 잘 기억해 두어야 한다. 출생할 때 칼을 보았다는 남자의 경우에 그것이 무엇을 의미하는지는 나중에 사역하면서 그 이유를 알게 되었다.

기도 받는 사람이 출생을 다시 경험하는 과정을 거친 후 나는 종종 성령께 그 사람에게 치유 받아야 할 필요가 있는 다른 경험들이 있는지 그 사람의 마음에 알려 주시라고 요청한다. 때때로 어린 시절 아팠던 일이나 사고를 당했던 일을 다루어야 할 때가 있다. 이런 일들은 보통 병원에 홀로 있던 때나 모르는 사람이 돌보고 있던 때를 상기하면서 자신이 버려진 듯한 느낌을 동반한다. 때때로 예수께서 바라보시는 가운데 어린아이인 자신에게 어른이 된 자신이 직접 설명해주는 장면을 떠올려보는 것도 도움이 된다.

어린 시절 부모와 떨어져 정기적으로 며칠 동안 할머니와 함께 지낸 적이 있는 여인은 그녀 속에 있는 "내면의 아이"(inner child)와 대화하는 방법을 사용했다. 그녀는 기억을 더듬으면서 성인이 된 자신이 예수께서 지켜보시는 가운데 그 내면의 아이와 이야기하는 시간을 가졌을 때 그 결과는 놀라웠다. 내적 치유는 잘 이루어졌고, 그녀 속에 있던 귀신들의 힘은 매우 약해졌다.

3. 자연 유산이나 인공 유산과 관련된 일로 인해 일어날 수 있는 것에 도움이 되는 과정 이 방법은 조금 변경하면 가까운 사람의 죽음을 경험한 사람을 돕는 데도 효과적으로 사용될 수 있다. 나는 이 방법을 자연 유산이나 인공 유산을 경험한 적이 있는 여인들 혹은 그 남편들에게 사용한다. 그리고 유산되어 죽은 친척 아이를 위해서도 이 방법을 적용하여, 이로 인해 올 수 있는 상처를 치유한다. 일단 생명이 주어지면, 그것은 영원한 것이다. 그러므로 생명을 잉태시킨 사람들이 그 생명이 죽는 것을 보는 것은 큰 고통이 아닐 수 없다. 그래서 나는 사람들에게 죽은 아이의 성별을 결정하고, 그 아이에게 이름을 지어준 후 그 아이가 태어난 것처럼 이름을 불러주는 모습을 마음으로 그려보게 한다. 미안하다고 사과하는 말이 쉽게 나올 수도 있지만, 대부분 그러한 말을 하면서 괴로워하고 후회하는 모습을 보인다. 그러나 부모와 아이가 영원한 세계에서는 함께 지낼 수 있게 될 것이기 때문에 이 방법으로 아이와 관계를 시작하는 것은 좋은 것이다.

나는 사람들에게 아이를 안고 원하는 대로 이야기한 후에 아이를 예수님께 드리게 한다. 이러한 과정을 통해 부모들은 예수께서 이런 일이 일어나도록 허락하셨음에 동의하게 된다. 그들은 보통 예수께서 사랑스럽게 아이를 받으시고 아이와 함께 모습을 감추시는 장면을 본다. 어떤 사람은 예수께서 떠나실 때 기저귀 가방, 우유병 및 자질구레한 물건을 들고 가시는 모습을 보았다고 했다. 나는 이 방법이 자녀나 친척 아이를 잃은 사람을 자유롭게 해주는 것을 많이 보았다. 태어나기 전에 유산된 누이가 있는 남자는 누이가 유산되었다는 사실 때문에 죄책감을 느끼며 살았는데, 이 과정을 통해 예수께서 그를 온전히 자유롭게 해주셨다고 말했다.

4. 잘못된 성관계나 다른 일로 인해 인간의 영을 속박하는 것들을 다루는 방법 나는 사람들이 성적인 관계를 갖게 되면 두 사람의 영이 서로 관련을 갖게 된다고 생각한다. 만일 결혼한 사람 이외의 사람과 성관계를 맺으면, 이로 인한 결속 때문에 그들의 영은 자유롭지 못한 상태가 된다. 이런 문제를 가진 사람들을 만나면, 나는 그들에게 죄를 고백하고 용서함 받았는가를 먼저 묻는다. 그리고 나는 성적으로 묶여 있는 상대방을 마음속으로 그린 후에 "나는 …와 관련된 묶임이나 속박을 모두 끊는다. 그리고 그 사람과 관련한 사탄의 영향이 있다면 이것도 모두 끊는다"라는 말을 따라하게 한다. 우리가 이렇게 말했을 때, 사탄숭배 의식에서 수없이 강간당한 여인은 자기를 강간한 남자들이 줄줄이 서 있다가 쓰러지는 모습을 보았다고 했다.

성적인 관계로 인한 속박 이외에 또 그 속박을 끊어야 할 필요가 있는 다른 속박 관계들도 있다. 동성연애를 하는 관계, 지배하고 지배받는 관계, 너무 친해서 "영적으로 묶인 상태"라 표현할 수 있는 우정 관계 등이 이에 속한다. 만일 이런 관계가 사탄의 영향으로 인한 의심이 든다면, 그것은 반드시 끊어져야 한다. 이때도 위에서 언급한 성적인 관계로 인한 속박을 끊는 방법을 사용하면 된다.

제7장의 내용을 더 자세히 알고 싶으면 내적 치유에 관한 좋은 책을 읽으면 된다. 이와 관련된 책을 1993년에 펴낼 계획이다(역자 주: 이미 『깊은 상처를 치유하시는 하나님』으로 번역 출판되었음). 일반적인 접근을 시도한 책을 소개해 보면, 데이비드 씨맨즈(David Seamands)의 『상한 감정의 치유』(Healing for Damaged Emotions), 『기억의 치유』(Healing of the Memories), 『어린아이의 일을 버려라』(Putting away Childish Things), 그리고 『치유하시는 은혜』(Healing Grace)가 있다. 그리고 베티 탭스콧(Bettey Tapscott)의 『기억 치유를 통한 내적 치유』(Inner Healing through Healing of Memories)도 있다. 카톨릭 계통의 책으로 데니스와 매튜 린(Dennis and Matthew Linn)의 『상처받은 인생의 치유』(Healing Life's Hurts)가 있다. 가장 잘 이해할 수 있는 책으로는 존과 파울라 샌드포드(John and Paula Sandford)의 『속사람의 변화』(Transformation of the Inner Man)와 『상한 영의 치유』(Healing the Wounded Spirit)가 있다.

전문적 상담과 더불어 하는 내적 치유

이 장 마지막을 전문적인 상담과 내적 치유의 상관관계에 대한 언급으로 마치는 것은 의미 있는 것으로 생각한다. 나는 전문적으로 상담 훈련을 받은 사람이 성령의 능력으로 하는 사역을 겸해서 하는 것이 가장 이상적이라고 생각한다. 그러나 그처럼 이상적인 경우가 드문 게 우리의 현실이다. 우리처럼 성령의 능력으로 내적 치유하는 것을 배운 사람은 상담가들이 알고 시행하는 방법을 배우지 못한 불리한 점도 있다. 반면, 대부분의 그리스도인 상담가도 우리가 성령의 인도하심을 받아서 하는 사역을 어떻게 하는지 배울 기회가 없다.

사람들의 온전한 치유를 돕기 위해, 우리는 잘못 인식하거나 편협하게 생각하는 것들을 없애야 한다. 전문 상담가와 성령 사역을 하는 부류의 사람이 상대방의 협력을 구할 필요가 없다고 생각하는 것은 잘못이다. 어떤 쪽에서 충분한 도움을 받지 못했다고 생각하는 사람이 있을 때는 그들을 다른 쪽에 보내 도움을 받도록 해야 한다. 전문적인 훈련을 받지 못한 나 같은 사람들에게 나는 감히 겸손하게 축사 사역을 수행하라는 충고를 하고 싶다. 비록 우리가 대단한 은사를 갖고 있어도, 우리가 모든 문제에 해답을 줄 수는 없다는 사실을 인식해야 한다. 내적 치유의 개척자로 불릴 수 있는 어떤 사람이 지적했듯이, "내적 치유는 각 사람을 위한 하나의 독특한, 그리고 유일한 사역이기 때문에 그 사역이 어떤 특정한, 혹은 유일무이한 형식에 의해 행해질 수 있는 것이 아니다. 그러므로, 어떤 형식에 의해 해야 한다고 강조할 때 부작용이 생기거나 좋지 못한 결과를 초래하게 된다."[3]

씨맨즈 박사는 이 점을 잘 지적한다. 그는 좋은 기독교 상담— 내적 치유에 비해 시간이 많이 걸릴지라도—은 한 사람이 온전하게 치유되는 데 중요한 역할을 한다고 했다. 사람들이 시간적으로 오래 걸리는 기독교 상담을 받는 한편 (귀신을 쫓아낼 필요가 있든지 아니든지) 내적 치유를 받는다면, 이 과정을 거치는 동안 여러 면에서 괄목할 만한 치유를 경험할 수 있다. 기독교 상담은 사람들이 당하는 고통스런 문제를 알아내는 데 효과적일 뿐만 아니라, 이러한 문제를 어느 정도 해결한다. 그러나 어떤 것도 성령의 능력으로 치유받는 것에 미치지 못한다. 그러나 사람들이 문제를 드러내놓고 이야기하면서 천천히 전문적으로 도움을 받는 것은 매우 가치 있는 것이다. 그리고 인간의 기본적인 행위 양식을 바꾸기 위해 (그러나 성령의 인도를 받아) 인간적인 방법으로 도움을 받는 것도 매우 가치 있는 것이다.

우리는 사람들을 도와줄 때 내적 치유, 축사 사역, 순수한 기독교 상담, 이 세 가지 방법을 모두 쓰는 것이 좋다고 생각한다. 어린 시절 사탄의 제사의식과 관련하여 학대받은 경험처럼 심한 충격을 받은 적이 있는 사람에게는 이 세 가지 방법을 다 적용하는 것이 좋다. 우리는 하나님께서 여러 가지 모양으로 치유하시도록 우리 자신을

---

3). David Seamonds, *Healing of Memories* (Wheaton, IL: Victor, 1985), p. 24.

하나님께 열어 놓아야 한다. 내적 치유와 기독교 상담 모두 깊은 감정적 고통을 해결하는 데 기여한다. 그러므로, 우리는 두 가지 모두 사용하도록 권유한다.

제8장

귀신에게서 정보 캐내기

줄리의 사례

　우리는 막다른 골목에 와 있었다! 거의 일 년 동안 우울증으로 고통하던 서른 다섯 살 된 선교사 줄리에게 귀신이 있는 것은 분명한 것 같았는데, 어떻게 귀신을 쫓아낼 것인지 분명치 않았기 때문이었다. 그 귀신은 독일어로만 말했는데, 우리는 그것을 알아들을 수 없었다. 줄리조차도 그녀의 입을 통해 말하는 귀신의 이야기가 무엇을 의미하는지 이해하지 못했다. 나는 다른 귀신들이 그녀 속에 있을 것이라는 생각이 들어서 그것들이 무엇인지 알려고 시도했으나 성공하지 못했다. 게다가 성령께서도 우리가 어떻게 그 귀신들을 알아낼 수 있을지 알려주시지 않았다.
　우리가 줄리와 함께 내적 치유를 하려고 시도했으나 잘되지 않았고, 대신 외관상으로 보이는 것들과 대적해야만 할 처지였다. 우리가 그녀와 몇 시간을 씨름했으나 진전은 미미했을 따름이었다. 나는 귀신들이 서로 엉겨 붙어 있으면서 우리가 그녀의 진짜 문제를 아는 것을 방해한다는 분명한 느낌이 들었다. 그래서 나는 필요한 정보를 귀신들에게서 알아내기로 작정하고 그렇게 했다.

우리는 줄리 안에 있는 귀신들이 우리에게 더 많은 정보를 흘릴 수 있도록 귀신들을 다그쳤다. 우리는 먼저 성령의 능력으로 영어를 말하는 귀신이 우리에게 말하게 하는 데 성공했다. 그러고 나서 귀신들의 리더가 지배의 영인 것도 알아냈다. 경험으로 미루어 보건대, 지배의 영은 매우 다루기 힘든 영이라는 것을 나는 알았다. 지배의 영이 상황 견제를 하므로 사역이 방해받는다는 사실 또한 나는 알고 있었다. 우리가 그 지배의 영을 맞닥뜨렸을 때, 그 영은 "내가 책임 맡은 자다"라고 말했다. 그 지배의 영은 그때의 상황에 많은 영향력을 행사하고 있었다.

우리는 줄리를 괴롭힌 그 지배의 영이 줄리가 어렸을 때 그녀에게 들어갔음을 알았다. 그녀는 아주 어린 시절부터 그 영의 지배를 받으며 살아왔기 때문에, 지배의 영의 영향력 밖에서 사는 것이 어떤 것인지를 기억할 수조차 없을 정도였다. 그녀는 알코올 중독자인 아버지 밑에서 자란 장녀였다. 그녀는 장녀였기 때문에 어머니가 집에 안 계실 때는 집안일을 맡아 해야 했다. 그녀의 어머니는 자주 집을 비우곤 했다. 그녀는 맡은 일을 잘하려고 한 귀신에게 그녀를 내어 놓고 그의 도움을 받았다. 그 귀신은 그녀를 도와주면서 동시에 그녀를 지배하기 시작한 것이다.

줄리 안에 있던 지배의 영은 우울의 영과 그 밖의 영들을 그녀 속으로 불러들였다. 지배의 영은 줄리 인생의 많은 부분을 자기 뜻대로 지배할 수 있게 되었음을 자랑스럽게 생각하고 있었다. 지배의 영은 자신이 한 일들을 매우 자랑스럽게 생각했기 때문에, 그것들을 오만하게 뻐기고 싶은 마음에서 스스로 많은 정보를 우리에게 누출했다. 그래서, 우리는 왜 그 귀신이 줄리 안에 있게 되었는지를 알게 되었다. 이 같은 사실을 알게 되자 우리는 줄리가 자신과 다른 사람들을 용서하는 것을 도와줄 수 있게 되었다. 우리는 줄리가 분노를 예수님께 내놓도록 도왔다. 마침내 그녀의 공포심마저 없애게 되었다. 그녀는 자신에게서 그 귀신이 떠나가면 그녀의 행정 능력이 그녀 자신의 것이 되지 못할 것이라는 공포심을 갖고 있었다. 우리는 그녀의 낮은 자존감을 버릴 수 있도록 도왔다(우리가 기도해준 대부분의 여자들은 자존감이 낮았다).

귀신들이 제공한 정보들을 단서로 하여 우리는 내적 치유를 할 수 있었고, 결국 힘이 약해진 귀신들을 쫓아낼 수 있었다. 이렇게 하기까지 우리는 여러 번에 걸쳐 그녀를 만났는데 사역한 시간을 합하면 약 15시간이었다. 그 후 줄리는 자유로움을 얻게 되었고, 지금까지 2년여의 세월을 자유롭게 지내고 있다. 15시간이 꽤 많은 시간처럼 느껴지지만, 만약 줄리 안에 있던 귀신들이 자신들에 관한 정보를 누출하지 않았다면 시간은 그보다 더 걸렸을 것이다.

귀신에게서 정보를 얻을 필요가 있는가?

귀신에게서 정보를 얻어내는 것은 좋지 못한 방법이라고 믿는 사람들이 많이 있다. 그들이 부정적으로 생각하는 데는 다음의 네 가지 이유가 있다.

(1) 누가복음 4장 41절에 언급된바 "예수께서 꾸짖으사 저희의 말함을 허락지 아니하시니 이는 자기를 그리스도인 줄 앎이러라"는 구절의 잘못된 해석

(2) 귀신을 믿을 수 없을 뿐만 아니라, 귀신에게서 정보를 얻어낼 때 잘못된 방향으로 사역할 수 있다는 두려움

(3) 놀라운 성령의 능력으로 상황을 얼마든지 통제할 수 있다는 데 대한 이해의 부족. 책임을 맡으신 분은 성령이지 귀신이 아니라는 것이다. 따라서, 귀신이 자신에게 불리한 정보를 폭로하도록 압력을 가하시는 분은 우리가 아니고 성령이시라는 것이다.

(4) 귀신이 사람을 통해 이야기하도록 허락함으로써 귀신들은 그들이 할 수 있는 것보다 더 강력한 힘을 행사할 수 있게 된다는 것이다. 그리고 사람을 통해 말할 권리가 없는 귀신들을 말하게 함으로 말미암아 오히려 귀신들을 내쫓는 것을 더 어렵게 만든다는 것이다.

위에 지적한 부정적 시각에 입각한 이유들을 하나씩 살펴보기 전에 몇 가지 전반적인 것에 대해 언급하고 싶다. 축사 사역을 할 때 필요한 정보를 얻어내는 몇 가지 방법이 있다. 경험을 통해 우리는 많은 통찰을 얻을 수 있다. 그러나 경험을 바탕으로 하는 데서 "모세의 실수"를 범하지 않도록 주의해야 한다. 모세는 어떻게 해야 바위에서 물이 나온다는 것을 경험으로 알았다. 그래서, 하나님께서 그에게 물을 내게 하라고 다시 명하셨을 때 하나님의 지시를 듣지 않은 채 전에 썼던 방법을 사용했다. 그것은 모세의 경험에 의한 것이

었다. 하나님께서 이번에는 어떻게 하기 원하시는지를 듣지 않은 채 지난번에 쓴 방법을 따라 일하기가 쉽다. 이러한 실수를 피하려면 하나님의 음성을 먼저 들어야 한다. 그러면, 하나님은 때때로 우리가 배웠던 것이 아닌 다른 상황으로 인도하시기도 하는 것을 알 수 있다.

하나님은 우리에게 우리가 전에 했던 것과는 전혀 다른 것을 보여주시기도 한다. 하나님의 인도하심을 구하면, 우리는 어떻게 해야 하는지 느끼게 된다. 그대로 따라하면 대개는 그것이 하나님께서 원하시는 일이라는 것을 알게 된다. 그래서, 우리는 하나님의 음성을 듣고 일한다. 이것은 이 사역에서 매우 중요한 요소다.

그러나 우리는 하나님의 음성을 듣고 행하는 가운데서도 줄리의 경우처럼 귀신들에게 명령하여 정보를 얻기도 한다. 이 말은 즉, 하나님은 우리가 하나님의 능력을 사용하여 사역하는 데 필요한 정보를 귀신에게서 얻어내도록 인도하시기도 한다는 의미이다. 우리는 성령의 임재와 능력안에서 일한다. 그러므로, 귀신에게 말하게 함으로써 그들의 힘이 강해지는 게 아닌가 하는 두려움을 느낄 필요가 없다. 귀신들을 말하게 하는 것이 잘못된 것이라는 염려도 하지 않아도 된다. 우리에게 무엇을 보여주시는 분은 하나님이시다. 보여주심이 귀신을 통해서일지라도, 하나님께서 허락하시기 때문에 가능한 것이다. 조심해야 하지만, 하나님께서 원하시는 바를 가장 빠르게 알아차릴 수 있는 방법이 귀신에게서 직접 정보를 알아내는 것일 때도 있다.

그러나 중요한 것은 귀신에게서 얻은 정보를 지혜롭고 조심스럽게 사용해야 한다는 것이다. 그 이유는 이 장의 뒷부분에 가서 다루기로 하고 우선 반대하는 이유를 다시 훑어보기로 하자.

  1. 많은 사람은 예수께서 귀신들과 대화하는 것을 거절하셨다고 주장한다. 이것은 맞는 말이 아니다. 마가복음 1장 25, 34절, 3장 12절, 누가복음 4장 4절 등을 살펴보면, 예수님은 자신이 누구신지 드러내지 못하게 하려고 귀신들이 말하는 것을 금하셨다. 재미있는 사실은 예수님은 제자들을 포함한 소수의 무리에게도 자신이 누구인지를 드러내지 말라고 명령하셨다는 것이다(막 1:44; 눅 9:21). 예수님은 자신이 함부로 드러내지는 것을 원치 않으셨다. 예수님은 자신의 임무를 귀신들이 나서서 하려는 것을 허락하지 않으신 것이다.

  마가복음 5장 1-20절과 누가복음 8장 26-39절을 보면, 예수께서 거라사 지방의 귀신들린 사람 속에 있는 귀신들과 꽤 긴 이야기를 나누셨다. 예수님은 귀신들에게서 정보를 얻어내셨을 뿐만 아니라 귀신들의 마지막 요청도 들어주셨다. 이런 사실에 비추어 볼 때, 예수님은 귀신들을 지배하고 계셨다. 예수님은 귀신들이 자신의 영역을 침범하도록 내버려두지 않으셨다. 또 누가복음 4장 1-13절과 마태복음 4장 1-11절을 보면, 예수께서 마귀와 긴 대화를 나누셨음을 알 수 있다.

  그러므로, 예수님의 예를 들면서 귀신들과 이야기하는 것이 성경적이지 못하다고 주장하는 것은 설득력이 없다. 그러나 분명히 해두어야 할 필요가 있는 것이 있는데, 그것은 어떠한 상황에서도 귀신들이 주도권을 잡도록 해서는 안 된다는 것이다. 귀신들은 그들이 주도권을 행사할 목적으로 우리를 혼란스럽게 하는 말을 하거나 행동하기도 하는데, 그것을 용납해서는 안 된다. 귀신들과 대적하는 것은 능력 대결이다. 성령께서 함께 하는 그리스도인들은 귀신들의 능력과는 비교할 수 없는 무한한 능력을 갖고 있다. 그러므로, 우리는 하나님께서 주신 능력, 곧 예수께서 우리의 주인 되시어 주도권을 쥐고 계심으로 가능한 능력을 사용해야만 한다.

2. 귀신은 믿을 수 없다. 귀신은 믿을 수 없는 존재라는 말은 옳다. 여기서 문제가 되는 것은 우리가 귀신을 믿을 수 없는 존재라고 생각하기에 앞서, 우리 자신과 하나님을 신뢰할 수 없다는 사실이 아닌가 생각한다. 다시 말해, 귀신이 하는 말 중에서 취할 것과 취하지 말아야 할 것을 분별하게 해 주실 하나님과 이에 따라 행할 수 있는 자신을 신뢰할 수 없는 것이 더 문제가 된다. 수백 명의 귀신과 이야기해 본 경험이 있는 나는 이 말에 동의한다.

귀신이 이야기하는 내용이 맞는 것인지 엉터리인지는 대부분 알아낼 수 있다. 나는 귀신들이 틀린 말을 한다고 생각할 때 "입 닥쳐"라고 말한다. 이렇게 하는 이유는 귀신들이 틀린 말을 함으로써 성령과 함께 하는 나의 주도권에서 벗어나려 하므로 이를 저지하기 위해서이다. 우리는 귀신들이 주도권을 잡을 수 없다는 점을 분명히 해야 한다. 주도권을 잡은 쪽은 성령과 함께 하는 우리임을 확실히 인식시켜야 한다. 내가 이러한 주도권을 내세우고 일을 시작하면, 귀신들의 거짓말로 인한 문제는 없어지게 된다.

우리가 하나님의 음성을 듣는 일에 익숙해질수록, 귀신에게서 정보를 얻어낼 때 그들이 우리를 속이거나 방해하기 위해 말하는 것을 곧바로 알 수 있된다. 귀신이 우리를 올무에 빠뜨리려 해도, 귀신에게서 정보를 얻어냄으로써 빠르고 효과적인 내적 치유를 할 수 있고, 그 결과 많은 사람이 자유로움을 얻는 것을 보면, 귀신과 대화하는 것은 잘못된 것이 아니다. 귀신과 대화할 때 주의해야 할 자세한 사항들은 이 장의 뒷부분에서 거론하고자 한다.

3. 귀신이 주도권을 가지고 말하는 것을 허락해서는 안 된다. 축사 사역을 처음 시작하는 사람은 우리가 실제로 도우시는 성령께 축사 사역을 맡길 때, 성령께서 직접 축사 사역을 하신다는 것이 믿어지지 않을 수 있다. 우리가 그저 자연적인 방법으로 일하는 듯 보이기 때문에 성령께서 배후에서 우리를 도와 귀신들과 대적하고 계심을 인식하는 것이 어렵게 느껴지는 것이다.

짐이라는 남자를 위해 최근에 행한 축사 사역을 담은 비디오를 보면서 나는 이 문제를 다시 생각해 보았다. 짐이라는 남자는 앞서도 거론한 바 있는 사람이다. 비난하는 자들은 그들의 비난이 아무 근거 없는 것임을 알지 못한다. 내가 짐을 위해 사역하는 것을 보았을 때, 그것은 보통 상담 사역처럼 보이기도 했고, 있지도 않은 존재에게 말하는 것처럼 보이기도 했다. 짐을 위한 내적 치유는 다른 상담실에서도 행해질 수 있는 평범한 것처럼 보였다. 왜냐하면, 귀신의 힘을 억제하는 성령의 영향력은 눈에 보이는 것이 아니었기 때문이었다. 그러나 분별의 눈을 가진 사람은 무슨 일이 벌어지고 있는지 알 수 있다. 성령께서는 귀신의 힘을 억제하고, 짐이 죄를 고백하게 하시고, 용서하지 못했던 것들을 용서하여 깊은 치유가 일어나도록 보이지 않게 역사하셨다.

나는 짐 안에 있는 귀신에게 우리의 사역에 함께 하고 계시는 예수님과 그가 보내신 천사들이 보이느냐고 물었다. 영적인 눈을 가지지 않은 사람들이 볼 때, 이런 질문은 매우 어리석은 것에 지나지 않을 것이다. 수년 동안 짐을 거짓말로 괴롭혀온 귀신에게 그가 한 거짓말이 무엇인지 밝히라고 말할 때, 나는 성령의 능력을 힘입어 말했다. 격노의 영은 예수님을 직시하게 되었을 때, "아이고, 이제 꼼짝없이 죽게 되었네"라고 말했다. 귀신이 이런 말을 내뱉는 것을 보면서, 비난하는 사람은 이것이 오히려 짐의 정상적인(비록 그것이 좀 일방적인 견지에서 정상적인 것이라 주장하는 것일지라도) 반응에 해가 된다고 생각할 수도 있다. 그러나 이런 방법을 통한 사역에 회의적인 사람들은 이러한 사역을 받은 후 급속히 변화된 짐의 삶이나, 짐의 아내의 간증을 들으면, 생각이 바뀔 것이다.

나는 짐의 비디오를 보는 동안 성령께서 어떻게 모든 일을 이루셨는가 하는 것을 다시 한번 생각해 보게 되었다. 그것은 정말 놀라운 일이었다. 첫째, 성령께서는 우리가 사역하기 전부터 역사하셨다. 성령께서는 짐이 그의 문제를 직면하게 하셨기 때문에, 우리가 사역을 시작했을 때, 짐은 전에 부정했던 일, 아내를 구타했다는 사실을 고백했다. 둘째, 성령의 능력이 아니면 우리가 그렇게 빠르고 효과적으로 짐의 상처가 무엇인지 알아낼 수가 없었을 것이라는 점이다. 그의 속에 있던 귀신들은 매우 강한 것들이었다. 그 힘은 측정치가 6이나 그 이상 되는 것이었다고 생각한다. 이 정도의 힘을 지닌 귀신은 내적 치유를 방해할 수 있다. 그러나 나에게는 성령께서 이 사역을 순서대로 효과적으로 수행해나가도록 이끄신다는 확신이 있었다. 결국, 짐은 짐을 하나씩 벗었고, 드디어 하나님께서 원하시는 자유로움을 얻었다. 어려워 보였던 이 사역도 평화로운 가운데(짐 안에서 있었던 혼란스러움을 제외하고는) 성공적으로 2시간 이내에 끝났다. 무엇보다 기쁜 사실은 짐이 새사람이 된 것이다.

성령께서 함께 하시면, 귀신을 두려워할 필요가 없다. 이는 성령께서 우리와 함께 귀신들을 대적하시기 때문이다. 사람들은 가끔 "어떻게 그렇게 침착하게 할 수 있습니까?"라고 묻는다. 그렇게 할 수 있는 이유는 나, 그리고 기도받는 사람과 함께 일하시는 분이 누구신지를 알기 때문이다. 나는 내가 그리스도 안에서 누구인지 잘 안다.

4. 귀신은 사람의 목소리를 사용하면 힘이 강해진다. 귀신이 사람의 목소리를 사용하도록 허락하면, 그 귀신의 힘은 처음보다 훨씬 강해진다고 반대하는 사람이 있었다. 그의 주장에 따르면, 그렇게 할 때 귀신들린 사람이 돌이킬 수 없는 해를 입는다는 것이다. 그는 자기는 절대로 귀신이 이야기하도록 허락하지 않을 것이라고 말했다.

나는 그 사람의 의도를 잘 안다. 그러나 나는 그 사람이 성령의 능력으로 인해 귀신이 압력을 받을 때 어떤 일이 일어나는가에 대해 잘못 이해하고 있어서 그렇게 말하는 것으로 생각한다. 성령의 능력으로 명령할 때 귀신은 자기 의지와 상관없이 어떤 일을 하도록 강요당한다. 예를 들면, 사람에게 이야기하거나, 사람을 통해 이야기 하는 것 등이 이에 속한다. 그러나 이런 경우에도 귀신은 자신이 숨기고 싶은 것을 드러내지 않으려고 자신이 가진 힘을 사용한다. 그러나 귀신은 자기가 거하고 있는 사람을 지배할 수 없음을 알고 실망하게 된다. 그 이유는 그의 의지와 상관없이 성령의 능력으로 강요당하는 가운데 그 힘이 약해지기 때문이다. 이렇게 되면, 귀신은 꽤 잠잠해지고 사람에게 충격도 주지 못하게 된다. 귀신의 힘이 약해지는 이유는 우리가 그에게 얻은 정보를 토대로 고백할 죄를 고백하게 하고, 상처받은 것을 치유하여 힘을 약하게 하기 때문이다.

짐의 이야기로 돌아가 보자. 그에게 들어있던 귀신 중 가장 힘센 것이 떠나가자 그는 꽤 큰 소리를 질렀다. 짐이 약간 떨었지만나 폭력적이라 할 일은 일어나지 않았다. 그 귀신은 매우 힘이 셌기 때문에, 만일 우리가 쫓아내기 전에 힘을 약화하지 않았다면 큰 폭력을 행사했을 가능성이 있다(짐은 이러한 폭력을 자주 아내에게 행사했다). 귀신이 말하게 함으로써 짐에게 영구적인 상처를 준 것이 아니라, 이를 통해 받은 정보를 귀신들을 대적하는 데 이용하여 짐을 도운 것이다. 이 모든 것은 성령의 세심한 인도 아래 이루어졌다.

린다의 사례

린다의 이야기는 하나님께서 귀한 축사 사역을 통해 어떻게 역사하셨는지 상세히 알게 해 줄 것이다.

나는 동료 린다를 어떤 세미나에서 만났다. 내가 귀신들림에 관한 강의를 마쳤을 때 린다는 기도 받으려고 우리에게 왔다. 고통을 털어놓는 그녀의 목소리는 절박했다.

뉴에이지 운동의 국내 지도자 중 한 사람이었던 린다는 5년 전에 그리스도인이 되었다. 그녀는 눈물을 흘리며 자신의 지난 6개월간의 삶을 이야기했다. 그녀의 지난 6개월은 생지옥이었다. 많은 사건 중 하나의 예를 들면, 의학적으로 뚜렷한 이유 없이 그녀의 몸에서 계속 피가 흘러나왔다. 더 큰 문제는 그녀가 아무 일도 할 수 없고 잠을 제대로 잘 수 없을 정도로 무서운 공포가 몰려온 것이었다.

린다는 떨면서 우리에게 사탄과의 전쟁을 이야기했다. "나는 너무 고독하다고 느껴왔습니다. 내 문제가 귀신들의 공격으로 인한 것임을 압니다. 나는 같은 느낌을 뉴에이지에 속해 있을 때 경험한 적이 있었으니까요. 그러나 이 문제의 해결을 위해 기도 받기가 두려웠습니다."

린다는 잠시 주저하다가 "6개월 전에 나를 위해 기도해 주신 목사님이 그 귀신이 두려움의 영이라고 말했습니다. 목사님은 바로 귀신에게 나가라고 명령하셨고, 귀신은 나를 쓰러뜨리린 후 떠나갔습니다. 처음에 나는 나아진 듯 했기 때문에 악한 영이 떠났다고 생각하고 안심했습니다. 그러나 귀신은 다시 돌아왔고 나의 상태는 악화되었습니다. 제발 도와주세요. 이 악한 영에서 영원히 자유로워져서 피 흘리는 증상과 공포에서 벗어나고 싶습니다"라고 말했다.

우리는 린다의 처지가 너무나 딱해서 마음이 아팠다. 우리는 예수께서 오셔서 치유해 주시고 귀신을 쫓아 주시기를 위해 기도했다. 우리는 린다를 평안의 말로 축복하고 성령께서 부드럽게 그녀에게 오시도록 초청했다. 그런 후 우리는 조용하지만 권세 있게 두려움의 영이 예수님의 임재 안에 있도록 명령했다. 우리는 두려움의 영이 린다를 해치지 못하도록 금했을 뿐 아니라, 어떤 경우에라도 그녀에게 당혹함을 주지 못하도록 금했다. 우리는 두려움의 영에게 "만일 린다 속에 두려움의 영이 있다면, 예수님의 이름으로 명하노니 정체를 밝혀라"라고 명령했다. 그러자, 린다가 고통스러운 표정을 지으며, "내 속에서 큰 소리가 들리는데 '너는 내게 무엇을 원하느냐?'라고 말하고 있어요"라고 말했다.

우리는 귀신에게 이름을 물었다. 그 영은 "실패를 두려워하는 영이다"라고 말했다. 우리는 귀신에게 많은 질문을 한 후에 언제 린다에게 들어갔느냐고 물었는데, 귀신은 "그녀가 여섯 살이던 해 불이 났을 때 들어갔다"라고 말했다. 이 말이 린다의 입에서 나왔을 때 그녀는 놀라면서 조용히 울기 시작했다. 조금 후 그녀는 우리를 쳐다보면서 자기가 여섯 살 때 실수로 아버지의 가게에 불이 나게 했다고 말했다. 그녀는 "불이 나던 날 나는 너무나 두려워서 다시는 실수하지 않겠다고 맹세했어요"라고 말했다.

우리는 린다에게 기도하라고 권했고, 예수께서 린다를 여섯 살 때의 기억 속으로 인도해달라고 부탁했다. 린다는 불 붙은 가게 앞에서 그녀의 손을 잡고 용서받았다고 하시는 예수님의 모습을 마음으로 생생하게 보았다. 기도를 마친 후 우리는 공포의 영을 다시 불러내서 아직도 린다에게 붙어 있을 이유가 있는지 물어보았다. 귀신은 마지못해서 모든 것이 끝났음을 시인했다. 우리는 귀신에게 린다에게서 나와서 예수님의 발 앞에 가서 다시는 돌아오지 말라고 명령했다. 아무 "소동" 없이 조용한 가운데 귀신은 린다를 떠났다.

우리가 린다를 도와준 지 일 년이 지났다. 이제 린다는 실패를 두려워하는 영에서 자유롭게 되어 편안한 삶을 살고 있다. 그녀는 다른 두려움에서도 자유로워졌고, 육체적인 문제도 해결되었다. 문제를 악화하지 않고 해결의 실마리를 준 정보가 귀신에게서 나온 것이다.

귀신에게 정보를 얻는 것이 유익한 이유

린다 같은 사람들을 위해 사역하는 것은 대단한 축복이다. 우리가 사역을 하다 보면, 린다 같은 사람을 많이 만난다. 그들은 불행하게도 축사 사역에 관해 부정적인 경험을 한 적이 있다. 적지 않은 수의 사람들이 축사 사역에 실패한다. 그 이유는 사역하는 사람이 귀신을 쫓아내고 다시 들어오지 못하게 하는 데 필요한 정보를 어떻게 알아내는 모르기 때문이다.

귀신에게서 정보를 알아내는 것은 상처받은 사람을 돕는 데 대단히 가치있는 역할을 한다. 다시 말하지만, 나는 하나님께서 귀신에게서 정보를 얻어내는 과정을 통해 치유와 사랑을 나타내시는 것을 많이 보았다. 귀신들에게서 정보를 캐내는 것은 귀신들린 자를 자유롭게 해주는 사랑 어린 방법이요 강력한 방법이라고 나는 믿는다. 이런 확신을 뒷받침할 수 있는 여섯 가지 이유를 제시하고자 한다.

1. 귀신에게서 캐낸 정보는 귀신을 대적할 때 쓰일 수 있기 때문

이다. 예수님의 능력에 못 이겨 정보를 유출하는 귀신은 우리가 사역할 때 필요한 매우 귀중하고 중요한 사실들을 폭로한다. 경험을 통해서 볼 때 하나님은 지식의 말씀이라는 은사를 통해서보다는 귀신에게서 얻는 정보를 통해 알 수 있게 하시는 경우가 더 많다. 지식의 말씀이나 그 밖의 은사들은 중요한 것이므로, 우리는 그런 은사가 주어지면 자유롭게 활용한다. 그러나 귀신에게서 정보를 얻어내는 방법 또한 중요한 부수적인 방법임을 알아야 한다.

2. 귀신에게서 캐낸 정보로 인해 빨리 치유될 수 있고, 또 귀신들도 쉽게 쫓아낼 수 있기 때문이다. 축사 사역하는 사람들이 귀신 쫓는 일만 하고 내적 치유를 위한 일을 전혀 하지 않으면 감정적인 문제들은 그대로 남게 된다. 이러한 접근 방식은 우리가 하는 것보다 시간은 덜 걸릴지 모르나, 제대로 치유가 안 되는 경우가 많다.

내적 치유에 초점을 맞추되 귀신에게서 정보를 얻어내어 사역하지 않는 사람들이라도, 만일 그들에게 지식의 말씀의 은사가 있다면 치유는 빨리 확실하게 이루어질 것이다. 그러나 지식의 말씀과 귀신에게서 정보를 얻어내는 방법을 모두 쓰면 일을 더 효과적으로 할 수 있다.

3. 내적 치유는 귀신이 있다는 사실을 아는 것 이상의 정보를 필요로 하기 때문이다. 축사 사역을 하는 어떤 사람들은 귀신을 쫓아내는 것만 목표로 삼는다. 그러나 우리의 방법은 내적 치유를 먼저 하는 것이다. 내적 치유에서는 쥐만 아니라 쓰레기도 다루어야 한다. 그러므로, 우리에게는 깊은 곳에 있는 문제까지도 다룰 수 있는 통

찰력이 필요하다.

하나님은 간혹 지식의 말씀만 사용해서도 깊은 문제를 치유하는 데 필요한 정보들을 알려 주신다. 그러나 하나님은 우리가 귀신에게서 많은 정보를 알아내도록 허락하기도 하신다. 우리가 내적 치유의 과정을 끝내고 귀신을 대적하려고 시도할 때, 아직도 귀신들이 붙어 있을 수 있는 상처가 완전히 없어지지 않은 것 같다는 생각이 들 때가 있다. 그러면 나는 귀신에게 "이 사람이 용서하지 못한 사람이 아직 있느냐?"라는 질문한다. 많은 경우 대답은 "그래. 아직도 …를 용서해주지 못했어"이다. 용서하지 못했던 사람들을 용서해주면, 귀신을 쫓아내는 경기는 거의 다 끝난 것이나 마찬가지다.

우리의 방법을 비난하는 사람들은 대개 귀신을 내어쫓는 것에만 관심이 있고, 사람들에게 꼭 필요한 광범위한 치유에 대해서는 무지한 경우가 많다. 귀신 쫓는 것에 관심이 있다면, 그 귀신들을 다루는 방법도 알아야 한다. 어떤 사람 속에 다른 귀신들이 있는지, 누가 주도권을 쥐고 있는지 알아보는 가장 쉬운 방법은 한 귀신을 불러내어 정보를 얻는 것이다. 나는 이 방법을 배우기 전에 자주 어떤 귀신이 주도권을 잡고 있는지 알아내지 않은 채 그 휘하에 있는 약한 귀신들을 하나씩 쫓아내곤 했다. 그러나 나는 여러 귀신을 일일이 불러내어 쫓는 것보다 우두머리 귀신의 정체를 알아내서 다른 귀신들을 그에게 붙게 한 후에 한꺼번에 쫓아내는 것이 훨씬 쉽다는 것을 알았다.

4. 정보를 누출하도록 강요할 때 귀신들의 힘은 약해지기 때문이

다. 귀신들은 대부분 어떤 능으로 일하기보다는 허풍떨며 속이며 일하는 속성이 있다. 귀신에게 말하려 하지 않는 정보를 말하라고 강요할 때 재미있는 현상을 발견한다. 우리가 귀신에게 예수님께 복종하도록 강요하여 힘을 약화하려 하면, 그들은 화 내기도 하고 풀이 죽기도 한다. 나는 많은 경우 귀신들이 하나님의 능력을 대면한 적이 없다는 것을 알았다. 그들은 자신이 하나님의 능력에 의해 패배할 수 있다는 것을 모르는 것 같다. 귀신들은 자기들을 대적하는 하나님의 능력을 감지하기 전에는 거만하게 말한다. 항복하라는 압력을 받던 어떤 귀신은 "이런 일은 질색이야!"라고 말 했다.

내가 쓰는 방법 중 하나는 귀신에게 십자가에서 어떤 일이 일어났으며 부활이 무엇인지 말하라고 강요하는 것이다. 대개 귀신들은 십자가에 대해서는 꽤 쉽게 이야기하는데, 그 이유는 사탄이 십자가 상에서 예수님을 이겼다고 믿기 때문이다. 그러나 부활을 거론할 때는 엉뚱한 반응을 보인다. 그들은 자주 "그것에 대해 말하기 싫어. 그것은 중요하지 않아"라고 말한다. 예수께서 무덤에 계실 때 그들의 나라가 패배했다는 사실을 주지시키며 이 사실을 인정하라고 몰아붙이면, 그들은 기운을 잃는다. 귀신들은 속이는 자이기 때문에 그들의 속성과 반대되는 진리를 이야기하거나 진리임을 인정하라고 강요당할 때마다 그들의 힘은 약해진다. 하나님, 예수님, 그리고 성령님의 이름을 말하라고 강요해도 그들의 힘은 약해진다.

5. 귀신이 고백하는 거짓말을 들을 때 기도받는 사람의 사기가 북돋아질 수 있기 때문이다. 귀신들이 하는 거짓말을 오랫동안 들어

온 사람은 무엇이 진리인지 판단하지 못하는 경우가 있다. 이러한 혼동을 막는 데는 그들이 왜 사람들을 괴롭히는지 진실을 밝히도록 강요하는 것이 도움이 된다.

귀신들에게 사람에게 속삭여온 거짓이 무엇인지 밝히게 하는 것은 많은 도움이 된다. 나는 이 방법을 어떤 나이 많고 아름다운 여인에게 사용했다. 그녀의 이름을 에밀리라 부르겠다. 내가 귀신에게 이때까지 그 여인에게 속삭여온 거짓말을 밝히라고 명령했을 때 귀신은 "그녀는 나쁜 사람이다. 그녀는 못생겼기 때문에 사람들이 그녀를 싫어한다. 그녀는 남자들이 좋아하지 않아서 결혼하지 못했다. 그녀는 일을 잘 못할 뿐 아니라, 목표한 것을 이룬 적이 없다"라고 말했다.

귀신의 말을 듣던 에밀리는 눈물을 흘리기 시작했다. 에밀리는 귀신이 말한 것과 똑같은 말이 자기의 내면에서 들려왔으므로 오랫동안 고통하며 살아왔는데, 이제 그 원인을 알게 된 것이다. 내가 다시 그 귀신에게 진실을 밝히라고 강요하자, 그 귀신은 좀 전에 했던 말과 반대되는 말을 쏟아놓기 시작했다. 에밀리는 매우 놀라워했다. 내가 귀신에게 "그녀는 밉게 생겼다"는 거짓말 대신 진실을 말하라고 하자, 처음에는 "그녀는 괜찮게 생겼어"라고 대꾸했다. 내가 다시 진실을 말하라고 다그치자 그는 "그녀는 아름다운 여인이야"라고 말했다. 그녀는 정말 아름다운 여인이었다. 그녀는 지금도 아름답다. 그녀는 그동안 도적같은 귀신의 간계 때문에 진실을 인정할 권리를 박탈당하고 있었던 것이다.

요약하면, 우리가 귀신들에게 진리를 밝히라고 강요할 때 다음의 두 가지 현상이 일어난다. 첫째, 귀신은 성령의 능력에 순종할 때 힘이 약해진다. 둘째, 기도받는 사람이 초자연적인 방법을 통해 진실을 알게 되고, 자신을 속였던 자가 귀신임을 알게 됨으로써 힘을 얻는다. 두 번째 현상의 결과로 사람들은 죄의식에서 놓임 받고 바른 자아상을 갖게 된다.

조라는 여인을 위해 기도해 준 경험을 통해, 나는 또 다른 진리 대결을 배웠다. 조는 심한 우울증으로 오랫동안 고통당하고 있었다. 상담을 통해 알게 된 것은 그녀가 어린 시절 아버지에게 성적 학대를 받은 데 대한 분노가 우울증의 근본 이유라고 믿고 있다는 것이었다. 그녀는 학대받은 사건들을 기억하지 못했다. 우리는 오랫동안 내적 치유를 한 후 그녀에게 영향을 끼친 귀신을 대적하였다.

나는 성적으로 학대당한 경우를 많이 접했으므로, 그녀가 성적 학대를 당한 후에 그 일을 기억하지 않으려고 귀신을 불러들인 게 아닌가 추측해 보았다. 그러나 나의 추측은 빗나갔다. 나의 그러한 추측은 귀신의 교란 작전이었다. 그때 나는 초조했다. 그러나 늘 하던 대로 조용히 하나님께 그 다음에 어떻게 해야할지 보여달라고 기도했다. 갑자기 생각(그것은 지식의 말씀이었을 것이다)이 떠올랐다. 그것은 그녀가 학대받지 않았는데, 귀신이 거짓말을 하고 있다는 생각이었다.

나는 이를 확실히 밝히는 데 도움이 될 정보를 더 캐내기 위해 귀신을 시험해 보았다. 나는 귀신에게 "예수 그리스도 이름으로 명하노니 진실을 말해라. 조가 정말 아버지에게서 성적 학대를 받았느냐?"라고 물었다. 귀신은 "아니야. 그런 일을 당한 적이 없어"라고 실토했다. 귀신은 그녀가 자신의 거짓말을 믿게 함으로써 그녀를 오랫동안 포로로 삼고 있었던 것이다. 귀신이 힘을 잃자, 그를 쫓아내기는 무척 쉬웠다. 그리하여 조는 아버지를 의심함으로써 생긴 복잡한 감정에서 완전히 벗어났다. 그 진리가 귀신을 통해 알게 된 것이지만, 진리를 알므로(경험함으로), 그녀는 자유로워진 것이다(요 8:32).

6. 축사 사역할 때 귀신의 목소리를 알아내는 법을 배우면 축사 후에도 큰 도움이 되기 때문이다. 우리는 악한 영에게 떠나가라고 명령할 때 그 영들을 예수님의 발 앞에 보내어 다시는 돌아오지 못하게 한다. 이렇게 했기 때문에 다시 돌아올 수 없음에도 불구하고, 영들은 가끔 사람들을 속이려 한다. 한 형제는 축사 사역 받은 날 밤에 자는데 "우리가 다시 돌아왔다!"라는 소리를 듣고 잠에서 깼다고 말했다. 그는 잠이 덜 깬 상태였는데도 귀신의 소리를 알아차리고 마음을 집중해서 "네가 내 안에 있느냐, 내 몸 밖에 있느냐?"라고 물었다. 귀신은 "네 몸 밖에 있다"고 대답했다. 그는 안도의 숨을 쉬고 귀신에게 떠나가라고 명령한 후 다시 잠을 갔다.

축사 사역을 하는 동안 귀신들과 대화하는 내용이나 방법을 배움으로써 사역이 끝난 후에, 혹시 쫓겨난 귀신이 속이는 경우를 당해도 잘 방어할 수 있게 된다. 그리고 어떤 귀신이 어떻게 방해하는지 잘 알 수 있어서 현명하게 대처할 수 있게 된다. 나아가 축사 사역을 받는 동안 귀신들이 하는 소리를 듣고 배움으로써 그들이 쓰는 거짓과 술수도 알게 된다. 끝으로, 축사 사역을 받을 때 도움을 준 사람이 어떻게 귀신과 대적했는지 보았기 때문에 영적인 권세를 적절히 사용할 줄 알게 된다.

축사 사역을 받았던 사람들이 알려주는 소식을 접할 때 나는 보람을 느낀다. 그들은 쫓겨났던 귀신들이 살고 있던 곳에 다시 들어오려 할 때 그렇게 하지 못하도록 잘 대처한다고 했다. 그들은 "그 귀신이 어제 저녁에 내게 다시 들어오려 했어요. 그래서 나는 당신이 하던 대로 귀신에게 떠나가라고 명령했지요. 그러자 그 귀신은 사라졌어요"라든가, "나는 예수님께 칼 든 천사들을 보내어 귀신들을 포위하도록 요청했어요. 천사들이 와서 도와주었고, 예수님은 내가 이 모든 것을 볼 수 있도록 해주셨어요"라고 말했다.

귀신에게서 정보를 캐낼 때 주의해야 할 점

귀신에게서 정보를 얻는 것은 축사 사역을 하는 데 능력 있고 효과적인 방법이 될 수 있다. 귀신에게서 정보를 얻어내는 것은 귀신들린 사람을 온전하게 치유하여 자유롭게 해주는 데 효과적이고도 괜찮은 방법임을 앞에서 지적한 바 있다.

이 방법이 괜찮은 것이지만, 이 방법을 사용할 때 주의해야 할 중요한 사항이 있음을 알아야 한다. 우리는 항상 지혜로워야 할 뿐 아니라 분별력을 가져야 한다.

주의 사항 1: 귀신이 이야기하는 것을 검토하지 않은 채 믿지 말라.
귀신이 주는 정보는 대개 검토할 수 있는 것이다. 예를 들면, 어떤 귀신이 그 사람의 6대 조상 때 들어온 영이라고 말한다면, 그것이 맞는 말인지 알아볼 방법이 있다. 권세를 가지고 조상에게서 내려온 영의 힘을 차단하였을 때 힘이 약해지면, 그 귀신의 말은 맞는 것이다. 만일 어떤 귀신이 그 사람이 여섯 살 적에 매 맞을 때 들어갔다고 말한다면, 귀신의 말이 사실인지 확인할 수 있다. 여섯 살 때 매맞던 상황에 예수님을 초청함으로 내적 치유를 한 후에 귀신이 더 이상 말을 못하면, 그것은 그 귀신이 사실을 말했다는 증거다.

우리가 귀신에게서 원하는 정보의 대부분은 앞의 문단에서 설명한 종류의 것이다. 귀신들이 준 정보를 검토하는 방법은 단순히 귀신들이 말하는 사건 안에 들어가 예수님이 상처를 치유하시도록 하는 것이다. 이런 과정을 통해 나는 드물게는 귀신들이 틀린 정보를 주었다는 사실을 발견한다.

귀신들이 다소 광범한 정보를 준다면, 그것은 보통 신빙성이 덜한 것이다. 특히, 귀신들은 사람들이 사역하는 것을 방해할 목적으로 틀린 정보를 제공하기도 한다. 나의 동료들이나 나는 가끔 귀신들에게 사탄의 왕국 조직이 어떠한지 질문한다. 때에 따라 귀신들은 꽤 자세하게 말하기도 하지만, 나는 그러한 정보를 취할 때 일단 의심한다. 나는 자주 귀신에게 주도권을 잡은 우두머리 귀신 밑에 있는 귀신들의 수를 밝히라고 종용한다. 이때 그들은 의심갈 만큼 많은 숫자를 대기도 한다. 그러나 이런 질문은 치유하는 데 그리 중요한 것이 아니며, 그저 알아볼 수 있는 것들이다.

나는 귀신들이 자기의 힘을 약화하는 데 소용되는 것들을 정확하게 말하는 것을 발견했고, 이와 관련해서 말하는 것은 믿는다. 귀신들이 그리스도인의 영 속에 거할 수 없음을 원통히 여긴다는 것도 믿는다. 나는 귀신들에게 그리스도인의 영 속에 거할 수 있느냐고 질문하는데, 그들의 대답은 아니라는 것이다.

주의사항 2: 귀신은 속이는 속성이 있으므로 예수님의 이름으로 진실을 말하라고 명령해야 한다. 귀신에게서 정보를 얻어낼 때, 예수님의 이름을 사용해서 진실을 말하라고 명령해야 한다. 귀신은 본래 속이는 자이므로 명령을 받아야 진실을 말한다.

귀신은 예수님의 능력과 대면하면, 생명을 걸고 싸우지만 상대가 되지 않는다. 거의 모든 귀신은 예수님의 능력처럼 강력한 힘에 직면한 경험을 갖고 있지 않다. 그러므로, 그들은 어찌할 바를 알지 못하여, 진리를 말하지 않는 속성에 따라 움직이지 못하고, 흥분하고 혼란스러운 와중에서 대답하게 된다.

그런데 성령의 능력으로 거짓을 말하지 말라고 금하였음에도 귀신들이 어떻게 거짓말을 할 수 있는지는 알지 못한다. 그러나 대부분의 경우 귀신은 진실을 말하는데, 이것은 성령의 영향을 받기 때문이다. 종종 귀신이 거짓을 말할 때 성령께서 즉시 그것이 거짓임을 내게 알려주신다. 그러므로, 나는 성령의 능력으로 귀신에게 명령하여 진실을 밝히기를 주저하지 않는다

이런 일을 할 때 분별력은 중요할 뿐만 아니라 그 열매가 풍성하므로 가치 있다. 분별력은 많은 실습과 성령의 음성을 듣는 데서 온다. 좋은 원칙은 귀신이 하는 말을 계속 의심하되, 엉뚱한 방향으로 나갈 수 있다고 염려하여 질문을 중단하지 말아야 한다는 것이다. 귀

신이 거짓을 말하는지 아닌지 분별함에서 기도, 지혜, 그리고 경험이 도움이 된다.

주의사항 3: 기만과 거짓은 다르다. 귀신이 항상 거짓을 말한다는 잘못된 생각이 만연되어 있는데, 그것은 사실이 아니다. 예수님을 시험할 때 사탄은 거짓말을 사용한 것이 아니라 진리를 이용했다(눅 4:1-13). 귀신이 예수님을 알아보고 그가 누구신지에 대한 진리를 말했을 때, 예수님은 그들을 잠잠케 하셨다(막 1:24, 34; 3:11; 눅 4:41).

기만은 거짓말보다 더 넓은 의미를 가진다. 사탄이나 귀신들처럼 기만하는 자들은 영리하여 목적을 이루기 위해 거짓말 대신 진리를 이용한다. 그들은 진리를 되물어 보거나(아담에게처럼), 진리를 이용해서 보기에 그럴듯하지만 결국 멸망을 불러오는 행동을 하도록 부추기거나(예수님을 시험할 때처럼), 아니면 진리의 한 부분만 이야기함으로써 속인다. 내가 도와주었던 한 남자는 오랫동안 귀신들이 속삭이는 거짓말을 듣고 지내왔다. 나는 한 귀신에게 무슨 거짓말을 했는인지 말하라고 했는데, 귀신은 "그는 키가 작다"라고 말했다. 그것은 사실이었지만 기만이었다. 나는 다시 귀신에게 물었다. 귀신은 자신이 그런 말을 속삭일 때 키가 작은 것이 큰 문제인 것처럼 이야기했고, 그의 품위를 떨어뜨리는 태도로 말했음을 고백했다.

사탄은 기만을 통해 사람들을 의도적으로 잘못되게 하려고 계획한다. 기만은 사탄이 쓰는 주 무기이다. 그러므로 귀신이 진리를 말해도 경계해야 한다.

주의사항 4: 사역의 어떤 부분도 귀신이 방해하거나 주도하게 해서는 안 된다. 귀신들은 말을 많이 하거나, 주제를 바꾸거나, 사역을 자신이 주도하려고 한다. 절대 그렇게 하도록 내버려 두어서는 안 된다. 사역은 능력 대결이다. 그러므로, 당신은 예수께서 함께 하시므로 큰 능력을 가지고 있을 뿐만 아니라, 당신이 사역의 주도권을 잡고 있다는 것을 잊지 말아야 한다. 귀신이 말을 많이 할 때는 잠잠하게 하고, 명령에 따라 말하게 해야 한다.

주의사항 5: 허세 부리는 귀신들이 겁주려고 할 때 그리 못하도록 해야 한다. 가끔 귀신은 기도하는 사람이나 기도받는 사람에게 겁을 주거나 허세를 부려 사역을 방해하려 한다. 이때 귀신은 다양한 방법을 쓴다. 그들은 정체를 숨겨 사람들이 없다고 생각하게 하거나, 거만한 말을 하거나 번뜩이는 눈빛으로 위협한다. 최근에 나는 어떤 귀신이 증오의 눈빛을 띠고 "그녀는 내 것이야"라고 말하는 것을 들었다. 이같이 함으로써 귀신은 자신이 겁나는 존재이며 내쫓기 힘들다는 것을 알려주려 한 것이다. 그러나 나는 귀신이 허세를 부린다는 것을 알고 있었으므로 물러서지 않았고, 눈 깜짝할 사이에 그 귀신과 다른 귀신들을 쫓아냈다.

귀신들은 가능한 한 사람들이 사역에서 손을 떼게 하려 한다. 귀신들은 기도하는 사람이나 기도 받는 사람 모두가 사역이 가치 없는 것이라고 여기고 그만두기를 바란다. 사역을 처음 시작할 때 귀신들이 힘쓰지 못하도록 금하면 이런 문제들은 극소화될 수 있다. 그래도 귀신들이 겁을 주거나 허세를 부리면, 조용하지만 확실하게 귀신들에게 그렇게 못하도록 명령하고, 귀신들의 힘이 약해지도록 내적 치유로 들어가야 한다. 그렇지 않고, 사역을 중도에 그치면 귀신들은 승리감으로 우쭐댈 것이다. 그러나 사역이 길어질 때 쉬었다 하거나, 경험이 많은 사람의 도움을 얻기 위해 잠시 쉬는 것은 괜찮다.

귀신들은 사람들에게 고통을 주거나, 이름을 부르거나, 사역하는 사람에게 들어가거나 죽이겠다고 위협하기도 한다. 떠나지 않겠다고 버티기거나, 자신이 우리보다 강력한 거대한 조직에 속한 체하기도 한다. 이렇게 하는 이유는 결국 자기들을 쫓아내지 않고 그대로 두게 하려는 작전이다. 귀신들이 사역을 주도하는 사람이나 함께 사역하는 사람들의 죄를 낱낱이 말할 때도 있다. 이런 일이 일어날 때 다음과 같이 말하는 것이 좋다: "그런 죄들은 예수님의 피로 속함 받았고, 하나님에 의해 용서함 받았다. 그러므로, 너는 그것을 거론하지 못할 것이다."

사람들의 죄를 드러내는 책략이 먹혀 들지 않을 때, 귀신들은 동정을 구하는 방법을 쓴다. 나는 어떤 귀신이 "내가 이 사람을 괴롭히지 않기로 약속하면 이 사람 속에 있게 해주겠느냐?"라고 말하는 것을 여러 번 들었다.

중요한 것은 우리가 누구인지 아는 것, 즉 우리가 예수님의 권세를 가진 자들임을 아는 것이다. 다시 말하지만, 영적 대결은 대등한 힘을 겨루는 것이 아니다. 우리에게는 귀신이 가진 것과 비교할 수 없는 무한한 능력이 있다. 그러므로, 확실하고 침착한 목소리로 그들에게 명령하여 복종케 해야 한다. 큰소리를 치거나 흥분하는 행동을 할 필요는 없다. 이렇게 하는 것은 예수님을 돕는 것이 아니라, 귀신들에게 유익을 갖다주는 것이다. 귀신들로 하여금 우리가 누구의 이름으로 대적하며, 그들은 누구인지 알게 해야 한다. 귀신들은 이미 예수님에 의해 패배 당한 존재들이고, 그들이 괴롭히고 있는 사람은 예수님의 왕국에 속한 사람이지 그들에게 속한 사람이 아님을 강조하고, 그들이 길을 잘못 들은 것이라는 것을 알려주어야 한다.

예수님의 능력은 놀라운 것이다. 귀신들은 예수님의 능력을 대하면, 매우 빠른 반응을 보인다. 특히, 사람들 속에 있는 쓰레기가 제거되면 귀신들은 힘을 잃는다. 쓰레기가 있는 한 귀신들은 쓰레기가 있는 곳에 거할 "법적 권리"를 갖는다. 귀신들은 쓰레기가 없어지지 않는 한 딴 짓을 할 수도 있다.

주의사항 6: 귀신에게서 정보를 얻는 데 최상의 정해진 방법이 있는 것이 아니다.똑같은 귀신은 없다. 사람이 각기 다른 것처럼, 귀신들도 각기 독특한 인격을 가지고 있고, 나름의 방식으로 행동한다. 사역하는 사람의 스타일, 귀신의 개인적인 특성, 그리고 사역 받는 사람의 특성이 어우러져 많은 변화가 있을 수 있다. 그러므로, 귀신을 대적할 때 형식에 매이지 말아야 한다. 다음에 어떻게 해야 할지 예수님께 여쭤보면서 하라. 그러면, 예수께서 보여주시는 일들로 인해 놀랄 것이다.

나는 사역할 때마다 새로운 것을 배운다.

가장 중요한 것

치유 사역할 때 알아야 할 중요한 것은 우리가 아무리 기술을 습득

해도 그것이 하나님의 음성을 듣는 것을 대신할 수 없다는 것이다. 우리의 가장 큰 무기는 하나님과의 친밀한 관계다. 하나님의 음성을 듣고 하나님께서 원하시는 대로 행하는 것이야 가장 중요하고 필요한 것이요, 하나님께서 기뻐하시는 것이다. 내 힘으로 할 수 없는 것이 이루어지는 것을 볼 때 놀라움을 금할 길 없고, 그로 인해 만족을 얻는다. .

위에서 지적한 대로 이 사역은 중요하다. 그러므로, 믿음으로 이 사역에 헌신하기를 권한다. 나의 경험에 의하면, 이 사역에 발을 들여놓으면 하나님의 음성 듣는 것을 배우게 되고, 하나님과 더욱 친밀한 관계를 유지하게 된다.

제9장

귀신 축출

사역한 것을 봉함

"소유자"라는 이름의 힘이 센 귀신이 있었다. 그 귀신은 엘레인이라는 젊은 여인 속에 있던 여섯 살 된 인격(제2장의 "오류 10"을 참조할 것) 속에 거하고 있었다. 엘레인의 다른 인격을 편의상 "에디"라 부르겠다. 그녀를 위해 사역하던 존이 세 번 시도했으나 "소유자"를 쫓아내지 못한 채 엘레인을 내게 데려왔다. 존과 엘레인은 내가 "에디"를 쫓아내는 방법을 더 잘 알고 있지 않을까 기대했다. 그들은 하나님께서 나를 사용하여 그 사역을 마무리하시기를 원했다. 나는 엘레인을 위해 사역한 적이 한 번 있었으나, 그 당시 "에디"를 대면하지 못했었다.

나는 엘레인을 만나기 전에 몇 사람에게 특별 기도를 부탁했다. 나 자신도 계속 기도하면서 하나님께서 내 마음에 주시는 접근 방법에 대해 생각했다. 나는 금식하지 않았는데, 그 이유가 금식의 효과에 대한 믿음이 없어서가 아니라 금식하지 않는 게 낫겠다는 생각이 들어서였다. 나는 존과 함께 사역했다. 존이 엘레인의 후견인이 될 정도로 그녀가 존을 믿고 있음이 사역에 도움이 되었다. 엘레인과 "에디"는 존을 신뢰했다.

사역이 시작되자, 엘레인은 존의 손을 잡았고 나는 늘 하던 대로 기도하기 시작했다. 나는 성령께서 임재하여 일하시기를 위해 기도했다. 나는 성령께서 우리에게 필요한 권세와 능력을 주시고, 통찰력을 주시고, 인도해 달라고 기도했다. 나는 귀신들이 복수할 수 없도록 우리 자신과 가족들, 재산 등 우리에게 속한 것들을 보호하는 기도를 했다. 나는 엘레인(그리고 "에디") 속에 있는 귀신들이 외부의 귀신들의 도움을 받지 못하도록 단절하고, 성령께서 온전히 주장하시도록 초청했다.

내가 처음 한 일은 여섯 살짜리 "에디"를 대면하여 가능한 한 그녀의 신뢰를 얻는 것이었다. 다른 인격들이 그러하듯이, 엘레인의 진짜 인격은 나를 잘 알고 믿는데도 불구하고, 그녀의 여섯 살짜리 인격인 "에디"는 그렇지 못했다. 엘레인은 부모에게 학대받으며 자랐고, 사탄의식의 희생물이었다. 그녀의 아버지는 그녀를 성적으로 학대했을 뿐 아니라, 다른 남자들이 그녀를 성적으로 학대하도록 두었다. 그녀의 어머니도 그녀를 학대했다. 특히 성적으로 학대받으면서 다른 인격인 "에디"가 생긴 것이다. 그러므로, "에디"가 알지 못하는 나 같은 남자에게 마음을 여는 것은 매우 힘든 일이었다.

내가 "에디"에게 그녀 자신과 경험에 관해 질문했는데, 에디는 계속 존에게 나의 질문에 대답해도 괜찮을지를 물었다. "에디"가 얼마나 많은 상처를 입었는지 보고 듣는 것은 가슴아픈 일이었지만, 다행히 그녀가 존을 믿고 있는 것을 볼 때 기뻤다. "에디"가 나를 신뢰할 정도가 되었다고 느꼈을 때, 나는 "소유자"와 대면해도 되는지 물었다. 그녀는 존의 허락을 얻은 후 승낙했다.

나는 먼저 "예수 그리스도의 이름으로 너 "소유자"를 대적한다"라고 말한 후, "네게 명하노니 정체를 드러내어 내게 말하라"고 했다. 그 귀신은 곧바로 정체를 드러냈는데, 그때 "에디"의 얼굴은 분노로 이글거렸고 언짢은 표정을 지었다. 그 귀신은 자신이 그녀를 소유하고 있으며, 누구도 그녀를 빼앗아 갈 수 없다고 말했다. 엘레인/에디가 성적으로 학대당했을 때, 그녀는 하나님의 도움을 구하였으나 도움을 받지 못했는데, 이때 그 귀신이 그녀를 취한 것이다. "소유자"는 자신이 그녀 속에 들어가도록 허락하면 고통을 없애주겠다고 속였다. 그 당시의 사건을 기억하는 "에디"는 그녀가 "소유자"를 들어오도록 허락하자 고통이 사라졌었다고 말했다.

"에디"는 이렇게 말했다: "하나님은 나를 도와주시지 않았지만 '소유자'는 도와주었어요. 하나님은 나쁘고, '소유자'는 좋아요. 선하다고 생각한 것이 나쁘고, 나쁘다고 생각한 것이 실상은 좋은 것 같아요."

내가 에디에게 예수님을 아느냐고 물었는데, 그녀는 예수님을 자신이 심하게 상처입고 아파할 때 그녀를 도와주지 않은 하나님과 같은 분으로 알고 있었다. 대신 "소유자"는 그녀가 필요로 할 때는 언제든지 도와주는 자라고 알고 있었다. 그녀는, "왜 예수님은 나를 도와주지 않으신 거죠?"라고 물었다. 나는 그녀의 질문에 대한 답을 알 수 없음을 고백할 수밖에 없었다.

　예수님은 그녀를 돕는 데 "소유자"보다 큰 능력을 소유하실 뿐만 아니라, 그녀에게 유익한 것에 대해 "소유자"보다 더 관심을 두신다. 예수님의 능력과 관심에 대한 확신에도 불구하고, 나는 그녀가 경험한 것을 갖고 말하는 것에 대해 적절히 답변할 수 없었다. 그래서, 나는 그녀에게 "소유자"의 관심사는 그녀를 파괴하는 것임을 설명해 주었다. 그리고 이 사실을 "소유자"가 인정하도록 시도했는데, 부분적으로만 성공했다. "소유자"는 그녀가 죽기를 원했다는 사실은 시인했다. 그러나 그것도 그녀가 자신이 학대당함으로 괴롭게 살아가느니 죽는 편이 낫다고 생각해서 동의했기 때문이라고 말했다.

　싸움은 "에디"의 의지에 관한 것이었다. "소유자"와 나는 그녀가 선택하는 데 따라 모든 것이 결정된다는 사실을 알고 있었다. 만일 그녀가 이때까지와 마찬가지로 "소유자"를 선택한다면, "소유자"가 승리하는 셈이다. 그러나 만일 그녀가 예수님을 선택한다면, "소유자"는 끝장난 셈이다. 그래서, 나는 예수님께 "소유자"의 훼방을 막고 그 힘을 약화시킬 뿐 아니라, 협조하지 않으면 그에게 고통을 안겨줄 수 있는 천사들을 많이 보내 달라고 요청했다. 내가 "소유자"에게 천사들을 볼 수 있느냐고 물었을 때, 그는 볼 수 있다고 대답했다. 그는 또 예수께서 우리와 함께 방 안에 계심을 볼 수 있다고 시인했다.

　다음으로, 나는 "소유자"가 그의 힘의 일부는 엘레인/에디의 아버지가 그녀에게 저주의 말을 한 것과 그가 믿던 우상에게 바침으로써 온 것임을 시인하게 했다. 이때 나는 그녀에게 임했던 저주와 헌납

된 모든 것으로 인한 귀신들의 힘을 십자가에서 죽으시고 사흘만에 부활하신 예수님의 능력으로 깨뜨렸다. 그리고 예수님의 자유롭게 해주시는 능력이 "에디"의 의지를 "소유자"에게서 떼어달라고 요청했고, 그녀가 당한 상처들을 치유해 달라고 기도했다. 나는 예수께서 "에디"가 학대받던 그 당시에 나타나셔서 "에디"를 만나달라고 위해 기도했다. 대개의 경우 사람들은 예수께서 함께 하심을 보거나 느낄 수 있는데, 그녀는 그럴 수 없었다. 아마도 여섯 살짜리 아이의 마음으로는 그러한 것을 완전히 이해할 수 없었기 때문이었을 것이다.

어쨌든 "에디"에게 붙어 있던 "소유자"에게 무슨 일이 일어난 듯 보였으나 그는 계속 거만하게 말했다. 그러나 귀신들의 소리를 들어본 나의 경험으로 미루어 보건대, "소유자"의 힘이 꽤 약해졌음을 나는 알 수 있었다. 그래서, 나는 다시 "에디"의 의지에게 "소유자" 대신 예수님을 선택하라고 호소했다. 그녀가 선택하기 위해 시간을 지체하고 있을 때, 존은 그녀가 "소유자"의 말을 듣고 있지 않은지 물어보았다. 그녀는 "아니요"라고 대답했다. 그런 후 나를 가리키면서 다시 "저 사람이 '소유자'에게 아무 말도 하지 말라고 했어요"라고 말했다. 나는 우리가 승리했음을 알았다. 그러자 여섯 살 인격인 "에디"는 존에게 "예수님이 어떻게 생기셨나요?"라고 물었다.

존은 잠시 머뭇거리다가 "예수님은 나처럼 생기셨단다"라고 대답했다. 그녀는 "예수께서 정말로 나를 보호하실 수 있나요?"라고 물었다. "물론이지. 예수님은 나보다 훨씬 큰 능력을 갖고 계시기 때문에 틀림없이 너를 보호해 주실 수 있단다"라고 존이 대답했다.

예수님을 택하면 큰 고통을 주겠다고 "소유자"가 말했었기 때문에 예수님을 택하는 것이 위험한 줄 알면서도 그녀는 예수님을 선택했다. 그러자 고통이 왔다. 존은 "내가 너 "소유자"를 예수 그리스도의 이름으로 묶노니 그녀에게 고통을 주지 말아라"라고 명령했다. 그러자 고통이 멈췄다. 예수님이 정말 고통을 멈추게 해주시는 분이심이 증명된 것이다.

그 다음 나는 "소유자"를 불러냈다. 처음 우리가 사역할 당시 "소유자"의 힘의 강도는 7 혹은 8 정도 되였는데, 이제는 강도가 2 혹은 그보다 약해 보였다. 내가 그에게 떠나갈 준비가 되었느냐고 물었을 때, 그는 "그래. 떠날 거야"라고 말했다. 그래서 나는 천사들에게 상자를 보내주고, "소유자"와 그 휘하의 귀신들을 그 안에 가둬달라고 요청했다. 이렇게 해서 일이 마무리되었다. "소유자"도 자신이 상자에 갇혀 있음을 시인했다. 나는 다시 천사들에게 상자 속에 있는 "소유자"를 안전하게 예수님께 데려가 달라고 요청하고, 예수님께는 "소유자"가 든 상자를 없애달라고 요청했다. "에디"는 이제 예수께서 그 상자를 마치 쓰레기 압축기 속에 넣고 찌그러뜨리는 것처럼 없애버리시는 것을 마음에 그릴 수 있었다. 나는 "나는 이 귀신들을 동에서 서가 먼 것처럼 "에디"에게서 쫓아내고, 예수님의 십자가와 빈 무덤을 "에디"와 귀신들 사이에 놓는다. 이들이 다시 돌아오지 못할 뿐만 아니라, 다른 귀신들을 데리고 오지 못하도록 예수 그리스도 이름으로 금한다"라고 했다. 이렇게 해서 모든 것은 끝났고, 사역은 봉해졌다.

내가 이 이야기를 꽤 자세하게 한 이유는 이것이 흔히 있는 경우에 비해 좀 어렵고 힘든 사역의 한 대표적인 예이기도 할 뿐 아니라, 또 아래 열거된 사항들을 설명해주기 때문이다.

귀신을 분별하는 일

사람들은 때때로 내게, "당신은 내가 귀신들렸다고 생각합니까?"라는 질문을 한다. 사람들은 내가 그들을 척 보면 그들에게 귀신이 있는지 없는지 안다고 생각하는 모양이다. 그러나 유감스럽게도, 그렇지 않다. 귀신이 있는지 없는지를 단번에 아는 은사가 있는 사람이 있을지는 몰라도, 나는 그렇지 못하다. 만일 사람들이 그들의 증상을 말해 주면, 그것이 귀신의 존재 여부를 아는 데 도움이 되는지는 몰라도, 그래도 여전히 나는 확실히 알 수 없다. 귀신이 있는지 없는지 예수님의 이름으로 대적해 보아서 어떤 종류의 반응을 얻어내기 전까지는 거의 알 도리가 없다.

"분별"이라는 단어가 귀신이 있는지 없는지 가려내는 데 쓰인다고 하면, 많은 사람은 생소해 한다. 나도 그렇게 생각했었기 때문에 "하나님께서 과연 나에게 분별하는 은사를 주실까"라고 생각하곤 했다. 그러나 하나님께서 나를 축사 사역에 부르시고 사용하기 시작하셨을 때, 나는 분별할 수 있는지 없는지 걱정하지 않아도 되었다. 내가 은사를 받기까지 기다리기보다는, 하나님의 음성을 따라 일단 순종했을 때 놀라운 일이 일어나기 시작했다. 우리는 영 분별이나 다른 은사들을 구하기보다는 그러한 은사응 주시는 하나님을 구해야 한다.

내가 예수님께만 초점을 두고 일하는 것을 배우게 되자, 나는 분별에 관해 더 많은 것을 배우게 되었다. 그 예로, 축사 사역에 필요한 분별에는 몇 가지 종류가 있음을 나는 알게 되었다. 분별력에는 하나님께서 지식의 말씀과 지혜의 말씀을 통해 직접 계시하시는 초자연적인 것이 있다. 반면, 자연적인 것도 있는데 여기에는 경험에 의한 것, 관찰하고 판단하는 능력에 의한 것, 상식을 사용하는 것, 그리고 상상을 동원하는 것 등이 있다.

성령이 함께하시도록 초청하고 사역하면, 성령은 우리의 인도자가 되어 일하신다. 이때 우리는 단순히 인간적인 능력을 통해 일하는 것과 비교할 수 없는 결과를 기대할 수 있다. 이런 관점에서 볼 때, 사역에서 일어나는 경험들은 초자연적인 것이다. 그러나 하나님은 대부분 자연적인 가능성에서 나오는 것들을 사용하신다. 축사 사역에 필요한 다른 영역에서처럼, 분별에서도 자연적인 분별은 초자연적인 분별과 함께 어우러져 있는 것이라고 보아야 한다.

사람들은 하나님께서 인도하시는 사역에서는 굉장한 일이 많이 일어날 것이라고 여기는 경향이 있다. 그러나 그렇지 않다. 하나님은 거의 그와 같이 굉장한 방법으로 일하지 않으시고, 오히려 평범하게 일하는 것을 좋아하신다. 그래서, 하나님께서 사역의 모든 부분을 인도해 주시기를 위해 기도할 때, 우리는 그저 하나님의 인도하심을 바랄 뿐이지 굉장한 일을 많이 하시기를 기대하지 않는다. 사람들은 사역 도중 많은 것을 놓치는 경향이 있는데, 그 이유는 하나님의 인도하심은 평범한 것이 아니라, 더 확실히 보이는 것이라고 기대하기 때문이다.

내가 "자연적 분별"이라고 말하는 것은 보통 사역하는 가운데 가장 자주 사용되는 분별이다. 그러므로, 우리는 사역할 때 모든 움직임을 민감하게 살펴야 한다. 사역하는 가운데 명백히 나타나는 현상을 주의해서 보아야 한다. 때때로, 단순한 성령의 임재로 인해서도 귀신들은 당황하여 이상한 행동을 한다. 우리가 단순히 성령께 어떤 사역을 주관해 달라고 요청해도 이런 일은 일어날 수 있다. 또, 우리가 예배하는 가운데, 경건의 시간을 갖는 가운데, 혹은 예수님의 이름으로 축복하는 가운데 나타나는 하나님의 임재로 인해 귀신들이 노출될 수도 있다. 내가 단순히 귀신에 관한 주제를 가지고 가르치고 있을 때도 귀신의 정체가 드러나는 것을 나는 보았다.

귀신이 있는 것을 확실히 알 수 있는 현상은 귀신들더러 그들의 정체를 드러내라고 할 때, 그들이 이에 반응하는 가운데서 일어나는 것이다. 귀신들은 또 예수님의 권세가 사용될 때 자신들을 나타내기도 한다. 예를 들어, 감정적, 영적, 육체적 질병의 치유를 예수님의 이름으로 명령할 때 자신들을 드러내기도 한다. 그리고 내가 어떤 사람 속에 있는 귀신들을 대적했을 때, 다른 사람 속에 있는 귀신들이 그 정체를 분명히 드러내는 것도 자주 보았다.

명백하게 귀신들이 그들의 정체를 드러내는 경우가 있는가 하면, 또 귀신들린 사람들은 그들이 감출 수 있는 내적 갈등을 경험할 수도 있다. 귀신들린 사람들은 보통 문제를 갖고 있다. 예를 들면, 두통이나 다른 육체적 문제, 감정적 문제, 교회에서의 정신적 문제 등을 들 수 있다. 귀신들이 이런 문제를 일으키는 목적은 사람들의 집중력을 떨어뜨리기 위함이다. 내가 어머니 자궁 속에 있을 때를 위한 내적 치유를 공공연히 행할 때, 귀신들린 사람들은 보통 어떤 방해를 받는다. 어떤 사람은 "내가 정자와 난자를 마음에 그리기 시작하자마자, 내 망막이 까맣게 되어서 아무것도 볼 수 없게 되었어요"라고 말했다. 그 사람 속에 있던 귀신들은 그가 그런 상상하는 것을 좋아하지 않았던 것이다. 그래서 우리는 그와 개인적으로 만나 사역했고, 그 사람은 자유로움을 얻게 되었다.

이런 종류의 증상은 몇 가지 다른 이유 때문일 수 있으므로, 그것이 귀신으로 인한 것이라고 섣부른 결론을 내리지 않도록 주의해야 한다. 보통 생각할 수 있는 귀신이 자신의 정체를 드러내는 현상은 다음의 것들이 있다. 두통이나 몸의 다른 부분에 오는 통증, 머리가 텅 빈 듯한 증상, 메스꺼운 증상, 몸이 뻣뻣해지거나 떠는 현상, 비정상적으로 졸음이 오는 현상, 상담자를 때리고 싶은 강한 충동, 사역 현장에서 도망가고 싶은 강한 충동 등이 있다.

그리 흔치 않은 현상을 보면 다음과 같다(심하게 귀신들린 경우에 이런 현상이 나타난다). 몸을 심하게 떠는 것, 얼굴이나 몸을 뒤트는 것, 소리 지르는 것, 욕설을 퍼붓는 것, 토하는 것, 이상한 눈초리(번뜩이는 눈빛, 곁눈질하거나 위로 올라가 흰자위가 많이 나타나는 눈이 되는 것 등)로 보는 것, "행동으로 나타내는 것"(예를 들면, 동성연애의 영이 상담자를 유혹하려고 하는 것 등), 그리고 다른 목소리를 내는 것 등이 있다.

위에서 말한 것들은 우리가 보통 상태를 잘 관찰하거나 질문을 함으로써 자연스럽게 분별할 수 있다. 덧붙여, 하나님은 사람들에게 초자연적으로, 비록 그 초자연적인 것이 보통 자연적인 것들과 함께 나타날지라도, 어떤 것을 보여주신다. 경험을 쌓으면 쌓을수록, 분별력은 날카로워진다. 귀신들은 실수를 많이 하므로 스스로 함정에 빠질 때가 많다. 그러므로, 귀신들의 실수를 눈여겨보고, 그 실수를 이용하는 것이 사역에서 매우 중요한 부분이다.

축사 사역에 필요한 준비사항

1. **축사 사역은 반드시 기도로 준비해야 한다.** 많은 사람은 금식하는 것이 도움이 된다고 말한다. 기도로 준비하고, 또 금식하는 것 모두 다 좋지만, 많은 경우 나의 사역은 나를 위해 정기적으로 기도하는 사람들의 기도와 나의 기도에 의해 많은 영향을 받았다. 그러나 특별하게 도전해야 할 사역(예를 들면, 이미 한 번 실패한 사역을 다시 할 때)에 임할 때, 아니면 하나님께서 금식하라고 명하시는 것 같을 때 나는 금식하고 또 사람들에게 특별한 기도를 부탁한다. 나는 축사 사역이 필요한 사람들과 정신적, 육체적 문제가 있는 사람들을 위해 항상 사역할 수 있기 위해 언제나 영적으로 준비되어 있으려고 노력한다.

2. **팀으로 사역하는 것이 가장 좋다.** 그동안 많은 경험을 하였기 때문에, 최근 나는 종종 혼자 사역하기도 한다. 그러나 나는 다른 사람들과 함께 하는 것을 더 좋아하는데, 그것은 내가 갖지 못한 은사들이 그들을 통해 나타나서 사역에 도움을 주기 때문이다. 비록 그들에게 다른 은사들이 나타나지 않아도, 그들은 내가 사역하는 동안

하나님께 기도할 수 있을 뿐 아니라, 내가 할 수 없는 방법을 통해 하나님의 음성을 들을 수 있어서 유익하다. 나의 신경은 기도받는 사람과 그의 문제, 그리고 귀신에 집중되어어야 하지만, 그들은 더 자유롭게 하나님의 음성을 들을 수 있다.

한 팀의 인원은 셋에서 다섯이다. 다섯이나 여섯 이상이면 혼란을 가져올 수도 있다. 팀으로 사역할 때는 한 사람이 사역을 주도해야 한다. 나는 내가 사역을 주도하고 있을 때 중간에 방해하지 말라고 한다. 그러나 하나님께서 주시는 말씀이라고 느끼는 것이 있으면 그것을 종이에 적어 내 무릎에 놓으라고 부탁한다. 하나님은 종종 그러한 의견을 통해서 중요한 것을 보여주실 때가 있다.

팀에 속할 사람을 선택하는 것도 때에 따라 다르다. 만일 사역이 어려운 것이라 생각되면, 나는 가능한 한 각종 은사를 가진 사람과 경험이 풍부한 사람을 포함하려고 애쓴다. 그러나 나의 목표 중 하나는 사람들을 훈련하는 것인바 나는 경험 있는 사람과 새로 시작하는 사람들을 의도적으로 섞어 팀을 구성한다.

분별의 은사가 있는 사람을 팀에 포함하는 것은 중요하다. 그러나 분별은 성령에 의해 상황에 따라 주어지는 것이기 때문에 보통 영적으로 민감한 사람에게는 사역하는 가운데 분별이 나타날 수 있다. 하나님께서 주도하심, 자연적인 능력의 나타남, 경험을 통해 얻은 통찰, 지식과 지혜의 말씀의 은사 등이 어우러질 때 초자연적인 분별이 나타난다.

3. 사역을 시작할 때 사역하는 장소와 시간, 함께 사역하는 사람

들을 사탄이 주장치 못하도록 그 위에 권세를 행사해야 한다. 이러한 권세를 행사하기 위해, 나는 다음과 같은 말을 한다: "나는 예수 그리스도 이름으로 이곳에 있는 악한 영들을 대적한다. 너희는 이곳에서 떠나가라. 나는 이 장소, 이 시간, 이 사람들을 예수 그리스도께 드린다. 그러므로, 내가 명령할 때 외에는 사탄의 어떤 영도 활동하지 못할 것이다."

그러고 나서, 예수님의 권세, 성령의 인도와 능력을 구하는 기도를 한다. 이어서 나는 함께 있는 모든 사람의 보호를 위해 다음과 같이 말한다: "나는 여기 있는 각 사람, 그 가족과 친구 및 동료, 그들에게 속한 재산, 재정, 건강 등 모든 것이 사탄의 복수나 야비한 장난에서 보호되기를 예수 그리스도의 이름으로 명한다."

기도 받는 사람 속에 있는 귀신들이 그 사람 속에 있는 다른 귀신들이나 밖에 있는 다른 영의 도움을 받지 못하도록 단절시키는 것은 중요하다. 그래서, 나는 이를 위해 다음과 같이 기도한다: "예수 그리스도의 이름으로 명하노니, 이 사람 속에 있는 귀신들이 그 속에 있는 귀신들이나 이 사람 밖에 있는 영의 도움을 받지 못할지어다."

그런 후에 폭력, 토하는 현상 등 과격한 행동이 나타나지 않도록 금하는 기도를 한다: "예수 그리스도의 이름으로 명하노니, 이 사람 속에 있는 어떤 영도 이 사람이 폭력을 행사하게 하거나, 토하게 하거나, 또는 다른 과격한 행동을 하게 하지 못할지어다."

이렇게 하면, 귀신을 대적할 준비가 된 셈이다.

귀신의 정체 노출하기

어떤 사람 속에 귀신들이 숨어 있다고 의심이 가고 나타날 것이 확실시되고, 내적 치유가 만족할 수준으로 이루어졌다고 생각될 때, 우리는 귀신에게 정체를 밝힐 것을 명령할 수 있다. "만족할 수준"의 내적 치유란 환자에게 상당 수준의 치유가 이루어져 아직 치유되지 않은 쓰레기에 연연하기보다는 쥐들을 대적하는 것이 우선해야 할 때를 의미하기도 한다. 사실 귀신들을 쫓아내야만 온전한 내적 치유가 이뤄진다. 일단 가장 근본적인 문제를 다루었다면, 내적 치유를 길게 끌 필요가 없다. 그 이유는 기도 받는 사람 스스로가 자신 속에 남아 있는 문제를 하나씩 하나씩 해결해야 하기 때문이다.

어떤 사람에게 내적 치유를 할 때, 우리는 그 사람 속에 귀신이 있다는 인상을 받을 때가 있다. 우리는 우리가 치유하는 감정적 상처 이외에, 또 그 사람이 영향을 받은 다른 것이 있다는 증거를 찾아내기도 한다. 그러나 다시 말하지만, 대부분 증상은 단순히 감정적인 문제로 인한 것이기 때문에 섣불리 결론을 내리지 않도록 주의해야 한다. 다음에 열거한 증상들은 귀신으로 인한 가능성이 있음을 시사하는 것이다. 충동적인 행동, 마음을 교란하는 꿈, 자살이나 살인하고 싶은 강한 충동, 심한 자기 거부증, 동성애, 사교 집단 혹은 이단 종교에 속하는 것 등.

기도 받는 사람의 부모 혹은 조부모에게 심각한 기능장애가 있었다면, 우리는 그 사람에게 유전적으로 내려올 수 있는 귀신들이나 저주에 대해서 그 가능성을 의심해 볼 수 있다. 있을 수 있는 다른 저주들—자신에게 한 저주이든지 다른 사람에게서 온 저주이든지를 불문하고—의 유무는 점검되어야 한다.

1. **귀신이 있다고 생각될 때는 먼저 귀신의 유무를 타진해도 되는지 허락을 받아야 한다.** 기도 받는 사람이 승낙하지 않을 때는 하지 않는 것이 좋다. 우리가 물어봤을 때 기도 받는 사람이 거절하면, 우리는 더 이상 진행하지 않는다. 그러나 나는 그 사람이 허락만 하면 언제든지 그 문제를 다룰 준비가 되어 있다는 사실을 알려준다. 내게 왔던 사람 중 어떤 사람은 사역을 진행하는 동안 잘 순응하다가 갑자기 일어서서 "나는 이런 짓거리를 믿지 않아!"라고 말하면서 방에서 나가 버렸다. 그가 떠나간 후 나는 만일 그 사람이 다시 와서 계속해 달라고 하면 그렇게 하리라고 다짐했었다. 며칠 후 귀신들이 그 사람의 삶을 고통스럽게 했을 뿐만 아니라, 그 사람 역시 사역 받는 동안 귀신의 실재를 인식했었기 때문에, 그는 나에게 전화를 걸어왔다. 그 사람은 이제 자유로워졌다.

2. **종종 사람들의 눈을 들여다보면서 귀신을 대적해야 한다.** 만일 어떤 사람이 알지 못할 이유로 불안해 한다고 생각하면, 나는 그 사람이 집중할 수 있도록 눈을 감게 한다. 그러나 눈을 뜨게 하는 것이 더 좋을 때도 있다.

나는 기도 받는 사람에게 내가 그 사람 속에 귀신이 있는지 없는지 모른다는 사실을 알려 준다. 그러나 나는 귀신이 있다고 가정하고 행동을 취해봄으로써 귀신이 나타날 가능성을 배제하지 않는다. 귀신은 스스로 정체를 드러내지 않으며, 우리가 대적해야 자신의 정체를 밝힌다. 귀신이 있는지 없는지 확실하지 않아도, 직접 대적해 보는 것이 가장 좋다.

나는 귀신들이 있을 것으로 의심되는 감정이나 영적인 문제의 이름을 사용해서 귀신들을 대적한다. 예를 들면, "____의 영아, 내가 예수 그리스도 이름으로 너를 대적한다. 정체를 밝혀라"라고 말한다.

귀신들의 반응을 얻으려면 하나 혹은 그 이상의 영을 여러 번 대적해야 한다. 나는 때때로 "네 정체를 숨기지 말고 나타내라"라고 명령한다. 어떤 경우에는 하나의 반응을 얻기 위해 여러 귀신을 대적해야 할 때도 있다. 나는 계속 여러 영의 이름을 부르는데, 이렇게 하는 데는 인내와 끈기가 필요하다. 나는 때때로 힘이 약하다고 생각되는 귀신들을 집중적으로 공격하는데, 그 이유는 강한 힘을 가진 귀신들에 비해 약한 귀신들이 더 쉽게 대답할 수 있을 것으로 가정하기 때문이다.

만일 내가 불러내야 할 영의 이름이 무엇인지 확실치 않으면, 나는 귀신에게 그 이름이 무엇인지 말하라고 명령하기도 한다. 그들로 하여금 이름을 밝히게 하는 것이 쉬운 일은 아니다. 그러면, 우리는 지식의 말씀의 은사를 기대하거나, 다른 어떤 행동에 따른 이름들을 들어 말해 보거나, 아니면 그냥 "우두머리 영"이 나오도록 불러본다. 어떤 영이 자신의 정체가 드러나는 행동을 이미 했을 경우도 있다. 이런 경우 그 행동을 묘사하면서 귀신의 정체를 밝히라고 명할 수도 있다. 예를 들면, "몸을 떨게 한 귀신아, 네 정체를 밝혀라"라고 말할 수 있다.

눈을 계속 쳐다보는 것을 피하게 하는 영도 있는데, 그것은 귀신들이 그 사람의 주의를 딴 데로 돌리고자 하는 수법이다. 만일 귀신이 똑바로 쳐다보지 못하도록 방해하면, 똑바로 쳐다보라고 명령하면서 사역을 진행해야 한다. 귀신들의 책략―눈길 마주치는 것을 피하게 하는 것, 통증을 주는 것, 사람을 떨게 만드는 것, 사람의 마음이 산란해지게 만드는 것, 사람에게 거짓을 말하는 것(예를 들면, "귀신들은 존재하지 않는다"라고 말하는 것 등)―이 사역을 방해하지 못하게 하라. 귀신이 주도권을 잡을 기회를 철저히 금하라. 이때 사역자는 소리치거나 성경을 사람 머리에 올려놓는 행위 등 이상한 행동을 할 필요가 없다. 귀신들은 그들에게 나타나는 능력에 반응할 뿐이다. 그 능력은 성령이 함께 하는 말씀을 통해 흘러나온다.

3. 예수님께 도와줄 힘센 천사들을 보내 달라고 요청하라. 나는 귀신들에게 가끔 그들이 천사들을 볼 수 있느냐고 물어본다. 또 우리와 함께하시는 예수님을 볼 수 있느냐고 질문하기도 한다. 그러면, 그들은 보통 천사들과 예수님을 볼 수 있다고 말한다. 그렇지 않으면, 자신들이 그들의 임재 때문에 몹시 불편하다고 언급하기도 한다. 천사들과 예수님의 임재는 귀신들에게 큰 위협이 될 뿐 아니라 누가 그 사역의 주도권을 잡고 있는지를 알게 해 주는 역할을 한다.

4. 다음으로, 영들의 위계가 어떻게 되어 있는지 물어보라. 나는 내가 대적하는 영에게 그를 다스리고 있는 귀신들이 누구인지 밝히라고 말한다. 나는 그들 위에 군림하는 높은 계급의 귀신들이 드러나 있다고 위협 조로 말함으로써 귀신들이 변절하도록 유도하기도

한다(제6장 참조). 이러한 방법과 지식의 말씀의 은사를 통해 우리는 누가 제일 높은 지위에 있는지 알아낼 수 있다. 일단 누가 우두머리인지 알아낸 후, 나는 그 휘하에 있는 귀신들을 그 우두머리 귀신에게 묶는다. 그렇게 하면 모든 귀신을 한꺼번에 다룰 수 있다. 다루어야 할 귀신이 많을 경우에 이 방법을 쓰면 일이 많이 줄어든다.

귀신들은 그룹으로 몰려 있는데, 그룹 안에서 한 귀신이 우두머리로 행세한다. 그리고 두 집단 이상이 한 사람 안에 거할 수도 있다. 이 경우 각 그룹의 우두머리들은 거의 동일한 힘을 지닌다. 이런 경우에 나는 모든 귀신에게 각기 속한 그룹의 우두머리들에 붙으라고 명령한다. "성령의 권세로 나는 너희들 모두를 …(우두머리 영의 이름)와 함께 묶노라"라고 말한다.

그런 후에 그들이 모두 함께 묶였는지 확인하기 위해 우두머리 영에게 휘하에 있는 영들이 모두 그에게 묶였는지 말하라고 다그친다. 그러면 우두머리 영은 어떤 귀신들은 아직 안 묶여졌다고 말하기도 한다. 나는 왜 그들은 함께 안 묶여졌는지 이유를 대라고 하면서 "그 귀신들은 아직도 …에 먹을 것이 있어서 안 묶였는가?"라고 묻는다. 그러면 우두머리 귀신이나 아직 묶이지 않은 귀신 중 하나가 우리의 명령을 따라 우리가 어떤 일을 더 해야 하는지 알려준다. 이때 아직 완전히 해결되지 않은 상처에 대한 내적 치유를 하면, 보통 묶이지 않고 돌아다니던 귀신은 힘이 약해져서 마침내 묶여 있는 동료들과 합류하게 된다.

조상으로부터 오는 귀신이나 저주를 먼저 다루라.

어떤 귀신이 유전적인 요인으로 들어온 영인지의 여부를 말하게 하라. 어머니의 자궁 속에 있을 때를 상기하면서 하는 과정을 통해 조상으로부터 내려오는 영을 깨끗하게 하는 것에 대해 말한 바 있다. 그러나 모든 것을 확실히 하기 위해 나는 가끔 "예수 그리스도의 이름으로 명하노니, 네가 만일 조상으로부터 유전되어 내려온 귀신들이라면 그렇다고 말하라"라고 명령한다.

만일 그렇다고 하면, "어머니로부터 내려왔느냐, 아니면 아버지로부터 내려왔느냐?"라고 묻고, "몇 대 조상으로부터 내려왔느냐?"라고 묻는다.

만일 그 귀신들이 세대 사이에 뿌리를 둔 것이라면, 나는 이렇게 말한다: "예수 그리스도의 이름으로 권세를 가지고, 나는 6대로부터 5대, 4대, 3대 그리고 2대 이르기까지의 조상들에게 준 너의 영향력을 없앤다. 나는 …(기도 받는 사람의 이름)의 아버지/어머니를 괴롭힌 너의 힘을 없앤다. 네가 …의 가족을 통해 들어와서 그(그녀)를 괴롭게 한 힘을 이제 쓸 수 없다."

이렇게 말했을 때, 귀신의 힘이 눈에 띄게 약해지는 것을 본다. 이미 언급한 바 있지만, 나는 어떤 귀신이 순전히 유전적으로 내려온 귀신인지, 아니면 어떤 힘에 의해 유전적 귀신과 연결되어 있는 것인지 모른다. 그러나 이 방법을 쓸 때 사람들은 편안해 하고, 귀신들은 힘이 약해진다.

만일 어떤 귀신이 세대를 통해 온 것이라는 의심이 들지만 지식의 말씀으로 귀신에게서 그것에 대한 정보를 받지 못해 확인할 수 없으면, 그 귀신이 있다고 가정하고 이렇게 말할 수 있다: "예수 그리스도의 이름과 능력으로 나는 아버지쪽 조상으로부터 내려오는 우울의 영의 세력을 꺾는다. 너는 더 이상 …을 괴롭히지 못한다." 또 "나는 어머니쪽 조상으로부터 내려온 동성애와 관련된 저주의 힘을 예수 그리스도의 이름으로 없앤다"라고 말할 수도 있다.

물론 핵심을 제대로 알고 대처하는 것이 좋지만, 우리가 변칙적인 방법을 사용하기도 하는 이유는 무슨 일이 일어나고 있는지 항상 알지 못하기 때문이다. 나는 저주나 세대를 통해 내려오는 귀신들이 실제로는 없을지라도, 의심이 갈 때면 그 힘을 없애는 편이, 그러한 귀신들이 있는데도 불구하고 그 힘을 없애지 않고 놓아두는 것보다 낫다고 믿는다. 어쨌든 조상으로부터 내려오는 영의 힘이 약해도, 그 귀신이 다른 귀신들에게 미치는 영향은 매우 크다. 조상으로부터 내려오는 영의 힘을 없애면, 그 사람 속에 있는 다른 영들의 힘은 매우 약해진다.

귀신을 모조리 쫓아 보내야 한다.

내적 치유와 세대를 통해 내려온 영의 힘을 약하게 하는 작업을 통해 귀신들은 그 힘을 잃게 된다. 그러나 어떤 것들이 아직 숨어 있을 수 있다. 따라서 귀신들이 나갈 준비가 안 되어 있는 것을 알아도 당황해서는 안 된다.

나는 자주 우두머리 귀신에게 이제 나갈 준비가 되었는지, 아니면 아직 그 사람 속에 있어야 할 이유가 있는지를 물어본다. 그러면, 대개는 더 있어야 할 이유가 있어도 더 있을 이유가 없다고 거짓말한다. 정말 그들이 아직 머물 이유가 있다고 말하든지, 아니면 떠나기 싫어서 거짓말하든지 간에, 우리는 다시 내적 치유로 돌아가서 남아있는 쓰레기를 다루어야 한다.

다루어야 할 문제를 위해서는 언제라도 사역을 도중에 중단할 수 있다. 사역의 어떤 부분도 계속해서 해야만 된다는 원칙이 있는 것은 아니다. 경우에 따라서는 같이 사역하는 팀원들과 이야기를 나누기 위해 사역을 쉴 수 있다. 그럴 경우에 악한 영들에게 "우리가 하려는 말을 너희가 듣는 것을 예수 그리스도의 이름으로 금한다."라고 말하라. 이렇게 말하면 정말 효과가 있다.

사역이 중단될 수 있는 또 다른 요인들이 있는데, 그것은 몸을 풀기 위한 것, 화장실 가는 것, 더 세밀한 인도하심과 큰 능력을 위해 기도하기 위한 것, 사역 팀에 합류할 사람을 부르기 위해 전화하는 것 등이다.

모든 것이 준비되면 우두머리 영과 모든 졸개에게 떠나가라고 권세를 가지고 명령하라. 다른 때처럼 명령하는 것이 확실하고 강압적이어야 하지만 고함칠 필요는 없다. 귀신들은 귀머거리가 아니다. 때로 기도 받는 사람의 귀에 축성된 기름을 바르면 귀신들이 듣고 순종하는 데 도움이 된다. 예수님은 그 당시 바리새인들처럼 귀신들을 어르지 않으셨다. 예수님은 귀신들을 거칠게 다루셨다. 예수님은 귀신들을 꾸짖으며 잠잠히 나오라고 명령하셨다(막 1:25). 끈질긴 인내심을 가지고 강압적이고 권세 있게, 확실한 어조로 귀신들에게 명령해야 한다.

귀신을 내보내는 데 몇 가지 방법이 있다. 어떤 때는 단순히, "____영아, 예수 이름으로 명하노니 너는 떠나가서 예수님 발 앞에 가라"라고 명한다.

이렇게 해서 귀신이 나가면 제일 좋다. 그러나 이렇게만 해서 안 되는 때가 많다. 만일 우두머리 귀신이 불응하면, 그 사람 속에 더 있어야 할 이유가 무엇인지 답하라고 명령해야 한다. 예수님 이름으로 진실된 말만 하라고 명령하라. 이때 귀신들이 어떤 존재들인지, 그리고 그들과 그들의 왕국이 어떻게 패하게 되었는지 다시 기억나게 해주면 도움이 된다. 십자가와 빈 무덤에 대해서도 말해 주라. 귀신들은 십자가에서 흘린 피에 대한 이야기나, 무덤에서 살아나신 예수님의 부활에 대해 듣는 것을 아주 싫어한다.

나의 경우를 보면, 사역한 것을 봉하는 데 가장 효과적인 방법은 예수님께 청해서 천사들에게 영적 상자나 가방을 들려 보내 달라고 해서 함께 묶인 귀신들을 그 속에 넣고 닫는 것이다. 그들은 함께 묶인 채로 상자나 가방에 들어가기 때문에 도망가지 못한다. 그런 후에 우두머리 귀신에게 모두 상자나 가방 속에 들어있는지 확인하게 한다. 그들이 모두 있다고 말하면, 나는 천사들에게 그 상자나 가방을 예수님께 갖다 드리라고 요청한다. 기도 받는 사람들은 보통 이런 과정을 마음으로 볼 수 있다. 그리고 난 후, 나는 예수님께 그 상자나 가방을 없애서 귀신들이 그 사람에게 영영 다시 들어가지 못하게 해주시기를 요청한다. 기도 받는 사람들은 보통 예수께서 귀신들이 들어있는 상자나 가방을 어떻게 처리하시는지 마음으로 볼 수 있다.

예수께서 상자나 가방을 없애 버리실 때, 나는, "나는 귀신들을 … 에게서 분리하되 동이 서에서 먼 것처럼 분리하고, 예수께서 죽으신 십자가와 예수께서 부활하신 빈 무덤을 …와 귀신들 사이에 영원히 놓는다. 나는 귀신들이 다시 이 사람에게 돌아오는 것을 금할 뿐만 아니라, 다른 귀신들을 보내는 것도 금한다"라고 말한다.

이렇게 기도하면 대개 그대로 된다. 그렇지 않을 경우에는 쓰레기가 더 있는지 살펴보고 내적 치유를 통해 그것을 해결해야 한다. 그런 후에 위의 과정을 다시 반복하라.

축사 사역에서 중요한 것은 사역 시간을 적당하게 조정하는 것이다. 내가 어떤 경우 한 번 사역하는 데 11시이 걸린 적이 있긴 하지만, 나는 그런 것을 권장하지 않는다. 내 경험에 비추어 가장 좋은 것은 두 시간 반이나 세 시간 정도이다. 사역이 이보다 더 길어지면, 기도하는 사람과나 기도받는 사람 모두 피곤해진다. 사람들이 피곤해지는 것이 귀신에게 유리할 수도 있다.

만일 열심히 충분한 시간 동안 했는데도 덜 끝났으면, 귀신들에게 "다음에 예수님의 이름으로 대적할 때까지" 입 다물고 그 사람을 해치지 말라고 명령한 후 사역을 끝내라. 그렇게 해 놓으면, 다른 사람이 예수님의 이름으로 그들에게 접근할 수 있다. 어떤 사람은 귀신들에게 "내가 너희들을 부를 때까지" 입 다물라고 했다는 이야기를 들었다. 그렇게 해 놓았으로, 그 사역자가 다시 사역하기 전에 다른 사람이 기회가 되어 사역하였으나 귀신들은 아무 대답도 하지 않았다고 한다.

귀신의 책략과 우리의 전술

귀신들은 내쫓기지 않기 위해 어떤 책략들을 계속 쓴다. 그러므로 우리는 그러한 책략들에 어떻게 대처해야 하는지 알 필요가 있다. 귀신들의 책략들을 살펴보면 다음과 같다.

1. 귀신은 자신의 존재에 대해 속이는 것을 좋아한다. 만일 귀신이 자신을 숨기고 있다고 생각되면, 숨기지 말라고 명하라. 정보를 알아내야 할 귀신이 자신의 정체를 숨기면, 그에게 대답하라고 명령하라. 이렇게 해도 말을 듣지 않으면, 다른 귀신에게 그 귀신이 무엇을 하고 있으며 아직 그곳에 있는지 대라고 말하라. 그러면 보통 그 귀신은 정체를 드러낸다. 만일 그래도 정체를 드러내려 하지 않으면, 다른 것을 먼저 한 후 나중에 다시 시도하라. 강한 힘을 가진 귀신들의 힘이 약해지면, 명령에 불복하지 못하고 정체를 드러내게 된다.

2. 귀신들은 혼동을 주기 위해 서로 연이어 대답하기도 한다. 이런 일이 일어나면, 재빨리 그것을 알아내야 한다. 상대해서 이야기를 듣고자 하는 귀신의 이름을 부른 후, 다른 귀신은 말하라는 명령을 받을 때까지 아무 소리하지 말고 있으라고 명령하라. 사역의 주도권은 사역자에게 있지 귀신에게 있지 않으므로, 그들이 사역을 방해하지 못하게 해야 한다.

3. 귀신들은 두려움을 일으키려고 허풍을 떤다. 귀신들은 절대 그들이 허풍떠는 것처럼 대단하거나 위력이 있는 존재들이 아니다.

비록 그들이 괴상한 표정을 짓게 하거나, 고통을 주거나 몸이 뒤틀리게 하면서 겁을 주어도, 그것은 허세에 지나지 않는다. 때때로 귀신은 "나는 어둠의 왕자다"라고 말하거나 "나는 사탄이다"라고 말하면서 공포심을 조장한다. 그들에게 속지 말라. 우리에게는 그들보다 월등한 능력이 있다. 귀신들이 허세 부리지 못하도록 명령하라. 그들이 누구이며 우리가 누구인지 재확인시켜주면, 그들은 다시 조용해진다.

4. 귀신은 속이고 거짓말한다. 귀신이 말하는 것은 의심하고 들으라. 그들의 말을 믿지 말고, 그들에게 진실만을 말하라고 명령하라. 귀신들은 사역하는 사람들이 잘못하게 하려고 시도한다는 사실, 그리고 자신을 괴롭히지 말고 내버려두게 하려고 애쓴다는 사실을 잊지 말아야 한다. 가끔 귀신들은 내게 "나는 이제 떠난다"라든가 "나는 떠났다"라고 말한다. 그러나 이런 말은 믿을 만한 것이 못 된다. 완전히 쫓아낼 때까지 계속 압력을 가해야 한다.

5. 귀신은 가끔 변명하거나, 남아 있게 해달라고 애걸한다. 귀신은 "여기가 내 집인데 어디로 가라는 거야?", "나는 이 여자를 돕고 있을 뿐이야", "이 사람을 해치지 않겠다고 약속할 테니, 있게 해줘", "나는 나가기 싫단 말이야"라는 말을 한다. 나는 귀신을 궁지에 몰아 하고픈 말을 해보라고 압력을 가하기도 한다. 그러면 그들은 "우리를 괴롭게 하는 것은 불공평한 처사야"라고 말하기도 한다. 그들이 그런 말을 하면, 나는 그들이 괴롭힌 사람에게 공평했는지 되물어본다. 어떤 귀신은 "그것은 이야기가 달라. 우리는 귀신이고, 너

는 그리스도인이잖아. 그러니까 너는 공평해야 해"라고 말했다. 이 귀신은 뛰어난 창작력을 발휘했으나, 나의 인정을 받지 못했다.

귀신들과의 흥정에 속아 경험 없는 사역자들이 실수할 수 있는 것이 있는데, 그것은 귀신이 다른 사람 속에 들어가도록 허락해 달라는 요청이다. 우리는 절대 이것을 허용해서는 안 된다. 만일 귀신들이 사역팀 중 한 사람, 또는 사역 현장에 없는 사람에게 들어가겠다고 위협하면 그렇게 못하도록 금해야 한다. 그러면, 그들은 그렇게 하지 못한다. 예수 그리스도 이름으로 보호하는 기도를 하면 안전하다. 때 따라서 귀신에게 사역하는 사람들이나 관련된 사람들은 모두 (사역 시작할 때 드린 기도를 통해) 이미 보호되어 있다는 사실을 기억하게 해 줄 수도 있다. 그러면 귀신은 누구도 공격하지 못한다.

그러므로 귀신들의 흥정에 넘어가지 말아야 한다. 귀신들은 악한 존재들이다. 그들은 일을 공평하게 하지 않는 자들이다. 그들은 약속을 지키지 않는다. 그들의 요청이 신실한 것처럼 들려도, 또 그들이 우리의 동정심에 호소해도 약해지면 안 된다.

6. 귀신은 사역자와 사역 받는 자 모두를 지치게 하려고 애쓴다.

귀신들은 할 수 있는 한 사람들을 지치게 하려 한다. 그러므로 사역이 너무 오래 계속되지 않도록 해야 한다. 중간에 쉬는 시간을 두는 것도 좋다. 귀신들은 사역 받는 사람이 실제로 사역을 시작하지도 않았는데 지치게 하려고 시도한다. 어떨 때는 사역 받는 사람을 잠들게 하려고 시도하기도 한다. 이 모든 책략은 사역하는 자나 사역 받는 자의 의지를 약하게 하거나, 위축감을 주기 위한 것이다. 그러므로 주의해서 상황을 살펴보고 그들의 책략에 방해받지 않도록 보호해야 한다.

가능한 방법을 동원해서 귀신들을 대적했음에도 불구하고, 귀신들이 정체를 밝히지 않을 경우에 실망할 필요는 없다. 이럴 때는 더 많은 경험을 가진 사람을 사역 팀에 가담시켜서 다시 사역할 수 있다(제9장 처음에 언급한 이야기에 나오는 존이 한 것처럼). 다른 사람들에게 사역을 위해 기도해달라고 부탁하고, 자신도 다음 사역에 임하기 전에 기도하고 금식하라. 그리고 귀신들린 사람을 자유롭게 해주기 위해 계속 인내하며 집요하게 일하라.

덧붙여서, 다음 사역 시간까지 해야 할 "숙제"를 사역 받는 사람에게 내주는 것이 좋다. 그 숙제에는 기도와 예배(공적으로 드리는 것과 개인적인 것 모두), 성경 공부, 마무리되지 않은 내적 치유를 스스로 하는 것, 그리고 귀신들을 스스로 대적해서 도전을 받는 것 등이 포함될 수 있다. 사람들이 도전을 받으면, 소그룹 활동, 약속된 성경 말씀을 외우고 사용하는 것, 하나님께 늘 찬양 드리는 등의 활동이 강화된다.

축사 사역이 하나님의 때 되고, 사역 받는 사람의 의지가 적절히 잘 작용하면, 귀신들린 사람을 자유롭게 해주는 일은 대부분 성공한다. 반면, 의식적이든지 무의식적이든지 귀신들린 사람이 자유로워지는 것을 원치 않을 경우에는 축사 사역이 성공하지 못할 확률이 높다. 하나님은 사람의 자유 의지를 무시한 채 일하는 분이 아니시다. 예외가 있다면, 제6장에 나오는 엘리자베스처럼 많은 사람의 기도로 귀신에게서 놓임을 받는 것이다.

여기에서 짚고 넘어가야 할 점은 사역 받는 사람이 귀신에게서 자유로워지고 싶어하지 않는 것 같다는 생각이 들어도 그 사람을 비난하지 말아야 한다는 것이다. 우리는 확실한 것을 모르므로, 사람들을 비난하지 말고 사랑으로 대해야 한다. 그리고 그 사람이 귀신에게서 벗어나도록 인내하면서 도와주어야 한다.

7. 귀신이 떠나가는 것을 사역 받는 사람이 알 수 있다. 사역 받는 사람은 귀신들이 떠나갈 때 마치 큰 짐이 벗겨지는 듯이 편안한 느낌을 받는다. 때로는 그러한 자유가 익숙하지 않아서 이상한 듯 여겨진다. 이에 대해서는 앞에서 언급한 바 있다.

어떤 사람은 귀신들이 나갈 때 구멍을 통해 나가는 것 같은 느낌을 받는다고 말한다. 이 말은 즉 귀신들이 입(트림, 하품, 소리 지름 등을 통해), 코, 눈, 귀, 항문, 여성의 질 등을 통해 나갈 수도 있음을 의미한다. 귀신이 항문이나 그 근처에 자리 잡고 있는 것이 확실하면, 항문을 통해 나가라고 명령하는 것도 나쁘지 않다. 그러나 귀신들은 사역 받는 사람이 하품을 하거나, 트림을 하거나 소리치게 해서 자기들이 떠나갔다고 생각하도록 속이려 한다는 것을 알아야 한다. 어떤 때는 귀신에게서 놓임을 받은 직후 몸을 떠는 현상이 나타나기도 한다. 만일 귀신이 사람 몸의 특정 부분(머리나 목 같은 곳)에 붙어 있었다면, 귀신이 떠날 때 그 사람은 그 부분이 시원해지는 것을 느낀다. 그러나 그런 느낌도 정말 귀신이 떠났기 때문에 오는 시원함일 수 있고, 귀신이 속임수를 쓰는 것일 수도 있다. 그러므로 귀신들에게 다시 말하라고 명령함으로써 조심스럽게 확인해야 한다. 사역하는 사람이나 사역 받는 사람 모두의 생각에 귀신이 정말 떠났다고 확신할 때까지 거듭 확인해야 한다.

귀신들이 자물쇠가 있는 상자에 들어가라는 명령을 받고 들어가면, 사람들은 자기 몸의 어떤 구멍을 통해 귀신들이 빠져나가는 듯한 느낌은 갖지 않는다. 대신, 그 사람은 자신의 몸이 정말 가볍게 느껴질 뿐 아니라 확실히 자유로워진다. 이러한 자유로움을 곧바로 감지할 수도 있고 그렇지 못할 수도 있는데, 그렇지 못하는 이유는 귀신들을 쫓아내는 동안 긴장해 있었기 때문이다. 때때로 어떤 사람은 예수께서 귀신들이 든 상자를 처리하시는 것과 자신을 안아 주시는 장면을 상세하게 본다. 이 장면을 마음으로 본 후에야 그 사람은 자신이 신체적으로 자유로워졌음을 감지한다.

8. 귀신이 나간 후의 공간을 축복으로 채우라. 내적 치유할 때처럼, 우리는 보통 귀신들이 자리 잡고 있던 부분이 자유로움으로 가득차도록 축복한다. 공포의 귀신이 나갔으면 평화와 희망으로 축복하고, 분노의 귀신이 나갔으면 인내와 용서로 축복하고, 자기 거부의 귀신이 나갔으면 자기 용납과 사랑으로 축복한다.

축사 후의 사역

막 귀신에게서 자유로움을 얻은 사람에게 일어날 수 있는 일이 무엇인지, 그럴 경우 어떻게 해야 하는지에 관해 상담해주는 것은 중요한 과제다. 축사 사역을 마무리하기 전에 귀신들이 다시 돌아오지 못하도록 금하라. 그렇게 하지 않으면 귀신들이 다시 돌아올 수도 있다. 나는 다음과 같은 말을 잘 사용한다: "예수님 이름으로 명한다. 이 사람 속에 있던 귀신이나 다른 영들은 다시 돌아오지 못할지어다. 이 사람은 온전히 예수 그리스도께 속하였으므로 어떤 종류의 악한 영들도 이 사람을 괴롭게 못함을 선포한다."

그런 후에 성령께서 하신 모든 것을 봉하는데, 그때 이렇게 말한다: "이곳에서 일어난 모든 일을 예수 그리스도 이름으로 봉한다. 예수님의 이름으로 귀신들의 침입로를 차단하며, 모든 취약성을 제거한다."

귀신들은 가끔 전에 차지하고 있던 영역을 다시 차지하려 한다. 그러나 그들이 아무리 시도해도, 그렇게 못하도록 금해 놓았기 때문에 그들은 속수무책일 수밖에 없다. 사역받은 사람이 이 사실을 알아야 한다. 그러나 귀신들은 가능하면 그 사람 밖에서 속임수를 쓰려 한다. 그러므로 사역 받은 사람은 귀신이 괴롭게 못하도록 금하는 방법—예수님 안에서 그가 가진 능력을 사용하는 법—을 배워야 한다.

사역자는 사람들에게 귀신들과 대적할 때 권세를 가지고 임해야 함을 설명해주어야 한다. 예수님을 믿는 성도들은 모두 (사역자가 갖고 있는) 한 성령을 갖고 있으므로, 그들도 같은 권세가 있음을 알게 해주어야 한다. 야고보서 4장 7절에 "마귀를 대적하라 그리하면 너희를 피하리라"라고 기록되어 있다. 그러므로 귀신에게서 자유함을 받은 사람은 귀신들이 다시 들어오려 할 때, 그리 못하도록 권세 있게 명령해야 한다. 이렇게 하면, 그들은 결국 지쳐서 다른 데로 간다. 귀신들이 쉽게 포기하지 않으면, 우리도 포기하지 말고 계속 대적해야 한다.

우리는 축사 사역 받은 사람이 그리스도 안에서 자신이 누구인가를 확실히 알 수 있도록 도와주어야 한다. 귀신들은 사람들에게 거짓말을 해왔기 때문에 그리스도인인 우리가 자기의 신분을 아는 것을 싫어한다. 자유로움을 받은 사람은 진리에 따라 자기의 의지를 사용해야 한다. 믿는 사람은 하나님의 자녀요(롬 8:14-17; 요일 3:1-3; 갈 4:5-7), 예수님의 형상을 본받기 위해 정해진 자요(롬 8:14-17; 요일 3:1-3; 갈 4:5-7), 예수께서 친구라 부르신 자다(요 15:15). 예수님이 친히 그를 택하셨고(요 15:16), 능력과 권세를 주셨다(눅 9:1)는 사실을 알려 주라. 두려움은 하나님에게서 온 것이 아니므로(딤후 1:7) 두려워하지 않도록 격려하라.

축사 사역을 받은 사람은 양육 그룹에 참여할 필요가 있다. 그리고 그리스도인 전문 상담자를 만나 상담 받을 필요도 있다. 치유는 임상 치료와 양육을 필요로 한다. 가장 좋은 방법은 사역팀 일원 혹은 전원이 양육 그룹원이 되어 계속 지원해주는 것이다. 성도들간의 교제는 귀신들이 우리를 괴롭히는 일들을 막는 데 도움을 준다. 교회 활동에 참여하고, 주일 성경공부에 출석하면 매우 도움이 된다. 양육 그룹에 참여하면 교제할 수 있을 뿐만 아니라, 좀 더 치유가 필요할 때 축사 받은 사람에게 조언을 받을 수 있다.

축사 사역 받은 사람들은 그들에게 붙어 있던 귀신들이 어떤 종류든지 그와 관련된 것을 항상 정결케 해야 한다. 그들은 하나님께서 주신 자유로움과 치유를 유지하는 데 필요하다고 생각되는 것—

예를 들면 습관과 태도를 바꾸는 것, 새 친구를 사귀는 것 등—이 무엇이든지간에 이를 바꾸는 노력을 해야 한다. 옛 습관대로 살면 귀신들이 출몰할 때 무방비 상태가 된다. 예를 들면, 전에 죽음의 영을 쫓아내 준 적이 있는 여인이 다시 자살을 시도하자 다른 죽음의 귀신들이 그녀에게 들어간 적이 있다. 축사 사역을 받은 사람은 아직 덜 된 부분의 치유를 위해 계속 상담을 받아야 한다. 그래야 귀신들이 다시 들어갈 기회를 얻지 못한다. 개인적인 영적 성장이 필요하다. 기도, 찬양, 예배, 그리고 경건의 시간은 모두 성장에 있어서 필요한 것들이다.

가서 사역하라.

이 책을 통해 어떻게 하면 귀신에게서 사람들을 자유롭게 할 수 있는지 알았으니, 실제로 행하는 일만 남았다. 이 사역이 위험을 감수해야 하지만, 하나님과 함께 하는 사역에는 위험부담이 있음을 알면 두려워할 필요가 없다. 오히려 이 사역을 할 때 믿음이 무엇인지 알게 된다.

아래 열거한 사항들을 염두에 두기 바란다.

1. 기도 받는 사람의 인격을 항상 존중하라. 사람들이 상처받지 않고 당황하지 않도록 최선을 다하라. 귀신들이 폭력을 행사하거나, 토하게 하거나, 고통을 주거나 하지 못하도록 금하라. 기도 받는 사람이 숨기려는 것이 있으면 그것을 공공연하게 고백하라고 강요하

지 말고, 하나님께 직접 고하도록 조언하라. 덧붙여서 말하고 싶은 것은 지식의 말씀이라고 생각되는 것이라도 조심하고 시험해 보아야 한다. 모든 지식의 말씀을 공개할 수 있는 것은 아니다. 어떤 것은 사역자만 알고 있어야 한다(예를 들면, "그녀는 치유되기를 원치 않는다"라는 등의 말). 만일 어떤 것이 사랑을 담고 있는 것이 아니라면, 그것에 대해 말하거나 그대로 행하지 말아야 한다. 왜냐하면 그것은 예수님에게서 온 것이 아니기 때문이다.

2. 축사하기 전이나 후에 내적 치유를 통해 귀신의 힘을 약화하는 것 자체가 사랑이다. 쓰레기를 무시하지 말라. 귀신은 힘이 약해지면 많은 일을 할 수 없다. 그러므로 귀신을 내쫓기 전에 그 힘을 약화시키는 것이 기도 받는 사람을 사랑하는 길이다.

3. 사역하기 전에 사람들(특히 중보기도의 은사가 있는 사람들)이 사역자를 위해 기도하라. 사역자도 기도해야 한다. 만일 축사가 꽤 어려울 것 같다고 생각되면, 사역자나 사역자를 위해 기도해 주는 사람 모두 금식하라. 기도해 주는 사람들은 사역하는 사람과 사역 받는 사람, 가족들, 친구들의 보호를 위해 기도해 주라.

4. 축사 사역을 시작하기 전에 사역하는 방에서 악한 영을 제거하라. 하나님께 속하지 않은 영들에게 사역하는 방에서 떠나가라고 예수 그리스도의 이름으로 명령하라.

5. 기회 닿는 대로 사역 받는 사람의 의지가 강해지도록 격려하라. 축사하는 데 필요한 세 가지 중요한 요소가 있는데, 그것은 하나

님의 능력, 기도 받는 사람의 의지, 그리고 귀신이 붙어사는 사람 안의 쓰레기를 없애는 것이다. 귀신은 사람의 의지를 약하게 하려 한다. 그 이유는 귀신을 대항하는 데 쓰이는 사람의 의지가 강해지면, 귀신은 힘을 쓰지 못하기 때문이다. 그래서, 사람의 의지를 약화하기 위해 귀신은 허풍을 떨고, 두려움을 주고, 피로감을 준다. 자신이 거처로 삼았던 사람에게서 쫓겨난 후에도 사람 속에 있을 때처럼 허풍을 떨어서 변한 것이 없다고 생각하게 한다. 가끔 그들은 사람의 밖에서도 전과 비슷한 증상을 가져다준다. 그들은 사역하는 도중이나 사역 후를 막론하고 두려움을 준다. 귀신들은 폭력, 사고 등을 통해 위협하고, 사역받은 사람이나 그 친지들을 공격함으로써 복수한다. 사역 도중이나 후에 사람들이 힘을 잃게 할 목적으로 피로감을 주기도 한다. 그러므로, 사역받는 사람이 자신의 의지를 약하게 하려는 귀신의 책략에 맞서 인내하면서 의지를 강하게 하도록 격려해야 한다.

6. 사역 도중이나 사역 후에도 계속 사역 받는 사람을 격려하라.

이렇게 하면 사람들의 의지를 강하게 하는 데 도움이 된다. 사역 받는 사람이 확인할 수 있는 이전에 승리한 사역에 대해서 이야기해 주라. 사역 도중 귀신이 어떤 일을 못하게 하거나, 사람에게 축복할 때 나타나는 하나님의 능력을 보여 주라. 사역 받는 사람도 동일한 능력을 소유하고 있다는 확신을 갖게 하라. 사역 도중에 기도 받는 사람에게 하나님의 능력을 사용할 기회를 주는 것도 좋다. 끊임없이 격려하라.

7. 축성된 기름을 바르는 것도 도움이 된다.

나는 어떤 귀신들은 기름을 발라도 아무런 반응이 없는 반면, 어떤 귀신들은 기름을 바르면 그로 인해 놀라는 것을 발견했다. 그러므로, 기름 바르는 것을 실험 삼아 하는 것도 나쁘지 않다. 여러분이 사용하려는 기름을 예수님의 이름으로 축복하고, 기도하여 능력을 부은 다음에 사용하라.

8. 귀신의 힘으로 더러워진 건물이나 물건을 깨끗히 제거하라.

사역 받는 사람의 집이 악한 영에게 점거되어 있을지도 모른다. 만일 그렇다면, 방마다 돌아다니면서 악한 영을 쫓아내어 그 세력을 깨뜨리고, 대신 성령을 초청하라. 기도로 축성된 기름을 사용함으로써 각 방을 악한 세력으로부터 봉할 수 있다. 나는 보통 각 방의 문 위에 십자가를 그을 때 그 기름을 사용한다.

덧붙여서, 집 안에 있는 물건(해외에서 가져온 기념물 등)이나 사람이 지니고 다니는 물건(보석이나 장신구 등)도 악한 영에 접해 있을 수 있다. 만일 그런 것이 있다면, 그것을 알게 해달라고 하나님께 기도하라. 그런 것이 있으면, 그것에 있는 악한 영의 힘을 깨뜨려 깨끗하게 하라. 그런 후에 그것을 하나님의 능력으로 축복하거나 없애라.

제10장

축사 사역의 난제들

"그러하나 진리의 성령이 오시면 그가 너희를 모든 진리 가운데로 인도하시리니 그가 자의로 말하지 않고 오직 듣는 것을 말하시며 장래 일을 너희에게 알리시리라" (요 16:13)

"이는 힘으로 되지 아니하며 능으로 되지 아니하고 오직 나의 신으로 되느니라" (슥 4:6)

"믿음의 주요 온전케 하시는 이인 예수를 바라보자" (히 12:2)

우리 힘으로 할 수 없는 것

하나님과 함께 일할 수 있는 놀라운 특권이 주어졌다는 사실 때문에 나는 항상 두렵고 떨린다. 하나님께서 함께하시므로 가능한 일을 우리 스스로의 힘으로 한다는 것은 어림도 없는 일이다. 나는 귀신을 내어쫓지 못한다. 나는 내 지식이나 경험 이외의 것들은 알지 못한다. 내가 이 책에서 언급한 사역들은 인간의 힘으로 할 수 있는 일들이 아닌 것이 분명한데도, 그러한 일들이 매주 일어나고 있다. 며칠 전에 나는 굉장한 사건 둘을 경험했다. 하나는 제9장 첫머리에서 이미 언급한 것이다.

이런 일이 어떻게 일어날 수 있는가? 그 이유는 사람들이 자유로워지는 것을 보는 것이 하나님의 기쁨인데, 하나님은 의 기쁨에 우리를 동참시키기 원하시기 때문이다. 또, 하나님은 나처럼 능력 없는 사람을 통해 그의 능력을 사용하시기 때문이다. 하나님의 능력에 의해 일할 수 있다는 사실을 믿는 것이 쉬운 것은 아니다. 특히, 예전의 나처럼 자신에게 거부감이 있는 사람은 더 믿어지지 않을 것이다. 그러나 놀라운 일이 자주 일어나는 것을 볼 때, 하나님의 능력이 우리를 통해 나타난다는 사실을 믿지 않을 수 없다.

지니라는 여인의 삶에서 불가능하다고 생각했던 일이 일어났다. 선교사들의 급한 요청에 따라 우리는 열흘 예정으로 아프리카의 영적 전쟁에 관한 세미나를 하기 위해 어느 비행장에 내렸다. 우리가 그 지역에 도착해서 느낀 것은 음울함과 압박감이었다. 우리는 많은 선교사들이 심한 우울증과 두려움으로 말미암아 그 나라를 떠날 수밖에 없는 상황이라는 보고에 접했다.

우리는 첫날 지니를 만났는데, 그녀는 분노가 가득한 젊은 여인이었다. 약 6개월 전에 그곳에 도착한 지니는 두려움에 시달렸고, 사람들에 대한 심한 불신에 사로잡혀 있었다. 지니는 우리의 사역 받기를 거부하면서 우리에게 떠나라고 했다. 그러나 며칠 후 지니는 우리 팀의 두 여자 팀원이 그녀를 위해 기도해도 좋다고 동의했다. 다음은 그들이 함께 사역하는 동안 일어났던 이야기다.

두 명의 팀원이 그녀를 위해 기도하려고 앉았을 때, 그녀는 자신이 귀신들로 인해 대단히 두려워하고 있다고 말했다. 그녀는 매우 고통스러워하면서 자신은 하나님을 신뢰하고 싶지만, 하나님께서 자신을 정말 사랑하시는지 믿어지지 않는다고 고백했다. 그녀는 예수께서 그녀를 사랑하신다는 성경적 진리를 지식적으로는 받아들이고 있었지만, 그녀 내면에 자신이 버림받았다는 느낌이 있었던 것이다. 지니는 자신과 예수님의 관계를 마치 상처받은 어린아이가 멀리 있는 하나님께 이르기 위해 애쓰는 것과 같다고 묘사했다. 그녀 깊이 자리 잡고 있는 두려움과 불신이 그녀의 삶을 지배하고 있었다. 이런 문제들은 특히 남편이 그녀 옆에 없을 때 더 심하게 나타났다. 그녀는 공포와 분노로 고통하고 있었다.

사역을 주도한 리더는 지니가 예수님의 사랑으로 감싸지기를 위해 기도함으로써 사역을 시작했다. 사역팀은 예수께서 지니를 그의 밝은 빛으로 채워주시고, 그의 사랑과 평온으로 수놓은 부드러운 담요로 덮어주시기를 기도했다. 그러자, 성령의 부드러운 임재로 말미암아 지니의 얼굴에 보이던 긴장이 서서히 풀어졌다. 곧이어 놀라운 일이 벌어졌다. 팀원 한 사람이 갑자기 기도를 그치고 이렇게 말했다: "나는 매우 강한 느낌을 받았습니다. 지니, 이것은 하나님에게서 온 말씀 같아요. 내가 예수님의 음성을 들으려는데 예수님은 계속 '지니에게 이렇게 말하라. 예수님은 질투하시는 분이시라고 말하라. 그녀에게 나는 그녀를 안아 주기 원하고, 그녀를 위로하기 원하고, 그녀가 내게 오기를 원한다고 말해 주어라. 내가 지금 여기에 있고, 그녀와 친밀한 관계를 회복하기 원한다고 말해 주어라' 라고 말씀하셔요."

이 말을 듣고 지니는 울음을 터뜨렸고 몇 분 동안 조용히 흐느꼈다. 드디어 그녀는 눈물어린 눈을 위로 향하여 예수님께 기도했다. 지니는 "주님, 이제까지 마음 아프게 해드린 것 정말 미안해요. 당신이 질투하시기까지 나를 생각해 주시다니 얼마나 감사한지요. 당신이 지금 이 자리에 계시고 나를 정말 사랑하신다니 너무 감사해요."라고 말했다. 사역팀은 예수께서 지니를 그의 사랑에 젖어들게 해주시고, 공포를 내쫓아주시고, 예수님의 보호하심과 사랑하심에 대한 신뢰를 회복시켜 달라고 기도했다. 예수님은 기도를 들으셨고, 그들이 기도한 것 이상으로 베풀어주셨다. 지니가 얼굴을 들었을 때 그녀의 얼굴은 환한 미소로 빛나고 있었다. 남편이 놀라움을 금치 못한 채 지켜 보는 가운데 그녀는 웃기 시작했다. 이런 지니를 바라보고 있던 사역팀은 매우 기뻐했지만, 한편으로는 의아했다. 드디어 지니는 웃음을 멈추고 그녀에게 일어났던 일을 들려주었다.

"여러분이 예수님께 내가 그를 신뢰할 수 있도록 오셔서 도와달라고 기도할 때, 나는 나를 감싸주시는 힘 있고 다정한 예수님의 팔을 느낄 수 있었습니다. 생애 처음으로 내가 매우 안전하다고 느꼈습니다. 그 느낌은 말할 수 없이 근사한 것이에요. 예수께서 또 어떻게 하셨는지 아세요? 예수님은 내게 선물들—꽃, 장난감 등 예쁘게 포장한 것들—을 주셨어요. 그것은 내가 항상 꿈꾸어왔지만 가족들이 해주지 못했던 나의 생일잔치를 방불케 했어요. 예수께서 나를 그토록 사랑하시는 줄 미처 몰랐어요. 예수께서 이렇게 내 가까이 계시면서 나를 보호하시고 사랑하시는 줄도 알지 못했었어요."

그 늦은 봄날 밤 지니의 삶은 완전히 변화되었다. 그녀의 남편 말에 의하면, 그녀는 다음날 일어나면서 또 웃고 하나님을 찬양했다고 한다. 아이들은 그녀의 달라진 모습을 보고 매우 기뻐하면서도 한편 놀라워하면서 아버지께 이렇게 말했다: "아빠, 전에는 엄마가 미소 짓는 것은 물론이요 저렇게 웃는 것을 본 적이 없어요. 어제 저녁에 무슨 일이 있었어요?"

그는 그녀에게 일어난 믿어지지 않는 변화를 아이들에게 완전히 설명할 수 없었지만, 분명한 것은 예수께서 그녀를 만나주셔서 그녀가 귀신들린 현상에서 자유함을 받았을 뿐 아니라, 그녀에게 자유함과 희망을 주신 하나님 아버지를 보는 관점도 달라졌다는 것이다.

우리는 예수께서 사람들이 상상도 못했던 방식으로 그들에게 나타나시고 만나주시는 것을 본다. 은혜로우신 하나님은 우리가 그의 임재 속에서 그의 음성을 들을 때 우리에게 치유의 말씀을 주신다. 지니의 경우, 예수님은 한 팀원을 통해 친밀한 말씀을 지니에게 주심으로써 그녀가 예수님의 사랑에 대한 지식적인 이해 대신에 그녀를 향하신 예수님의 사랑을 경험하게 해 주셨다. 성령의 능력으로 삶이 변화되는 것은 예수님과의 친밀한 관계를 갖는 것의 본보기이다. 지니는 예수님에 대한 신뢰를 회복하고 친밀한 관계를 갖게 되었을 때, 어둠의 세력을 대적할 수 있는 가장 강력한 무기를 갖게 되었다.

지니가 예수님 안에서 자신이 귀한 존재임을 알았을 때, 전쟁은 끝난 것이나 마찬가지였다. 그녀를 위한 축사 사역을 하였을 때 귀신 몇이 나갔다. 그러나 지니에게 가장 큰 문제는 귀신의 문제가 아니었고, 그녀와 예수님과의 잘못된 관계였다. 지니가 예수님의 초자연적인 임재로 친밀한 관계를 회복하자, 공포와 불신의 귀신들은 예수님의 완전한 사랑에 순식간에 패하여 힘을 잃은 것이다.

먼저 생각해 보고 싶은 "난제들"은 하나님께서 인간의 삶에 어떻게 그런 일이 일어나게 하시는가, 그리고 어떻게 우리를 그의 일에 동참시키시는가이다. 여기에는 현실적인 이유도 포함되어 있다.

난제들

우리가 귀신들린 사람들을 위해 일할 때 전혀 예상치 못했던 일들이 많이 일어나는데, 여기에서는 그런 것들을 고찰해 보고자 한다.

1. 귀신이 있는데도 불구하고, 귀신들린 사람은 귀신이 대답하는 것을 허용하지 않는다. 귀신의 힘이 매우 세지 않을 경우에 우리는 사역 받는 사람에게 그의 성대를 귀신이 사용해도 되겠느냐는 허락을 받는다. 이때 이를 허락하지 않는 것은 의식적인 것일 수도 있고, 혹은 무의식적인 것일 수도 있다. 이런 반응은 보통 축사 사역하는 과정에서 나타날 일을 두려워하는 사람에게서 나타난다. 허락하지 않는 이유가 두려움이라고 생각되면, 우리는 다음과 같은 두 가지 일을 한다.

첫째, 축사 사역은 이끌고 나가는 사람의 주도로 해야 하지만, 한편 사역 받는 사람의 주도 아래 이루어져야 함을 설명해 준다. 사역 받는 사람이 허락해야 귀신이 나타나 무슨 일을 하고, 허락하지 않으면 귀신은 나타나지 않는다. 그러므로 사역받는 사람이 사역을 이끌어가는 셈이다. 이런 것을 설명한 후에 다시 그에게 귀신이 우리와 말하는 것을 허락하라고 부탁한다.

이런 일이 릭이라는 사람에게 나타났다. 그는 귀신으로 고통받고 있었다. 귀신이 활동할 때는 신체적인 현상도 강하게 나타났다. 그는 눈을 심하게 깜빡거리고, 몸도 떨었는데, 내가 하지 말라고 명하자 그쳤다. 이런 증상 때문에 릭은 겁이 났다. 그래서 그는 자발적으로 우리를 찾아왔고 자유로워지기를 원했지만, 의식적으로 귀신들이 말하는 것을 허락하지 않았다. 귀신들은 릭을 혼란스럽게 했다. 그들은 릭이 귀신들의 말함을 허락하지 못하게 했다. 그렇게 하면, 그들은 릭을 혼낼 것이고, 릭은 사람들 앞에서 창피당할 것으로 생각하게 했다. 그래서 우리는 성도들이 갖는 귀신을 제어하는 능력에 대해 이야기했고, 릭은 귀신들의 힘이 그들이 허풍떠는 것만큼 세지 않다는 것을 인정했다. 그런 후 릭은 귀신들이 말하는 것을 허락했고, 축사 사역은 순조롭게 진행되었다.

2. 귀신이 우리가 원하는 정보를 제공하지 않는 이유가 몇 가지 있다. 힘이 약해진 영은 그 위에 군림해 있는 영의 보복을 두려워한다. 힘센 귀신은 자기를 거스르는 행동을 하는 영들을 제거할 수 있다. 원하는 도움을 받기 위해서, 나는 때때로 힘센 귀신들에게 보복하지 말라고 명한다. 나는 금하는 명령을 할 때 약한 귀신 주위에 "보호벽"을 쳐서 보복하지 못하게 한다. 비록 귀신들은 힘을 합해 일하기도 하지만, 결국 사탄의 왕국에는 조화가 없다. 그들은 서로 신의를 지키지 않는다. 귀신들은 그들의 목표보다는 각자의 이익

에 더 관심이 있다. 이런 사실을 역이용하여 서로를 헐뜯게 함으로써 정보를 얻어낼 수 있다.

나와 동역하는 한 사람이 낸시라는 여인 속에 있는 고통의 영을 밝혀냈다. 그 사람이 고통의 영에게서 정보를 얻어내려 했을 때, 그 영은 다른 귀신들이 자신을 공격하고 있다고 불평했다. 그래서 그 사람은 다른 영들이 고통의 영을 공격하지 못하도록 명했고, 필요한 정보를 얻어낼 수 있었다.

귀신이 정보를 말하지 않는 또 다른 이유는 우리가 묻는 질문에 대한 대답을 알지 못하기 때문일 수 있다. 나는 가끔 귀신들에게 몇 명이 그 사람 속에 있는지 말하라고 한다. 많은 경우 이 질문에 대한 대답을 잘 안 하는 것을 보면, 그들은 정말 몇 명이 있는지 모르는 것 같다. 그들이 많은 것을 알고 있지만, 모든 것을 아는 것은 아니다. 귀신들은 자기가 들어가기 전에 있었던 그 사람의 삶에 대해서는 알지 못한다. 그러나 그들이 언제 어떻게 들어갔는지, 그리고 그 사람 안에서 어떤 활동을 해왔는지에 대한 것은 제법 잘 드러낸다.

3. **힘이 약해진 우두머리 귀신은 휘하의 귀신들을 지배하지 못한다.** 사역을 시작한 후 빠른 시간 내에 귀신들을 함께 묶어야 한다. 이 사실을 알기 전에 나는 우두머리 귀신의 힘이 약해져서 다른 귀신들을 지배할 수 없는 경우를 종종 보았다. 전에 나는 가장 힘센 귀신의 힘이 약해지면 약한 귀신들도 함께 힘을 잃는다고 생각했었다. 또 내가 귀신들에게 함께 붙으라고 명령하기보다는, 우두머리 귀신이 다른 귀신들에게 명령하여 그들을 묶게 하곤 했다. 그러나 이 방

법이 잘 먹히지 않을 때가 많았는데, 그 이유는 가장 힘센 귀신의 힘이 많이 약해져 있으면, 다른 귀신들을 지배할 수 없기 때문이다. 이렇게 되면, 귀신들을 하나씩 다루어야 한다.

그래서 지금은 가능한 한 빨리 귀신들에게 우두머리 귀신에게 붙으라고 성령의 능력으로 명령한다. 그러면 모든 귀신을 한꺼번에 다룰 수 있다. 사역하는 동안 보면 어떤 때는 졸개 귀신이 우두머리 귀신보다 힘이 강할 때가 있다. 그러나 그들은 이미 함께 묶여 있으므로 사역을 진행하는 데 문제가 되지 않는다. 그러나 힘을 쓰려 하는 졸개 귀신의 힘을 약화시켜 다른 귀신처럼 만들려면 그 귀신이 붙어 있는 쓰레기를 따로 다루어야 한다.

예를 들면, 나는 죽음의 영이 한 그룹을 다스리고 있던 경우를 몇 번 다루어 본 적이 있다. 그런데 그 죽음의 영 휘하에 있던 공포의 영과 거부의 영이 그 사람을 더 강하게 쥐고 있는 듯 보였다. 그 이유는 그 사람이 죽음의 영이 나타나서 일하는 것에 대해서는 자신을 잘 지키고 있지만, 공포의 영이나 거부의 영에서 자신을 잘 지키지 못했기 때문이다. 그 이유를 다시 설명해 본다면, 자살 충동을 받는 것(죽음의 영이 시도하는 것)은 공포나 거부감에 비해 너무 확실하여 대처하기 쉽기 때문이다. 그 이유가 무엇이든지 나는 먼저 그들을 모두 우두머리인 죽음의 영에 붙여서 묶었다. 그런 후 죽음, 공포, 거부의 영에게서 어떤 내적 치유가 필요한지 알아냈다. 이렇게 알아낸 정보를 사용해서 졸개 귀신이 힘을 쓸 수 있었던 쓰레기를 처치한 후 귀신들을 다 쫓아냈다.

4. 귀신들이 묶이면, 졸개 귀신들은 사역자의 허락으로 떠나갈 수 있다. 나는 귀신들을 함께 묶을 때 졸개 귀신들에게 이렇게 말하는 법을 배웠다: "나는 ___영 아래 있는 너희에게 두 가지 중 한 가지를 선택할 기회를 준다. 너희는 ___영이 떠날 때까지 기다렸다가 그와 함께 나가든지, 언제든지 떠나갈 수 있다. 그러나 일단 떠나가면 다시 돌아올 수 없다."

때에 따라서 매우 재미있는 일이 일어난다. 어떤 때는 많은 귀신들이 곧바로 떠나는데, 그 이유는 그들이 붙어 있을 수 있었던 쓰레기가 모두 치워졌기 때문이다. 쓰레기를 없애는 내적 치유가 계속되는 중에 떠나는 귀신들이 있다. 나는 한 우두머리 귀신에게 몇 명의 귀신들이 붙어 있느냐고 물은 적이 있었다. 그는 386명이 있다고 말했다. 물론 나는 이 숫자를 믿지 않았다. 나는 떠나고픈 귀신들에게 떠나가라고 말한 후에 다시 우두머리 귀신에게 몇 명의 귀신이 남아 있는지 물었다. 그는 "385명 남았다. 반역자가 하나 생긴 거야", "254명 남았다", "132명 남았다", "두 자리 숫자가 남았어", "1부터 50까지의 숫자 중 골라 봐"라고 말했다. 그가 말하는 숫자가 과장된 것이기였지만, 우두머리 귀신이 힘을 잃어가고 있었던 게 분명했고, 그는 유머 감각도 있었다. 결국 우두머리 귀신은 나갔다.

5. 귀신은 사람에게서 떠날 때 자신의 어떤 부분을 남겨 두기도 한다. 이런 일이 어떻게 일어나는지 알지 못한다. 혹시 내가 속고 있는지도 모른다. 그러나 내가 말할 수 있는 것은 이런 일이 일어났었다는 사실이다. 우리는 프리메이슨리의 영(그리고 다른 많은 영들)

을 로리(제6장 참조)에게서 쫓아내기 위해 사역한 적이 있었다. 프리메이슨리의 영이 분명히 떠났다고 생각한 우리는 다른 영에게 프리메이슨리의 영이 떠났느냐고 확인했다. 그는 "그 영의 대부분은 떠났지"라고 대답했다. 나는 로리가 프리메이슨리에 속하는 무지개 소녀단에서 활동하지 않은 지 20년이 넘었는데도 그녀의 이름이 그들의 기록부에 남아 있음을 알았다. 그래서 나는 그녀에게 그 단체에 편지를 보내어 회원 명부에서 그녀의 이름을 삭제한 후 그녀의 이름이 명부에서 확실히 없어졌는지 볼 수 있게록 조처해 달라고 하라고 말했다. 다음번에 로리를 만나 사역할 때 나는 한 귀신에게 지난번에 나가지 않은 프리메이슨리 영의 일부가 그대로 있는지 물어보았다. 그 귀신은 "이제 없어. 그 편지 때문이야"라고 말했다. 로리가 자기 이름을 삭제해 달라고 편지했기 때문에, 일부 남아 있던 귀신이 떠날 수밖에 없었던 것이다.

엘렌 키어니라는 나의 동료는 제이슨이라는 남자를 위해 사역하던 중에 스스로 호랑이라고 말하는 귀신을 그 남자에게서 쫓아낸 적이 있다. 그 귀신은 제이슨이 자신의 감정적인 문제의 치유를 방해하는 신념을 포기했을 때 나갔다. 그러나 몇 주 후 호랑이 귀신의 대부분은 나갔지만 꼬리 부분이 남아 있는 것이 발견되었다. 엘렌과 다른 팀원들은 제이슨이 그때까지도 귀신이 도움을 줄 수 있다는 생각을 버리지 못하고 있었음을 알았다. 그래서 그들은 그 문제를 다시 다루었다. 드디어 제이슨이 자기의 신념을 완전히 포기하자 호랑이 귀신의 꼬리 부분도 나갔다.

나는 귀신들에게 우두머리 귀신에게 붙으라고 명령할 때 "각 귀신의 모든 부분이 붙으라"라고 말하는 법을 배웠다. 나는 가끔 "나는 너희 귀신들의 어떤 부분도 남아 있는 것을 원하지 않는다"라고 덧붙인다. 이렇게 하면, 이 문제가 해결된다.

6. 내적 치유보다 축사 사역이 우선하는 때가 있다. 축사 사역에서 주된 것은 감정적인 쓰레기를 다루는 것이고, 귀신들은 그 다음 문제임을 밝힌 바 있다. 그러므로, 깊은 단계의 치유가 우선해야 한다. 그러나 귀신들이 내적 치유 과정을 심히 방해할 때는 제대로 내적 치유를 할 수 없다. 이럴 때 우리는 귀신들을 먼저 다룬다. 사역 받는 사람이 동의하는 한 이렇게 하는 것도 나쁘지 않다. 때로는 이렇게 함으로써 시간을 벌기도 한다. 그 이유는 귀신이 필요한 내적 치유가 무엇인지 밝히게 할 수 있기 때문이다.

이런 경우 나는 한 귀신을 불러내서 그와 다른 귀신들이 "물고 늘어지고" 있는 것을 말하라고 명령한다. 나는 조상으로부터 내려온 문제가 있는지 물어보는데, 있을 때는 귀신이 그렇다고 말한다. 그러면, 우리는 조상으로부터 내려온 힘을 차단한다. 그런 후에 자세한 정보를 얻기 위해 계속 귀신에게 묻는다. 귀신에게 먹이를 제공해준 일이 사역 받는 사람이 태어나기 전이나 어린 시절에 있었는지 물어본다. 만일 귀신이 그런 일이 있었다고 말하면, 우리는 사역받는 사람과 함께 그 문제를 다루어서 귀신들이 힘을 쓰지 못하게 한다. 이런 방법으로 일을 마무리하는데, 이렇게 하는 것이 효과가 있는 경우가 많다. 귀신의 소리가 힘을 잃는 것을 감지함으로써 우리의 방법이 효과적임을 알기도 한다.

7. 귀신에게 우리의 대화를 듣지 말라고 명할 수 있다. "비아"라는 여인이 수요일에 전화를 했다. 그녀가 자기 문제를 설명하기 시작했을 때 나는 이렇게 말했다: "예수 그리스도의 이름으로 명한다. 사탄의 통신은 혼선을 일으키고, 사탄의 왕국에 속한 영들도 우리가 지금 이야기하는 것을 듣지 못할지어다. 또 우리가 세울 계획에 개입하지 못할지어다."

며칠 후 토요일에 비아를 위해 사역하면서 나는 우두머리 귀신인 죽음의 영에게 내가 비아를 위해 사역하게 될 줄 알고 있었는지 물었다. 그는 "아니. 그녀는 알고 있었는데, 우리에게 말하지 않았어"라고 말했다. 나는 그에게 내가 살고 있고 일하는 파사데나 지역에 있는 영에게서 무슨 정보를 얻었느냐고 물어보았다. 그는 "아무 정보도 얻지 못했어. 네가 내 주위에 방어벽을 쳤잖아"라고 대답했다.

우리에게 이런 권세가 있음을 아는 것은 매우 흥미롭고, 확신을 주는 일이다. 우리가 어떤 계획을 할 때 악한 영들이 듣지 못하게 하는 것은 유익한 일이다. 귀신에게 질문에 답하라고 명할 수 있듯이, 우리의 대화를 듣지 말라고 금할 수 있다. 나는 우리가 사역하는 동안 필요에 따라 귀신이 듣지 못하게 하는 것도 좋은 방법임을 알게 되었다. 그렇게 하는 이유는 우리의 사역이 어느 정도 진전되었는지 평가하거나, 사역 받는 사람에게 무슨 일이 일어나고 있는지 설명해 주기 위해서이다. 이렇게 함으로써 악한 영들이 우리의 평가나 전략을 듣지 못하게 할 수 있다. 이때 나는 "사탄의 왕국에 속한 어떤 영들도 우리가 말하려 하는 것을 듣는 것을 예수님의 이름으로 금한다"라고 말한다. 잊지 말아야 할 것은 우리가 다시 귀신에게 이야기하려고 할 때는 그들을 들을 수 없게 했었던 금지 조치를 해제해야 한다는 것이다. 그렇지 않으면, 우리가 말할 때 그들은 들을 수 없다. 이럴 때는 단순히, "____영아, 네가 듣는 것을 허락한다"라고 말한다.

8. 귀신은 사역팀원들을 공격할 수 있다. 사역을 주도하는 사람의 관심이 사역 받는 사람에게 있으므로, 사탄의 군대들은 같이 사역하는 팀원 중 약한 사람을 공격할 수도 있다. 귀신들은 사역팀들의 주의를 다른 데로 돌려서 사역을 방해하려 한다. 귀신들의 방해 현상이 신체적인 고통이나 흥분 상태로 나타나기도 한다. 사람들은 사역하는 방 안에서 음산함을 감지하기도 한다. 이때 사람을 공격하거나 방 안의 공기를 음산하게 만드는 영을 꾸짖어 방해하지 못하도록 기도해서 깨끗하게 하면 된다.

이런 공격을 받은 예를 들어보자. 샤리라는 팀원은 귀신들이 얽어맨 저주를 깨는 것과 관련된 지식의 말씀을 받았을 때 사탄의 공격을 받았다. 샤리는 사역 받는 사람에게 손을 얹으려고 일어섰을 때 다리에 갑작스런 통증을 느껴 거의 쓰러질 뻔했다. 샤리는 이런 일이 일어날 수 있다는 것을 알고 있었기 때문에, 통증을 주는 영을 꾸짖었다. 그러자 그 영은 즉시 떠나갔다.

9. 한 사람 속에 있는 영이 다른 사람 속에도 거할 수 있다. 우리는 사역하던 중 가끔 상대하던 귀신이 없어져서 당황할 때가 있었다. 그러나 우리는 "공유의 영"(shared spirit)이라 명명한 영의 개념을 갖게 되었을 때 비로소 이유를 알게 되었다. 공유의 영이란 한 사

람 이상 속에 거하는 영을 일컫는다. 공유의 영은 이 사람 저 사람 속을 왔다 갔다 할 수 있다. 따라서, 공유의 영은 자신이 거하고 있는 사람 중 한 사람이 축사 사역을 받을 때 자신의 정체가 드러나면, 그 위기를 모면키 위해 다른 사람 속으로 몸을 피한다. 작고한 어네스트 록스테드는 공유의 영과 관련해서 경험한 사건에 대해 말한 적이 있다. 그는 그가 상담한 한 여인에게 있던 공유의 영이 무려 500마일이나 떨어진 곳에 살고 있는 그녀의 어머니에게 간 적이 있었다고 말했다. 공유의 영은 돌아오라는 명령을 받자 즉시 사역 받는 사람에게 돌아왔다고 한다. 공유의 영은 상상을 초월하는 속도로 여행한 것이다.

나는 죽음의 영을 공유한 한 부부를 위해 사역한 적이 있다. 먼저 남편을 위해 사역할 때, 나는 그 영에게 남편에게 있되 절대 왔다갔다 하지 말라고 명했다. 나중에 부인을 위해 사역했을 때 나는 다른 영에게 공유하고 있던 죽음의 영이 아직 그녀 안에 있는지 물어보았다. 그 다른 영은 "없어. 그는 상자에 갇힌 채 어디론가 갔어"라고 대답했다.

공유의 영은 보통 가족이나 아주 가까운 사람들 속에 함께 거한다. 귀신은 같은 시간에 두 장소에 나타날 수 없지만, 한 사람 혹은 다른 사람 속에 수시로 드나들 수 있다. 이 말은 축사 사역 받는 사람 속에 있던 공유의 영이 그 사람에게서 나갔다고 해서 다른 사람에게서 나간 것은 아니라는 뜻이다. 그 영은 잠시 다른 사람 속에 거하다가 다시 돌아와서 사역 받은 사람 속에 거할 수 있다. 사역할 때 공유의 영이 있다는 의심을 하되, 특히 부부 모두 귀신들린 경우에는 공유의 영이 있는지 의심할 필요가 있다. 만일 공유의 영에 대한 의심이 있으면, 그 영에게 사역 받는 사람 속에만 있고, 떠나라는 명령을 받을 때까지 아무 데도 가지 못하게 해야 한다. 귀신들의 세계에는 보이지 않는 통신망이 발달해 있어서 영들은 듣기도 잘하고 반응도 빠르다. 공유의 영을 한 사람에게서 쫓아낼 때는 그 영이 거하고 있는 다른 사람에게 접근하는 것을 금해야 한다. 공유의 영을 가진 사람들이 서로 묶여 있는 "혼의 묶임"(soul tie)을 끊어야 한다.

10. 과거를 믿음으로 상상할 때 가짜 예수가 나타날 수 있다. 내적 치유를 할 때 사역 받는 사람이 기억하는 아픈 사건 속에 예수님이 나타나시는 것을 상상하게 하는 것은 매우 도움이 되는 방법이다. 그러나 때때로 사역 받는 사람이 자신이 본 "예수(?)"가 이상하게 보인다든지, 이상한 말을 하거나 행동을 한다고 말할 때가 있다. 예를 들면, 자신에게 상처를 주거나 자신을 학대한다고 말한다. 최근 어떤 남자는 예수님이 매우 음울한 얼굴 표정을 지었고, 얼굴에 털이 덥수룩했으며, 추한 모습을 하고 있었다고 말했다. 또 다른 사람은 예수님이 손에 칼을 갖고 있었다고 말 했다. 위에서 말한 두 사람의 상상에 나타난 예수는 실상은 가짜 예수였던 것이다.

"어떻게 귀신들이 이런 일을 가능하게 할까"라는 질문이 제기될 수 있는데, 이에 대한 나의 대답은 모른다는 것이다. 그러나 고맙게도 이런 일이 흔하지 않다. 거짓 예수가 사역 받는 사람에게 나타난 것 같다는 의심이 들면 "이 사람이 본 예수님이 진짜 예수님이 아니면, 예수 그리스도의 이름으로 명하니 사라져라"라고 말하라.

이때 "만일"이라는 부사를 쓰는 것은 현명한 처사다. 왜냐하면, 우리가 실수할 수도 있기 때문이다. 나는 실수를 여러 번 했다.

이렇게 하면 하나님은 그 사람이 언제 진짜 예수님을 보았는지 알 수 있도록 여러 방법으로해 알려주신다. 명령을 해서 거짓 예수가 사라졌다면, 이제 사역 받는 사람에게 진짜 예수께서 나타나시도록 요청하는 기도를 하라. 그러면, 사역 받는 사람은 가끔 광명으로 둘러싸인 빛난 옷 입으신 예수님을 본다. 만약 사역 받는 사람이 예수님의 모습을 직접 보지 못한다면, 마음속으로 그의 모습을 그려보라고 조언하라. 어쨌든 예수님은 우리 마음 속 믿음의 그림 속에 우뚝 서 계시곤 한다.

11. 귀신이 사역자가 쓰는 언어를 구사하지 못할 수도 있다. 어떤 귀신은 이중 언어, 혹은 다중 언어를 구사한다. 이렇게 여러 언어를 쓰는 귀신은 보통 다른 언어로 말하기 시작하는데, 그때 영어로 하라고 명령하면 이에 따른다. 서아프리카에 있는 어떤 여선교사의 말에 의하면, 그녀가 영어로 귀신을 대적했는데, 귀신은 불어로 대답했다. 그래서 영어로 답하라고 명했더니, 그대로 했다. 그러나 귀신이 영어를 알아들을 수 있는데도 영어로 답하지 않을 때가 있다.

나는 왜 어떤 귀신은 한 가지 언어만 구사하고, 어떤 귀신은 이중 언어 혹은 다중 언어를 구사하는지 이유를 모르며, 그들이 단순히 강퍅해서 말하지 않는 것인지 언어 구사 능력이 없어서 못하는 것인지도 모른다. 나는 내가 쓰는 영어를 알아들으면서도 중국어로만 말하는 귀신을 상대한 적이 있다. 그 귀신이 무어라고 말하는지 알기 위해서 나는 통역해주는 사람에게 의지해야 했다. 이럴 때 일이 복잡해진다.

12. 귀신은 "혼의 묶임"을 가져오게 하는 맹세로 힘을 쓰기도 한다. 사람들은 가끔 "나는 절대 우리 엄마/아버지 같은 사람이 안될 거야", "나는 절대 남자를 안 믿을 테야", "나는 …같은 사람이 될 거야"라고 맹세한다. 이런 맹세는 상처받은 데 대한 반작용에서 온다. 그런 맹세는 맹세한 사람이 어떤 사람이나 물건에 집착하게 하거나, 반대로 적대시하게 한다. 이런 맹세들이 영적인 영역에서 어떤 모양으로든지 작용해서 귀신이 붙을 자리를 마련해 주기도 한다. 그것은 우상과 관련이 있는 원칙인지도 모른다. 왜냐하면, 그러한 맹세 때문에 예수님께 온전히 충성하는 것이 방해받을 수 있기 때문이다.

혼의 묶임은 어떤 맹세로 인해 생겨나는 비정상적인 결속이 사람이나 물건에 일어날 때 생긴다. 혼의 묶임은 사람과 사람 간에, 혹은 사람과 물건 간에 있을 수 있는 사탄의 힘에 의한 것이다. 하나님은 우리에게 묶을 수 있는 능력을 주셨다. 그러한 묶임이 예수님의 이름에 의한 것이면 권장할 만한 것이요, 풍요로운 삶을 가져오는 것이요, 자유롭게 하는 것이다. 그러나 사탄의 힘으로 묶임을 받는 행동―예를 들면, 성적인 관계, 피로 맺은 언약, 다른 사람에게 자신을 지배하는 권한을 부여하는 것, 재물이나 직업 같은 물질적인 것에 헌신하는 것 등―은 속박을 초래한다. 이런 것으로 인해 혼의 묶임을 당하는 사람들은 그 묶임에서 놓여남을 받아 하나님이 원하시는 자유를 얻어야 한다.

  이런 문제를 안고 있는 사람들은 보복을 두려워하여 자신을 보호할 목적으로 맹세나 혼의 묶임에 전적으로 의지하는 경향이 있다. 그들은 맹세나 혼의 묶임의 문제가 자신에게 있는지 모르며, 그 위험성에 대해서도 알지 못한다. 우리는 이와 관련된 것들을 사역 받는 사람이 어떤 말을 할 때 알아채기도 하지만, 대개는 지식의 말씀을 통해서나 귀신들로 하여금 말하게 하여서 알아낸다. 이런 문제를 안고 있는 사람은 맹세와 혼의 묶임을 취소하고, 그것들이 들어있던 곳을 채우기 위해 예수님 안에서의 믿음을 서약해야 한다.

  나와 동역하는 엘렌 키어니는 맹세의 문제를 잘 나타내 주는 다음의 이야기를 들려주었다. 다나는 어린 시절 충격적인 일을 겪었다. 그녀는 자녀들과 함께 수년간을 길거리에서 무숙자로 지내왔다. 그녀는 예수님께 자신을 진실하게 내어놓고 여러 달 동안 사역을 받았다. 그녀는 많은 진전을 보였다. 어느 날 사역팀은 그녀와 그녀의 어머니와의 관계를 다루면 어떻겠냐고 제안하였다. 그녀는 즉시 어머니와는 아무 문제가 없다고 말하면서 제안을 거절했다. 다나가 어머니에 대해 굉장히 분노하고 있었음에도 불구하고, 무슨 일이 있어도 어머니를 비난하거나 공격하는 것에서 어머니를 지키고 보호하겠다는 굳은 결의를 보였다.

  마침내 다나는 어머니와 자신의 문제를 위해 기도하는 데 동의했다. 그러나 그녀는 어떤 결과도 기대하지 않는 듯했다. 귀신들은 나타나서 사역팀에게 요긴한 정보를 주었다. 사역팀은 다나에게 그녀를 제대로 보호하지 못한 어머니를 향한 실망과 분노의 감정을 예수님께 쏟아놓으라고 말했다. 시키는 대로 했을 때, 그녀는 편안함과 자유로움을 갖게 되었다. 그러나 귀신들은 아직도 그녀를 붙들고 있었다. 사역팀이 기도할 때 지식의 말씀이 나타났는데, 그것은 다나가 어머니도 예수님께 맡겨야 한다는 것이었다. 팀원이 그녀가 "마음속에 간직하고 있는 불쌍한 어머니"를 예수님께 넘기게 했다.

그러자 귀신이 소리치며 "네가 그것을 어떻게 아니?"라고 말했다. 다나가 어머니의 보호자가 되겠다고 한 맹세에 아직도 매여 있다는 사실이 명백해졌다. 이 맹세가 귀신들이 그녀를 지배할 수 있는 터전을 만들어 준 것이었다. 다나가 자신의 맹세를 취소하고, 예수께서 그녀의 어머니를 돌보아 주신다는 것에 대한 신뢰를 갖자, 귀신들은 쉽게 쫓겨났다.

13. 저주는 사탄의 먹이다. 앞에서 저주에 대해서 많이 다루었으므로, 여기서는 자세한 언급은 하지 않겠다. 그러나 축사 사역에 종사하는 사람은 사역 받는 사람들에게 저주가 임해 있는지를 끊임없이 살펴보아야 한다는 사실을 덧붙이고 싶다. 맹세의 경우처럼, 사람들은 저주가 자기에게 임해 있는지를 잘 모르고 있다. 그러므로, 우리는 경험, 지식의 말씀, 혹은 귀신에게서 받은 정보로 저주가 걸려 있는지의 여부를 발견할 수 있다.

예를 들면, 낮은 자아상을 가진 사람이 무의식적으로 자신을 저주하거나 자신의 어떤 부분(보통 그들의 신체 중 어떤 부분)을 저주하는 것은 흔히 있는 일이다. 내가 귀신에게 사역 받는 사람이 자기 자신을 저주한 적이 있는지 물어보면, 그 대답은 흔히 "그렇다"이다.

자신에게 건 저주를 깨기 위해 해야 할 일은 그 저주를 끊는 것이다. 저주를 불러들인 장본인은 그 저주를 취소할 수 있다.

만일 저주가 다른 사람에 의해 걸린 것이라면, 귀신은 자신의 정체는 곧바로 나타내지만 누가 그러한 저주를 걸었는지 밝히는 것은 꺼린다. 저주를 깨는 것은 간단한 명령으로 충분하다. 그러나 어떤 경우에 구체적으로 명령하여 저주를 풀려면 누구에 의해 저주가 걸렸는지 알아야 한다. 우리가 하나님께 누구에게서 온 저주인지 알게 해달라고 기도하면, 하나님은 응답하신다. 저주한 사람을 알 수 없어도 저주가 풀어지도록 명령해야 한다.

우리는 우리를 저주한 사람을 축복해야 한다는 명령을 받고 있다(눅 6:28; 롬 12:14). 그러므로, 사역받는 사람은 자기를 저주한 사람을 용서하고 축복해야 한다. 만일 저주한 사람이 자기 자신이라면, 자기 자신을 용서하고 축복해야 한다. 우리는 "나는 …에게 걸린 저주가 하나님에게서 오는 축복으로 바뀌어 하나님의 목적하신 대로 되기를 원한다"라고 기도한다.

14. 어떤 사람은 축사 사역을 받은 후에 상태가 악화된다. 사람들을 자유롭게 해주는 것은 단번에 일어나는 사건이라기보다는 과정이다. 사람들의 문제가 하루 이틀에 생긴 것이 아니고 오랜 기간 누적된 것이기 때문에, 치유되는 데도 시간이 걸린다. 이 말은 사람들이 문제들과 함께 살아오는 데 익숙해져 있고, 귀신들과 쓰레기가 함께 있는 자체로서 나름대로 균형을 갖고 살았음을 의미한다. 나름대로 갖고 있던 균형에 변화가 생긴 것이 사역 받는 사람에게 나쁜

느낌을 줄 수도 있다.

축사 사역과 내적 치유에는 영적 수술이 필요하다. 심리학적인 상담이 그렇듯이, 이 과정은 새로운 아픔을 동반하기도 하는데, 그 이유는 우리의 삶에 나타나는 잘못된 것들을 정직하게 대면해야 하기 때문이다. 정직히 대면해야 하는 것이 아픔을 가져올 수 있다. 그러나 잘못된 것을 잘라내는 작업을 할 때 더 큰 아픔이 온다. 이것은 마치 의사가 몸의 병을 고치기 위해 어떤 부분을 도려내는 수술을 한 후 그대로 두는 것처럼 감정적인 상처를 그대로 두기 때문에 오는 아픔이다. 우리는 수술 후의 통증을 호소하는 사람들을 돌봐주어야 한다. 수술받은 사람은 통증이 병으로 인한 통증이 아니라 회복되는 중에 오는 통증임을 안다.

감정적이고 영적인 치유를 받고 난 사람에게 나타나는 사역 후 통증은 정상적이다. 이런 통증을 느끼는 사람은 "빠른 회복"을 원할 것이다. 하나님은 많은 경우 내적 치유와 축사 사역 후에도 통증이 없게 해주신다. 반면, 사람들은 오랜 세월 동안 익숙해져 있던 의식 구조를 뒤로하고, 귀신이 없어진 상태에서 감정적으로나 영적으로 새로운 국면을 맞아 사는 법을 배우기 위해 삶의 방향을 바꾸는 문제에 봉착한다. 사람들은 귀신들이 나간 후에 전에 알지 못했던 상처를 인식하기도 한다. 결국 이러한 고통과 상처는 하나님의 능력으로 없어지지만, 처음에는 사역 받는 사람이 이 모든 것으로 인해 실망할 수도 있다.

축사 사역을 하는 사람은 사역 받은 사람이 사역 후에 이러한 문제로 갈등할 수 있다는 사실에 매우 민감해야 하며, 이들에게 용기를 주어야 한다. 사역받은 사람은 하나님은 이미 놀라운 일을 행하신 분이실 뿐만 아니라, 자신이 계속해서 그러한 경험을 하도록 도와주시는 분이심을 상기해야 한다.

치유를 계속하는 데서 사람들은 고통을 털어놓고 의지할 조력자를 필요로 한다. 하나님은 교회가 이러한 사역을 감당할 수 있도록 준비해 놓으셨다. 교회 안에 있는 그룹이 내적 치유와 축사 사역을 하는 팀과 협력하여 사역 후에 이어지는 내적 치유를 감당하는 것이 가장 이상적인 방법이다. 이 주제에 대한 자세한 내용은 제11장의 27번째 질문에 언급되어 있다.

난제들을 통해

이 책에서 여러 번 언급한 대로 나는 이런 사역과 관련된 많은 것을 알지 못한다. 교수로서 이해하지 못하고 지나쳐야 하는 것을 용납한다는 것이 쉬운 일은 아니다. 나는 비록 신비한 사실도 이해하기를 원하는 사람이다. 그러나 내가 많은 것을 이해하지 못한다는 것을 인정하는 것이 진정 겸손한 사람의 자세다.

그러나 이 난제들이라는 제목으로 쓰기 시작했을 때 언급했던 대로, 내 능력으로는 불가능한 일에 계속 참여하게 되었다는 사실은 나를 흥분시키기에 충분하다. 그러므로 내가 이해하지 못한다는 사실은 문제가 되지 않는다. 하나님께서 함께하시고, 약속하신 대로 사람들을 자유롭게 해주시는 한 나는 즐거이 일할 수 있다. 이 사역을 할 때 하나님께서 거듭 말씀하시는 성경 구절을 들려주고 싶다.

"너는 마음을 다하여 여호와를 의지하고 네 명철을 의지하지 말라 너는 범사에 그를 인정하라 그리하면 네 길을 지도하시리라 스스로 지혜롭게 여기지 말지어다 여호와를 경외하며 악을 떠날지어다"(잠 3:5-7)

이해하지 못하는 것이 있어도 이 사역을 멈추지 말아야 한다. 이 사역은 그만큼 가치 있는 사역이다.

제11장

질문과 대답

나는 축사 사역이나 내적 치유를 다룬 책에 질문과 답을 적은 부분을 삽입하는 것이 매우 도움이 된다는 사실을 발견했다. 그래서, 이 책 마지막 장에서는 내가 사람들에게서 질문을 받고 답변해주었던 것 중에서 자주 대두되는 질문들과 대한 답변을 다루려 한다.

대답할 수 없는 질문

리사는 사탄을 숭배하는 가정에서 성장했다. 그녀의 부모, 특히 어머니는 그녀를 어릴 때부터 사탄숭배 의식에 참여하게 했다. 그녀의 어머니는 그녀가 다른 사람에게 성적으로 학대 당하도록 내버려두었고, 심지어 사람들에게 그녀를 대여하기도 했다. 아주 어렸을 적부터 그녀는 피로 제사 드리는 의식이나 무시무시한 일에 직접 참여하면서 수백 명의 귀신이 그녀에게 들어갔다. 우리는 그녀와 매주 만나기 시작했다. 그녀를 위한 사역에 진전이 있을 때는 기뻤지만,

그렇지 못할 때는 기운이 빠지는 느낌을 갖곤 했다. 그녀는 일련의 질문을 했는데 그것들은 정말 답하기가 어려운 것들이었다.

1. 그녀가 처음 한 질문들의 핵심은 "왜 하나님은 내게 그런 끔찍한 일이 일어나게 했을까요?"였다. 이것은 리사가 처음 제기한 질문 중 하나이며, 이런 질문은 자주 대두된다. 우리가 믿고 있는 바대로의 하나님이시라면, 왜 어린이가 계속 학대받고 강간당하는 것을 내버려두셨을까? 하나님은 왜 그녀가 사탄을 숭배하는 가정에 태어나게 하셨을까? 하나님은 다른 사람들을 사랑하시면서 왜 리사(혹은 리사와 같은 상황에 처한 사람들)에게는 무관심하신가?

나는 이런 질문에 어떻게 대답해야 할지 모르기 때문에 가슴이 아프다. 이 글을 쓰고 있는 순간에도 수많은 사람이 고통스러운 소리로 질문하던 모습이 어른거린다. 이럴 때 나 역시 고통스럽고, 눈물이 나고, 하나님께서 그런 일들이 일어나게 하신 데 대한 분노 섞인 갈등이 인다. 왜냐하면, 나는 내게 제기되는 질문이 무엇이든 간에 그것들을 듣고 어떻게든 해주어야 하기 때문이다. 그러나 나는 이런 종류의 질문에 대해서 명확한 설명을 할 수 없다.

내가 할 수 있는 말은 하나님이 피조물에게 자유 의지를 주셨는데, 리사의 부모를 포함한 사람들은 자유 의지를 자녀를 마음대로 다루면서 학대하는 데 사용한다는 것이다. 나는 이러한 사실을 믿는다. 그러나 왜 하나님께서 이런 일을 당하는 사람이 보호받을 수 있는 조치를 하지 않으셨는지는 알지 못한다.

그래서, 사람들이 내게 이런 질문을 하면, "나도 모르겠어요"라고 말한 후에 내가 알고 있는 것을 말하기 시작한다.

첫째, 나는 하나님은 좋으신 분이심을 안다. 나는 하나님이 사람들을 사랑하시고 돌보아주시는 분이시며, 그에게 도움을 구하며 나아오는 자들을 도와주실 능력이 있으신 분이심을 안다.

둘째, 나는 하나님이 "왜"라는 질문에 거의 답하지 않으신다는 사실을 안다. 욥이 하나님께 어떻게 우주를 다스리시는지 물었을 때, 하나님은 답하지 않으셨다. 마찬가지로, 하나님은 우리의 질문에 답하지 않으신다. 그러므로, 우리는 욥처럼 일이 어떻게 되든지 만족해야 한다. 지금 당장 하나님께서 우리의 생명을 거둬 가셔도 우리는 그를 믿어야 한다(욥 13:15).

셋째, 사탄은 사역 받는 사람(그리고 우리 모두)을 해치려고 애쓴다. 사탄의 일은 죽이고 멸망시키는 것이다(요 10:10). 그리고 사탄이 어떤 사람을 멸망시킬 수 없는 이유는 사탄보다 더 큰 능력을 가진 보호자가 그 사람과 함께하기 때문이다. 그 보호자는 바로 예수님이다.

마지막으로, 나는 적의 세력에서 사람을 자유롭게 해주시는 예수님의 능력을 알고 있다. 나는 하나님께서 왜 우리가 이해할 수 없는 일이 일어나는 것을 허락하시는지 설명할 수 없지만, 하나님은 능력을 베풀어 사람들을 자유롭게 하실 수 있는 분이라는 사실은 분명히 알고 있다. 사람들이 사탄의 세력에서 자유로워지도록 예수님과 함께 동역하는 사람들은 어떻게 그 일이 일어나는지는 알지 못해도 예수님이 사람들을 자유롭게 해주시는 분이심을 알게 된다.

2. 리사가 제기한 또 다른 종류의 질문은 "나는 왜 쉽게 자유로움을 얻지 못하고 이렇게 힘드는 과정을 거치죠? 다른 사람들은 어려움 없이 자유로움을 얻는 것 같은데, 나는 왜 이렇게 힘이 들까요? 하나님은 크신 능력으로 나를 즉시 자유롭게 해주실 수 없는건가요?"였다. 하나님은 리사가 즉시 자유로움을 얻게 해주실 수 있는 분이시다. 그런데 왜 그렇게 하지 않으시는지 설명할 수 없다. 하나님은 대개 우리가 그와 더불어 열심히 일할 때 자유로움을 얻을 수 있게 하시는 분이신가? 이것이 하나님의 방법이라면, 하나님은 우리가 건강을 위해 기도할 때 하나님과 함께 일하는 기쁨을 경험하기 원하시기 때문일까? 나는 잘 모르겠다.

내가 알 수 있는 것은 우리가 하나님과 함께 계속 일하면, 하나님도 계속 우리와 함께 일하신다는 것이다(롬 8:28). 그렇게 할 때, 우리가 열망하는 자유가 우리의 것이 될 수 있다. 지금 언급한 것 외의 것을 나는 설명할 수 없다.

3. 많은 사람은 "예수님은 귀신을 즉시 쫓아내셨는데, 우리는 왜 귀신을 즉시 쫓아낼 수 없는가?"라고 질문한다. 이 책 제2장 〈오류 3〉에서 언급한 바 있지만, 이 질문에 대한 답을 할 수 있으면 좋겠다. 그렇게 할 수 있다면 시간과 에너지를 절약할 수 있으니 얼마나 좋겠는가? 만일 우리가 하나님과의 관계를 예수님과 하나님의 관계만큼 친밀하게 유지한다면, 우리도 예수님처럼 간단하게 일할 수 있을 것이다. 그러나 하나님께서 나를 귀신들을 없애서 사람들을 자유롭게 해주는 일에 참여하고 일할 수 있게 해주시니 얼마나 기쁘

고 감사한지 모른다. 그래서 나는 예수님처럼 빠르게 할 수 있을 때까지 시간이 걸려도 천천히 하는 방법으로 치유 사역을 계속하려 한다. 자세한 것은 〈오류 3〉을 참조하기 바란다.

대답할 수 있는 질문

1. 나간 귀신이 다시 돌아올 수 있는가? 이에 대한 대답은 "그렇다"이다. 그러나 귀신에게 다시 돌아오지 못하도록 금했거나 내적인 쓰레기가 완전히 치워졌을 때는 돌아오지 못한다. 만일 귀신의 먹이였던 감정적, 영적 쓰레기가 아직도 그 사람 속에 있다면, 귀신은 다시 돌아올 명분이 있게 된다. 처치되지 않은 쓰레기는 귀신을 쫓을 수 있는 힘을 약화시킨다. 그러나 귀신에게 돌아올 수 없다고 금해 놓았으면 그 사람 속에 다시 들어갈 수 없으므로, 밖에서 그 사람을 공격한다.

쫓겨난 귀신은 그 사람 속에 다시 들어가려고 힘껏 노력하면서 그의 육신과 의지를 공략한다. 그러나 그들이 사람 속에 다시 들어갈 수 있는 명분이 없으면 들어갈 수 없다. 또 예수 그리스도의 능력으로 다시 들어가지 못하게 금해 놓았으면 들어갈 수 없다. 이제 막 자유로움을 받은 사람은 귀신이 밖에서 하는 소리를 듣고 귀신들직도 자기 안에 있는 듯 착각할 때가 있다. 이때 옛 태도를 다시 나타내거나 옛 행동을 다시 할 수 있는데, 이것은 다시 나타나지 못하도록 금하지 않은 귀신이나 다른 귀신이 들러붙을 쓰레기를 만드는 결과를 초래한다.

귀신을 쫓을 때 기억해야 할 것은 귀신이 돌아오는 것을 금해야 하고, 또 다른 사람에게 그 귀신을 보내는 일이 없어야 한다는 것이다. 내가 아는 한 돌아오지 못하도록 금한 귀신은 다시 돌아오지 않았다. 그러나 몇 경우 사역 받은 사람이 이전의 행동 양식을 되풀이한 결과 전에 있던 귀신이 하던 일과 같은 일을 하게 하는 새 귀신이 들어온 적이 있었다. 예를 들면, 우리가 어떤 여인에게서 죽음의 영을 쫓아냈는데, 그 후에 그녀는 다시 자살을 시도했다. 이것은 다른 죽음의 영이 그녀에게 들어간 것이다.

이제 막 귀신에게서 자유로움을 받은 사람을 상담해주는 것은 매우 중요한 일이다. 비록 귀신이 떠나지만, 옛 습관을 극복하려면 예수님과 함께 걷는 생활을 해야 한다. 그렇지 않으면, 더 많은 쓰레기가 생긴다. 옛 습관대로 살려는 경향에서 벗어나 바른 일을 선택해서 하려는 결단이 요구된다. 또 다시 들어오려 하는 귀신을 하나님이 주신 권세와 능력으로 대적해야 한다.

2. 귀신들을 어디로 보내야 하는가? 어떤 사람들은 귀신을 지옥으로 던지거나 사탄에게 보내야 한다고 말한다. 나는 귀신들이 이런 의견에 매우 강하고 부정적인 반응, 즉 두 곳 모두에 가기 싫다는 반응을 보인다는 것을 발견했다. 그들의 부정적인 반응을 중요하게 여길 필요는 없다. 그리스도인에게 귀신을 두 곳 중 어느 곳에든 보낼 수 있는 능력이 있다는 사실을 알고 귀신은 두려워한다. 성경에는 이에 대한 것이 없지만, 우리는 귀신을 위에서 말한 두 곳으로 보낼 수 있다고 나는 생각한다.

나는 귀신들을 예수님께 보내는 것을 좋아한다. 그 이유는 그 방법이 가장 안전하기 때문이다. 그래서 나는 보통 귀신에게 "예수님의 발 앞에 가라"라고 명령한다. 내가 귀신에게 자물쇠 있는 상자에 들어가라고 명령했을 경우, 나는 천사들에게 그 상자를 예수님 발 앞에 가져다 놓으라고 요청한다. 나는 우두머리 귀신에게 언제 그가 예수님 발 앞에 가게 되었는지 말하라고 명령한다. 그리고 예수께 원하시는 대로 귀신들을 처리해 달라고 요청한다. 나는 사역 받는 사람과 귀신 사이에 십자가와 예수님의 빈 무덤을 놓아서 그들이 돌아오지 못하게 하고, 다른 귀신을 보내지 못하게 한다.

3. 귀신이 언제 정말 나갔는지 어떻게 알 수 있는가? 귀신이 언제 나갔는지 알아내는 것이 쉬운 일이 아니다. 귀신은 가끔 축사 사역이 막바지로 접어들었을 때 조용해지기도 한다. 그것은 힘이 약해져서 일 수 있고, 그들이 이미 나갔다고 생각하게 하려고 그럴 수도 있다. 귀신이 이미 나간 척하며 나를 속이면, 하나님은 내게 지식의 말씀을 주셔서 귀신의 속임수를 알아내게 해주시기도 한다. 그러나 그러한 속임수를 알아내는 비결은 끈질기게 물고 늘어지는 것이다. 귀신이 나갔다고 확신한 후에도, 많은 경우 나는 한 번 혹은 그 이상 귀신이 아직 그 사람 속에 있는지 대적해 본다. 어떤 경우에는 그대로 남아있는 것을 발견하곤 한다.

가장 먼저 해야 할 일은 사람 안에 있는 모든 쓰레기를 다루는 것이다. 귀신이 쉽게 나갈 것 같았는데 그렇지 않는 것은 그 사람의 삶에서 치워져야 할 것이 아직 있기 때문이다. 이런 사실을 아는 나는 귀신에게 무엇이 아직 그 사람 속에 있는지 말하라고 다그친다. 나는 남아있는 쓰레기를 치운 후 귀신에게 "이제 이 사람에게서 떠날 준비가 되었느냐?"라고 묻는다. 놀랍게도 귀신은 모든 것이 끝났다는 것을 알고 떠난다.

내가 하나님께 귀신이 떠나는 것을 보게 해달라고 요청하면, 하나님이 그렇게 해 주시기도 한다. 그래서 나는 가끔 천사들이 귀신들 머리 위에서 상자를 내려서 상자 속에 가두고, 귀신이 들어있는 상자를 예수님께 옮기는 장면을 사람들이 볼 수 있게 해달라고 요청하기도 한다. 나는 귀신이 상자 속에 있을 때 무슨 일이 일어나는지 알기 위해 우두머리 귀신에게 물어본다. 그러면, 그는 모든 귀신이 그 상자 속에 있다든지, 상자가 예수님께 옮겨졌다든지, 아니면 우리가 필요로 하는 여러 가지 자세한 정보를 말한다.

어떤 경우에는 우두머리 귀신이 상자 속에 있으면서 자기 휘하에 있는 하나나 그 이상의 귀신이 아직 상자 밖에 있음을 알려준다. 예를 들면, 나는 최근 대부분의 부하 귀신들과 함께 상자에 들어 있던 죽음의 영인 우두머리 귀신에게 "네 부하 귀신들이 모두 상자 속에 들어 있느냐?"라고 물었는데, 그는 두려움의 영이 상자 밖에 있다고 말했다. 나는 두려움의 영이 붙어 있을 것같은 문제를 처리한 후 그를 대적했다. 결국 두려움의 영도 상자에 들어갔고, 천사들은 그 상자를 예수님께 옮겨 놓았다.

귀신들이 들어있는 상자가 예수님의 발 앞에 옮겨지면, 나는 예수님께 그 상자를 없애 달라고 부탁한다. 예수께서 그 상자를 없애시는 장면을 사역 받는 사람이 볼 수 있게 해 달라고 기도하기도 한다.

그러면, 그 사람은 예수께서 그 상자를 부순 후 멀리 집어 던지시거나, 구덩이에 던져 넣으시거나, 그냥 사라지게 하시는 것을 본다. 상자가 완전히 없어지면, 나는 귀신에게서 대답을 얻지 못한다. 그러면, 사역 받은 사람은 확실히 놓임을 받았다고 느낀다. 그리고 나서 나는 십자가와 예수님의 빈 무덤을 그 사람과 귀신들 사이에 놓고 "예수께서 오늘 이곳에서 하신 모든 일을 예수님의 이름으로 봉한다"라고 말한다.

4. 사람이 귀신을 자기 안에 있지 못하게 대적하면, 귀신은 저절로 나가는가? 어떤 때는 대적하는 것만으로도 충분히 귀신을 내보낼 수 있다. 그래서, 어떤 사람은 스스로 귀신을 쫓아낸다. 그러나 대부분의 경우 내적 치유를 한 후에도 귀신을 대적한 데 이어 권세를 가지고 그들에게 떠나가라고 명령해야 한다. 때에 따라서는 귀신 들린 사람이 자기 안에 있는 귀신에게 이렇게 명령해도 나간다. 그러나 대부분은 다른 사람이 명령해야 한다.

5. **스스로 축사 사역을 시도해도 되는가?** 그렇다. 그리스도 안에서의 우리의 신분은 무엇인가에 대해 아는 것은 능력 있는 그리스도인으로서 살 수 있도록 이끌어주는 역할을 한다. 하나님의 자녀로서 우리는 우리 자신이나 다른 사람을 위해 하나님의 능력과 권세를 사용할 수 있는 자격을 부여받았다. 적을 대적하는 법을 배우고, 우리 삶을 파괴하려는 적의 책략을 없임으로써 귀신들의 침입에서 자유로운 상태를 유지하고 승리한다.

그러나 모든 사람이 스스로 축사 사역을 하지는 못한다. 스스로 축사 사역을 할 때, 다른 사람 안에 있는 귀신을 대적하는 것과 같은 방법으로 자기 안에 있는 영들을 대적해야 한다. 귀신에게 어떤 문제에 붙어 있는지 말하게 해서, 마음에 떠오르는 문제를 하나씩 다루어야 한다. 귀신이 새로운 문제를 거론하지 않으면, 그를 예수님 앞으로 쫓아야 한다.

6. 귀신의 말이 정말인지 어떻게 알 수 있나? 되도록 많이 시험해 보기 전에는 귀신의 말을 믿지 말아야 한다. 대체로 귀신이 말하는 것이 진실인지 아닌지는 알 수 있다. 내적 문제를 다루기 위한 정보를 사용함으로써 귀신의 말의 진위를 확인할 수 있다. 내적 치유를 위한 정보를 가지고 치유했을 때 귀신의 힘이 약해졌다면, 그것은 중요한 정보다. 귀신은 예수님의 이름으로 진실을 밝히라는 명령을 받고도 거짓을 말하여 속이려 한다. 귀신에게서 가능한 한 많은 정보를 얻어내어 신중하게 사용해야 한다. 귀신에게서 얻은 정보를 사용할 때 성령의 능력에 의지하고, 사역 받는 사람이 그 정보가 맞는지 확인하여야 한다. 하나님은 귀신이 준 정보의 진위를 밝혀낼 수 있는 지식의 말씀을 우리에게 주시기도 한다.

7. 한 번의 사역으로 모든 귀신을 쫓아내지 못하면 어떻게 해야 하나? 한 번의 사역으로 일을 다 끝내지 못하는 데는 두 가지 이유가 있다. 한 가지는 한 번의 사역으로 끝내기에는 너무 할 일이 많기 때문이다. 이런 경우에 여러 번 만날 때마다 내적 치유를 겸함으로써 귀신을 완전히 쫓아내야 한다. 또 한 가지 이유는 모두 없앤 것 같았지만 실제로는 그렇지 않은 것이다.

그러므로, 중요한 것은 인내하고 실망하지 않는 것이다. 귀신들리는 현상이 일어나기까지 복잡한 상황이 있었음을 기억해야 한다. 찌꺼기를 깨끗이 치우는 일에 시간이 걸리는 것이 새삼스러운 일은 아니다. 그러므로, 성령의 인도심에 따르거나, 우리가 적당하다고 생각되는 만큼의 시간을 사역에 할애하는 지혜를 발휘해야 한다. 이때 아직 쫓아내지 못한 귀신이 약속된 다음 사역을 위해 만날 때까지 활동하지 못하게 금해야 한다. 그리고 한편으로는 사역 받는 사람에게 귀신의 힘을 약화하는 데 도움이 되는 일을 하라고 권하는 것이 좋다. 도움이 되는 일은 성경 읽기, 기도, 감정적이나 영적인 문제를 스스로 다루는 것 등이있다.

8. 귀신들린 사람이 다른 사람을 위해 축사 사역을 할 수 있는가? 그렇다. 나는 이런 사례를 많이 보았다. 이런 경우에 해당되는 사람은 스스로 자기 안에 있는 귀신을 쫓아내고 있는 중이든지, 자신이 귀신들린 사실을 모르고 있는 사람들이었다. 이 사람들은 자신이 귀신들려 있다는 것을 알지 못하거나, 귀신들린 것을 알고 자유로움을 얻기 위해 정기적으로 기도하고 있었다. 자신이 귀신에게서 자유로워지기를 원하지치 않으면서 다른 사람들을 위해 사역하는 것은 바람직하지 못하다. 이는 사역하는 사람 안에 있는 귀신이 사역을 방해할 수 있는 확률이 높기 때문이다.

사역팀의 한 사람이 귀신들렸는데 그 사실을 모르고 있을 때 재미있는 현상이 일어난다. 사역 받는 사람 안에 있는 귀신에게 대답하라고 명령했는데, 난데없이 사역팀에 속한 사람이 대답하기도 한다.

아니면, 공격받는 귀신을 돕기 위해 어떤 장면을 연출하기도 하고, 사람들의 주의를 다른 데로 돌려서 사역을 혼란스럽게 하기도 한다. 또 어떤 방법을 써서 방해하여 사역 받는 사람이 귀신의 존재를 드러내지 못하게 한다. 이런 현상이 우리 팀에서 일어난 적이 있었다. 한번은 강간의 영(여자를 성적으로 공격하는 영)에 시달리던 여인에게서 그 영을 쫓아내기 위해 사역하던 중에 우리 사역 팀에 속한 여인은 자신이 방해받고 있음을 느꼈다. 우리는 사역을 끝낸 후 우리 사역 팀의 여인에게서도 조금 전에 사역 받은 여인에게 있던 영의 이름과 같은 이름을 갖고 같은 행동을 했던 귀신을 쫓아내 주었다.

나는 우리 사역 팀에 속한 누군가가 귀신들렸는 것을 알면, 사역팀 전체를 보호하는 기도를 하고, 그 사람 속에 있는 귀신이 어떤 방법으로든 다른 귀신을 돕지 못하도록 금한다. 이렇게 금하는 말을 할 때, 귀신들린 사람이 당황하는 일이 없도록 일반적인 어휘를 쓴다. 예를 들면, "우리 중 어떤 사람 안에 있는 적의 사주를 받고 온 영들로부터 우리 모두를 보호하노라. 그 영들은 어떤 방법으로든 곧 있을 사역을 방해하지 못할지어다"라고 말한다.

만일 사역자 자신 안에 귀신이 있다는 것을 알아도 다른 사람에게 사역하는 일을 피할 필요는 없다. 사역하되, 위에서 말한 것과 유사한 방법으로 사역자 자신과 다른 사람들을 보호하는 기도를 하라. 이때 팀원들이 사역자의 문제를 알지 못하도록 조용히 말해도 된다.

9. 귀신들린 사람을 만짐으로써 귀신들릴 수 있는가? 어떤 사람은 귀신들린 사람을 만지면 자신도 귀신들릴 수 있다고 두려워한다.

또 어떤 사람은 사역자 자신이 귀신들리지 않으려면 사역 받는 사람을 만지지 않아야 한다고 믿는다.

이에 대한 진실을 말하는 것은 좀 복잡하다. 여기에는 법칙이 있다.

첫째, 만일 사역자가 공격받기 쉬운 상태에 있으면, 다른 사람에게서 귀신이 옮겨올 수 있다. 둘째, 귀신은 자신이 들어있는 사람을 만지는 사람에게 "느닷없이 뛰어올라" 들어가는 데 제한을 받지 않는다. 사역 받는 사람에게 손을 얹은 사람의 팔을 통해 들어가거나 공기를 통해 들어가는 것은 귀신에게는 쉬운 일이다. 셋째, 사역하는 사람이 성령의 보호를 받고 있으면, 귀신이 그 사람 안에 들어갈 수 없다.

그러므로, 사역할 때만 아니라 수시로 하나님의 보호를 구해야 한다. 우리는 귀신들린 사람들 틈에 살고 있다. 사역 받는 사람을 만지는 것을 두려워하지 말라. 사역 받는 사람에게는 사랑의 손길이 필요할 때가 많다. 중요한 것은 그 사람을 만질 때는 허락을 받고 만져야 한다는 것이다. 만일 사역 받는 사람이 학대받은 경험이 있다면, 그 사람에게 손대기 전에 안전하다는 확신을 주어야 한다. 오해의 소지가 있으면, 만지는 않는 것이 낫다.

10. 부부는 함께 사역 받아야 하는가? 부부가 함께 사역 받는 것이 좋다. 그 이유는 부부는 어떤 일에 대한 정보나 통찰을 함께 나누므로 공유의 영을 갖고 있을 가능성이 높기 때문이다. 결혼한 부부는 서로 연결되어 있다. 부부가 귀신들림의 문제를 함께 갖고 있다

는 사실보다 중요한 것은 그들이 함께 자유로움을 누린다는 사실이다. 더 나아가서 부부는 상대방에게 문제가 생겼을 때 서로 도와주는 태도를 지향하는 것이 중요하다. 만일 한 사람이 따로 사역을 받았으면, 가능한 한 빠른 시일 내에 다른 한쪽도 사역 받는 것이 바람직하다.

그러나 부부 중 한 사람이 특별한 이유로 따로 사역 받기를 원할 수도 있다. 그 이유가 상대방에게 밝히기 싫은 비밀 때문이라면, 그것을 상대방에게 말할 것인지, 말한다면 어떻게 말할 것인지에 대해 기도하면서 의논해야 한다. 때가 이를 때까지는 비밀로 하는 것이 바람직할 때가 있지만, 이상적인 것은 부부가 무엇이든지 숨김없이 서로 나누는 것이다. 그러나 만일 부부 관계가 나쁘거나, 서로에게 솔직하게 말하는 것이 좋지 못할 것 같은 의심이 들면, 때가 될 때까지 기다리는 것이 좋다. 어떤 경우이든지 사역 받는 사람이 어떤 문제로 인해 갈등하고 있을 때보다는 문제를 해결한 후에 상대방에게 말하는 것이 현명하다.

어떤 경우에 부부 중 한 사람만 사역을 받기 원할 때가 있다. 이럴 때는 둘 다 안 받는 것보다는 한쪽이라도 사역 받는 것이 나으므로 한 사람에게라도 사역하는 것이 좋다. 나는 남편이나 아내가 먼저 사역 받은 후 놀랍게 변화된 것을 보고 감동하여 자신도 도움을 청하러 온 경우를 여러 번 보았다. 남편의 변화에 접한 후에 도움을 받기 위해 찾아온 어떤 부인은 "남편이 놀랍게 변했어요. 나도 같은 사역을 받고 싶어요. 그러면, 나도 변화될 것 같아요"라고 말했다.

11. 사역 받는 것을 꺼리는 사람에게 사역할 수 있는가? 내가 항상 이야기하지만, 원하지 않는 사람에게 사역하는 것은 매우 힘든 일이다. 내가 가까이 알고 있는 어떤 사람은 내가 보기에 내적 치유와 축사 사역이 필요한 데도 불구하고, 사역 받기를 완강히 거절하기 때문에 어찌할 수 없어 그냥 있다. 그러한 사람들을 보는 나의 심정은 마치 영생에 대해 질문하였다가 가난한 사람들에게 재물을 나누어주라는 예수님의 권고를 받아들이지 못하고 돌아가는 젊은이(막 10:17-22)를 보는 예수님의 심정과 흡사하다. 마가는 예수께서 그 젊은이를 사랑하셨다고 적고 있다(막 10:21). 예수님은 그 젊은이의 결정을 존중하실 수밖에 없으셨다. 예수님은 자신의 요구사항을 취소하지 않으셨고, 그러한 요구를 따를 수 없어 떠나는 사람을 잡지도 않으셨다.

예수님은 반복해서 "네 믿음이 너를 구원하였다(원문의 의미: 온전케 하였다)"라고 말씀하셨다(마 9:22; 막 5:34; 10:52; 눅 8:48; 17:19). 예수님의 이런 진술은 기본적으로 한 사람이 자신이 낫기 위해 선택한 것에 관한 것이요, 적시 적소를 선택한 것에 관한 것이다. 어떤 사람이 기꺼이 사역 받으려는 마음이나 결심이 없는 한 하나님도 치유를 보류하신다. 그래서, 나는 의식적으로 사역 받기 싫어하는 사람에게는 사역하지 않는다는 원칙을 세워놓고 있다. 그러나 그 사람이 기꺼이 사역 받을 수 있도록 돕는 노력은 한다.

우리는 사역 받으러 오는 많은 사람이 무의식적으로 사역 받기를 꺼린다는 사실을 발견했다. 특히 사역이 이미 진행되는 중에 사역 받기를 꺼리면, 그 사람이 기꺼이 사역 받으려는 마음이 되도록 돕거나, 하나님을 의지하면서 우리와 함께 일할 결심을 하도록 돕는 것이 내가 할 일이다. 그래서, 나는 그 사람을 향한 하나님의 능력과 선하심이 나타나는 작은 일 한두 가지를 시범을 통해 보여준다. 이는 이렇게 함으로써 하나님께 대한 그 사람의 믿음과 확신이 더 확고해질 수 있기 때문이다. 시범을 보이는 작은 일들은 예를 들면, 기도하여 두통이 없어지는 것, 예수님의 포옹 받는 것을 마음속에 그리는 것, 축복을 빌 때 오는 강 같은 평화 등이다.

 12. 어떤 사람의 의지가 귀신에게 심하게 침해 당했을 때 어떻게 해야 하는가? 귀신이 그리스도인의 마음, 감정, 그리고 의지 속에 거할 수 있다고 말한 바 있다. 어떤 사람에게서 귀신을 쫓아내야 할 상황이라면, 귀신을 쫓아내는 과정에서 그 사람의 의지가 강하게 작용해야 한다. 만일 사람의 의지 속에서 귀신이 강한 힘을 발휘하면서 활동하고 있음을 감지할 경우에 나는 사역 초기에 귀신에게서 사람의 의지를 떼어 놓는 작업을 한다.

 이렇게 떼놓는 작업을 할 때 나는 귀신에게 이렇게 말한다: "…(사역 받는 사람의 이름)가 그의 의지를 사용할 것을 예수 그리스도 이름으로 명하노라. 나는 …의 의지를 주도하는 너의 허세와 힘을 파기한다. 만일 …가 허락하였기 때문이라고 권리를 주장하면, 내가 그 허락을 취소하고 …의 의지를 예수님께 드린다."

 이렇게 하면, 사역받는 사람의 의지는 곧 강한 힘을 얻고, 그 사람은 사역을 돕게 된다. 그러나 어떤 경우에 귀신이 그 사람의 의지를 되찾으려고 애쓴다. 왜냐하면, 귀신은 그 사람의 의지를 잃으면 자신이 곤경에 처할 것을 알기 때문이다. 우리가 사역받는 사람의 의지를 청구하면, 부분적으로라도 그 사람의 의지는 자유롭게 된다. 만일 사역받는 사람의 의지가 조금도 자유로워지지 않으면, 그 사람이 허락하는 치유, 그리고 귀신이 정보를 제공하는 내적 치유를 다루어야 한다. 그리고 사역받는 사람의 의지가 온전히 예수께 드려지도록 반복해서 끈기있게 시도해야 한다.

13. 가족이나 친구에게 사역할 수 있는가? 가족이나 친구에게 사역하는 것이 힘들 수 있으나, 한편으로는 매우 의미 있는 일이 될 수 있다. 좋은 결과를 얻으려면 사역받는 사람이 사역하는 사람에 대해 편안한 마음을 가져야 한다. 어떤 사람은 사역자 중에 자기와 가까운 사람이 있는 것을 경계한다.

아는 사람이 사역하는 것이 좋은지 나쁜지는 사람마다 다르므로 일반적인 원칙을 세우기보다는 개별적으로 경우에 따라 대처하는 것이 좋다. 모든 것은 서로의 관계가 어떠냐에 따라 다르고, 또 사역받는 사람이 얼마나 자신을 개방하느냐에 따라 다르다. 자신이 사역하면 사역 받는 사람에게 유익하리라 여겨져도, 가까운 사람에게 억지로 사역을 베풀려 하지 말아야 한다. 비록 가까운 사람이 사역자에게 마음을 열어도, 가장 좋은 방법은 사역 받는 사람과 사역자 모두 믿을 수 있는 사람이 사역하도록 하는 것이 좋다. 그러나 여러분이 사역 팀에 있는 것이 좋은지의 여부를 결정하는 것은 사랑하는 친척이나 친구들이 하도록 하라. 사역 받는 사람이 여러분이 참석하는 것을 싫다고 말하는 것에 대해 부담을 갖지 않도록 편안하게 해

주어야 한다. 중요한 것은 그 사람이 자유로워지는 것이지 여러분이 사역에 참여하는 것이 아니다.

14. 우리가 축사 사역을 하면, 우리 가족들이 위험한가? 그렇다. 사탄은 사람들이 자신을 대적하는 것을 싫어한다. 그래서, 사탄은 자신을 대적하는 사람을 저지하려고 상처받기 쉬운 사람을 공격한다. 가족 중에 삶에 쌓인 쓰레기를 처리하지 못한 사람이 공격받을 가능성이 있다.

이를 방어하는 데는 두 방어선이 있다. 첫째는 가족에게 문제가 있으면 이를 치유하여 공격받지 않게 하는 것이다. 두 번째는 가족을 위한 기도(특히 가장의 기도)로 가족들이 어느 정도 보호받을 수 있게 하는 것이다. 정기적으로 가족들을 위해 권세 있게 기도해서 적이 공격하지 못하게 해야 한다. 이렇게 보호하는 기도가 외부에서 침입하는 귀신의 공격을 막을 수 있지만, 가족 스스로 귀신을 불러들인 경우에는 상황이 다르다.

사람들은 어려운 상황에서 선택해야 하는 어려움을 겪기도 한다. 축사 사역에 부름을 받은 많은 사람은 가족이 귀신 들려있는데도 사역 받지 않으려 해서 어려움을 겪는 경우도 있다. 그래서 사탄은 자신을 괴롭히는 사람에게 압력을 넣기 위해 원할 때는 언제든지 가족 중 상처받기 쉬운 사람을 통해서 복수한다. 축사 사역을 하는 사람은 적이 자신의 사랑하는 사람을 공격할 위험을 무릅쓰고라도 이 사역에 종사하여야 할 것인지, 아니면 적의 손에 놀아나도록 사역에 종사하는 것을 포기할 것인지 중 하나를 선택해야 한다. 어떤 어려움이 있어도 사역에 종사하는 자가 되기를 강력히 권한다.

15. **귀신이 위협할 때 우리는 어떻게 해야 하는가?** 최근 어떤 귀신과 승부를 겨룬 적이 있는데, 그때 귀신이 "너를 죽이겠다!"라고 위협하는 소리를 여러 번 들었다. 그러나 나는 이미 사역 팀에 속한 사람들과 그 가족들, 그리고 그들의 재산 등 모든 것 보호하는 기도를 드렸기 때문에, "너는 그렇게 할 수 없어. 나는 하나님의 보호를 받고 있어"라고 말했다. 귀신은 나를 해칠 수 없다는 것을 알고 있었다.

귀신들은 매우 허풍이 세다. 만일 귀신이 위협을 가함으로써 우리를 무너뜨릴 수 있다면, 야단스럽게 말하지 않고도 할 것이다. 귀신이 허세를 부린다는 것을 아는 것과 우리를 보호하시는 하나님의 능력에 대한 확신이 우리의 주된 무기이다. 내가 귀신의 위협을 당하는 일이 있을 때, 생각해 보면 사역을 시작하기 전 보호하는 기도를 잊었을 때이다. 나는 위협을 당한 후에라도 간단히 보호하는 기도를 하는데, 그래도 효과는 마찬가지로 있다. 이때 나는 이렇게 말한다: "성령께서 능력으로 나를 포함하여 여기 있는 사람들, 그리고 어떤 식으로든 연결된 모든 사람을 귀신들의 위협에서 보호하시기를 예수 그리스도의 이름으로 기도하노라." 이렇게 기도함으로써 귀신이 가하는 모든 위협을 취소시켜야 한다.

16. **사역하는 동안 귀신은 다른 귀신의 도움을 구하는가?** 사역자가 금하지 않으면 귀신은 다른 귀신들의 도움을 구한다. 나는 동성애의 영을 가진 청년을 위해 일하면서 이 사실을 알게 되었다. 내

가 동성애의 영을 대적하였을 때, 사역받던 청년의 눈이 위로 향하면서 위에서 무엇인가를 찾는 듯한 것을 발견했다. 나는 그것이 청년 속에 있는 귀신이 도움을 청하는 증거임을 알아채고 그렇게 하지 못하도록 금했다. 그렇게 하자 귀신의 힘은 눈에 띄게 약해졌다.

요즈음에는 사역을 시작할 때 다른 귀신이 돕지 못하도록 "이 사람 속에 있는 귀신이 함께 거하는 다른 귀신들이나 외부에 있는 귀신들의 도움도 받지 못하도록 예수 그리스도 이름으로 금한다"라고 기도한다. 나는 외부에서 귀신들이 돕는 것을 차단하는 일 외에 우리가 상대하는 귀신을 돕기 위해 그 사람 속에 있는 귀신들이 힘을 합하지 못하도록 금한다.

17. 귀신의 힘이 너무 강해서 쉽게 나가지 않으면 어떻게 하는가? 특히 축사 사역을 처음 시작하는 사람이 볼 때, 귀신들은 힘이 너무 센 듯이 보이기 마련이다. 여기에는 몇 가지 이유가 있다. 그 이유 중 하나는 귀신이 힘이 센 듯이 보이려고 허세를 부리기 때문이다. 허세를 부리는 귀신은 실제로는 힘이 그리 세지 않지만, 우리가 귀신이 실제보다 센 힘을 가진다고 생각하도록 속인다. 또 다른 이유는 귀신이 내부나 외부에 있는 다른 귀신의 도움을 받았기 때문이다. 이런 경우에 우리는 내부나 외부에 있는 귀신들의 도움을 차단하여 힘을 억제할 수 있다.

또 다른 이유는 귀신들을 쫓아내기 쉬운 정도까지 힘을 약화시키는 작업인 내적 치유가 덜 되었기 때문이다. 이 말은 귀신이 힘을 쓸 수 있는 쓰레기가 아직 그 사람 속에 있다는 이야기다. 이런 경우에는 내적 치유로 돌아가서 문제를 다루어야 한다. 만약 상대하는 귀신에게서 어떤 내적 치유가 필요한지에 대한 정보를 얻지 못하면, 이미 힘이 약해진 다른 귀신을 불러내서 정보를 알아내라. 또 한편으로는 사역 받는 사람이 사역하는 과정에 협조적인가를 확인하고, 계속 조용히 하나님께 치유해야 할 것을 보여달라고 기도해야 한다.

언젠가 강한 힘을 쓰는 귀신들린 청년을 위해 위에서 이야기한 대로 사역한 적이 있었다. 사역이 막바지에 이르렀을 때, 그는 갑자기 숨겼던 큰 죄를 고백하였고, 이로 인해 귀신은 힘을 잃고 그 사람에게서 떠났다.

모든 게 제대로 안 되는 것처럼 보이면 사역을 종료하는 것이 좋다. 다음 사역할 때까지 시간을 가지고 기도하는 동안, 앞서 사역할 때 미처 알아차리지 못했던 성령의 음성을 듣거나 지혜를 얻을 수 있다. 이때 나는 다시 예수님의 이름으로 대적할 때까지 귀신들을 상자에 가둔다. 그리고 그들이 우리가 세우는 계획과 전략을 듣지 못하도록 금한다. 사역받는 사람에게는 영적 숙제를 내주는 것이 좋다. 영적 숙제란 기도, 예배, 성경읽기 등이다. 그리고 사역 받는 사람이 더 다루어야 할 문제를 성령의 인도하심 따라 생각할 수 있는 시간을 갖도록 말해준다. 다음 사역이 있기 전에 해결되지 않은 문제 중 적어도 몇 가지라도 사역 받는 사람 스스로가 다루어서 해결받으면, 귀신의 힘은 눈에 뜨이게 약해진다.

18. 사탄숭배나 사교에 접해 있는 사람을 위한 사역은 더 어려운가? 그렇다. 사람들은 사교의 영은 보통 영에 비해 힘이 세다고 믿

는다. 자신이 좋아서 사교 귀신과 접한 경우나 부모의 월권적 강요로 어린아이가 귀신에 접한 경우는 감정적으로 상처받은 것이나 죄로 인해 귀신들린 것에 비해 그 힘이 훨씬 세다.

선택에 의해서든 사탄숭배 의식의 희생물로서든 사교와 관련이 있던 사람이 속해 있던 집단에서 이탈한 경우 사역 받는 사람은 있던 집단 사람들로부터 갖은 협박을 받는다.

앤이 여기에 해당하는 사람이다. 앤은 우리를 방해할 목적으로 세미나에 참석하였는데, 그녀는 사교 집단에서 마녀 노릇을 하던 여인이었다. 그러나 그녀는 세미나에 참석하는 동안 주님께 돌아왔다. 그녀는 자신이 마땅히 속해야 할 곳을 떠나 악한 생활을 하면서 지낸 것을 회개하였다. 그녀는 집에 두었던 사교와 관련된 물건들을 치웠고, 귀신들의 침입을 차단했다. 그러자 그녀는 곧바로 병과 사고 등을 통해 귀신들의 공격을 받았다. 우리는 앤의 이러한 병과 사고 배후에 같이 활동하던 마녀들이 있었다는 사실을 알게 되었다. 앤은 자신이 속해 있던 단체로부터 많은 협박을 받았다. 이러한 과정을 겪는 동안 그녀는 흔들리기도 했지만 결국은 믿음을 지켰다.

이런 사람을 위해 기도해 줄 때 되도록 공격 당하지 않도록 조심해야 한다. 사역하는 사람에게 있는 쓰레기를 치워야 한다. 우리는 스스로 기도해야 하지만, 사람들에게 우리와 우리 가족을 위해서 기도해 달라고 부탁해야 한다. 특히 귀신의 공격을 받히기 쉬운 연약한 사람들(어린아이나 믿지 않는 친척들)을 보호하는 기도를 해야 한다. 또 사역 중에 있을 수 있는 저주를 없애는 기도도 해야 한다. 이런 기도는 사역팀 전원과 그 가족들, 재산, 인간관계, 일, 재정 문제,

그리고 우리와 관련된 것들을 위해서 하는 것이다. 위험이 따라도, 귀신의 공격이 두려워서 도움이 필요한 사람을 위해 사역을 중단하지 말아야 한다. 두려움은 하나님에게서 온 것이 아니다(딤후 1:7).

19. 육체적인 문제에서 귀신은 어떤 역할을 하는가? 귀신은 할 수 있는 한 문제를 만들어서 사람을 해하려고 한다. 특히 귀신은 자신을 궁지에 몰아 넣을 자격을 가진 그리스도인을 해하려고 한다. 그러나 귀신은 우리 속에 있는 연약한 것만을 사용하여 악화시킨다. 예를 들면, 귀신이 감기를 일으키는 병균이 활발히 일하도록 도와주려 해도, 그 사람의 육체적, 정신적인 거부가 강하면, 귀신은 뜻을 이루지 못한다. 나는 35세의 로렌이라는 남자를 위해 사역한 적이 있다. 그는 실패의 영을 가지고 있었다. 그는 십대 초반에 진지하게 예수 그리스도께 헌신했다. 그는 농구를 포함하여 운동을 잘하였다. 로렌이 14살 때 실패의 영은 로렌의 한 쪽 엉덩이가 약한 것을 알아내어 그 엉덩이를 공격하였다. 나는 사역할 때 그 실패의 영에게 로렌의 엉덩이를 아프게 한 것이 그 영의 소행이냐고 물었다. 실패의 영은 "물론이지. 그는 농구를 잘했어. 나는 그가 실패하게 해야 했어"라고 대답했다.

나는 잦은 간질병 발작으로 인한 고통에서 벗어나기 위해 수술 받은 여인을 위해 사역한 적이 있다. 그녀를 사역하면서 확인한 사실은 귀신이 활발히 활동하려면 사람에게 약함이 있어야 한다는 것이었다. 나는 한 귀신에게 그 여인을 발작하게 했느냐고 물었는데, 귀신은 "맞아. 내가 그렇게 만들었어"라고 대답했다. 나는 "그런데 왜 그 여인이 이제는 발작을 일으키지 않느냐"라고 물었다. 그는 "그 여자가 수술을 했기 때문이야"라고 말했다. 이런 일련의 정보를 종합하여, 그 여인이 육체적으로 약할 때만 귀신이 공격할 수 있음을 알게 되었다. 그녀의 육체적 약함이 고쳐지자 귀신은 더는 공격하여 문제를 일으킬 수 없었다.

사고를 당하는 경우, 귀신은 자연적으로 약한 부분을 이용해서 사고를 내게 한다. 귀신은 사고로 입은 손해나 상처를 이용해서 일을 나쁘게 만들기도 한다. 만일 감정적, 육체적 문제와 관련해서 근본적으로 약한 사람에게 사고가 났다면, 귀신은 그 사람이 회복하는 데 시간이 걸리도록 방해할 수도 있다.

나의 세미나에 참석했던 여인에게 귀신의 이러한 책략이 작용했다. 에밀리라는 이 여인은 배구를 하다 넘어져 오른쪽 옆구리를 다쳤다. 의사는 에밀리를 완전히 치료하였는데, 두 주 후 다시 진찰했을 때 그녀의 상태가 심각해진 것을 발견하고 놀랐다.

우리는 에밀리를 위해 사역하면서 그녀에게서 많은 내적 쓰레기를 발견하였다. 그녀의 쓰레기에 붙어 있는 귀신들도 찾아냈다. 에밀리가 분노, 원한, 낮은 자존감에 시달리느라 약해져 있었으므로, 귀신들은 그녀 몸의 방어 체제를 파괴했던 것이다. 그녀가 당한 사고로 재발한 육체적 문제는 치유가 필요하다는 사실을 알려준다. 그녀에게는 먼저 내적 치유가 필요했고, 귀신들을 없애야 했다. 우리가 쓰레기를 치운 후 귀신 몇을 쫓아내자, 에밀리는 처음 세미나에 올 때 사용하였던 지팡이가 필요없게 되었다.

귀신은 질병을 유발하는 유전적 장애나 결함에 붙어 살 수도 있다.

많은 경우 사람이 태어나기도 전에 그 조상들에게 나타났던 장애나 성향에 붙어 있던 귀신이 유전되기도 한다. 또 다른 경우 귀신이 임신된 후에 유전된 신체적 체질에 붙기도 한다. 어떤 경우든지, 신체적 문제와 귀신의 문제 모두 다루어야 한다. 신체적인 문제를 위해 기도하기 전에 먼저 귀신을 쫓아내는 것이 좋다. 어떤 경로를 거치든지, 사람을 전인적으로 보는 안목이 필요하다. 어떤 문제를 단순히 신체적인 문제라거나 감정적인 문제라거나 영적인 문제라고 속단하는 일이 없어야 한다.

20. 자살 충동을 느끼는 것이 항상 귀신의 영향인가? 자살하도록 충동하는 것은 죽음의 영이라는 귀신의 영향으로 인한 것이지만, 그러한 충동이 항상 귀신의 영향이라고 결론 내릴 수 없다. 나는 강한 자살 충동을 느끼는 사람에게서 죽음의 영이나 자살의 영을 발견하곤 했다. 자살 충동을 느끼는 사람 속에는 이런 영들이 거한다.

21. 축사 사역할 때 특별한 몸짓을 하거나, 기름을 바르거나, 다른 기술을 사용하는 것이 도움이 되는가? 원칙적으로 사역받는 사람이 거부 반응을 나타내지 않는 한, 귀신을 귀찮게 하고 거슬리게 하는 방법은 무엇이든지 쓰는 게 좋다. 나는 어떤 귀신들에게는 다음의 방법이 효과가 있었음을 발견하였다. 축성된 기름을 바르는 것, 눈을 직시하는 것, 사역받는 사람을 만지는 것, 천사를 초청해서 귀신에게 고문을 가하는 것, 손으로 십자가를 그리는 것, 방언으로 말하는 것, 축성된 물을 마시게 하는 것, 귀신을 먼저 예수님을 보게 한 후 사역받는 사람을 보게 하는 것, 귀신이 살고 있는 어두운 곳을

향해 빛에 속한 말을 하는 것, 귀신에게 사탄이나 지옥으로 보낸다고 위협하는 것 등이다. 어떤 축사 사역자들은 침례를 행하거나, 성찬에 참여하게 하거나, 축성된 소금을 매 시간마다 조금씩 주는 것 등이 도움이 된다고 말한다. 그러나 나는 하나의 방법이 일관성 있는 효과를 가져오는 것이 아니라고 생각한다. 가장 효과 있는 것은 귀신에게 예수님의 얼굴을 쳐다보도록 강요하는 것일 것이다. 귀신들은 예수님 얼굴 쳐다보는 것을 싫어한다.

축사 사역할 때 한두 가지 기술에 의존하여 축사 사역의 효과를 감소시키는 일이 없어야 한다. 그러나 성령께서 이러한 것들을 사용하셔서 효과 있는 사역을 할 수 있도록 인도하시기도 한다.

22. 저주받은 물건이나 우상에게 드려졌던 물건은 어떻게 처리해야 하는가? 기독교를 포함한 많은 종교 집단은 어떤 물건을 그들의 신에게 드린다. 대부분의 기독교 집단들은 그들의 교회 건물들과 예배에 쓰이는 가구들 및 기구들을 하나님께 바친다. 이런 것들을 하나님께 드릴 때 정결하게 하는 일을 해야 한다. 왜냐하면, 드려진 물건에 하나님의 능력이 덧입혀지기 때문이다.

사교 집단과 비기독교 집단에 속한 사람들은 자기가 숭배하는 사탄이나 그 부하들에게 물건을 바친다. 이러한 집단에서는 어떤 물건을 저주를 한 후에 다른 사람에게 주어서 해롭게 한다. 그러므로, 그리스도인이 사탄의 왕국에 드려진 물건을 소유하는 것은 위험한 일이다. 그런데도, 많은 사람이 그런 물건을 사서 집에 보관하며, 해외에서 사오기도 한다. 어떤 사람은 사교에 속한 친척이나 친구에게서 사탄의 세력이 덧입혀진 물건을 선물로 받는다.

나의 동료 교수인 피터 와그너 박사 집에서 이상한 일이 일어난 적이 있었다. 분별의 영을 가진 그의 친구들은 그 원인이 그가 선교사로 있었던 볼리비아에서 가져온 골동품임을 알아냈다. 나는 사이프러스 섬에 사는 남자를 위해 사역했을 때, 그의 가까운 친척이 준 두 개의 반지와 목걸이가 귀신에 접해 있었음을 알게 되었다.

사교 집단에서 사용된 제사 기구나 소지품을 반드시 없애야 한다. 그 이유는 그것들은 사탄의 힘을 나타낼 목적으로 사용되는 것들이기 때문이다. 보석, 깡통 등의 소지품은 사탄의 힘 대신 하나님의 능력이 임하도록 축복한 후 쓸 수 있다. 헌납되었거나 저주된 물건을 축복할 때는 사람에게 하는 것과 같은 방법으로 하면 된다. 의심이 가는 것이 있으면 그 물건에 있을 수 있는 사탄의 힘을 그리스도 이름으로 취소시키면 된다. 그런 후 그 물건에 붙어있던 귀신이 다시 돌아오지 못하도록 금하는 것을 잊지 말아야 한다. 나는 예수님 이름과 능력으로 그 물건을 축복할 뿐만 아니라, 하나님의 축복이 그 물건을 사용하는 사람에게 임하시기를 기도한다. 앞서 말한 보석의 경우, 나는 이런 방법으로 사탄의 힘을 깨뜨리고 하나님의 축복이 임하게 했다. 와그너 박사는 집에 있던 물건, 볼리비아에서 가져온 골동품을 없앴다.

평생 프리메이슨단에 속해 있던 친구는 예수님을 구주로 영접한 후 프리메이슨리에서 활약하는 악한 영에 대해 알게 되었다. 그래서, 그는 프리메이슨단에 속해 있는 동안 모은 모든 물건을 없앴다. 그의 삶에 놀라운 변화를 가져온 주된 원인은 그가 회개하고 변화된 것이었다. 그러나 그가 새롭게 얻은 자유의 어떤 부분은 그가 34년 동안 속했던 집단에서 나오고, 충성의 상징이었던 물건들을 없앤 결과였다.

골동품 등을 집안에 둘 때 그것이 전에 어떤 목적으로 쓰였는지 알아야 하고, 귀신이 그 물건에 다시 돌아오는 것을 금해야 한다. 사람의 경우처럼 귀신은 쫓겨난 물건에 다시 붙으려 한다. 그러나 돌아오지 못하도록 금하면 다시 그 물건에 붙지 못한다.

23. 축사 사역을 위해 특별한 준비가 필요한가? 나는 귀신들린 사람들을 위해 사역할 준비가 되어 있으려고 항상 노력한다. 그래서, 나는 금식하거나 오랜 시간 기도하거나 성경공부를 하면서 특별히 준비하는 예는 흔치 않다. 그러나 나의 동료 중 어떤 사람들은 항상 특별히 준비한다. 그래서인지, 그들은 내가 갖지 못한 특별한 은사를 가지고 있다. 나를 위해 정기적으로 기도해주는 사람이 많은 것은 내가 가진 은사가 사용되는 데 중요한 요소로 작용한다.

그러나 어려울 것같이 보이는 사역에 임할 때면 금식하고 특별 기도도 한다. 예를 들어, 사교에 속했던 사람을 위해 사역하든지, 사역했으나 성공하지 못했다가 다시 하게 될 때는 특별히 준비한다.

24. 전화상으로 귀신을 쫓아낼 수 있는가? 그렇다. 나에게는 이런 경험이 몇 번 있다. 서로 대면하여 사역하는 것이 바람직하지만, 축사 사역을 필요로 하는 사람이 먼 곳에서 전화를 걸어왔을 때 전화상으로 사역한 적이 있었는데, 그 결과는 성공적이었다.

중요한 것은 귀신들을 불러내서 그들 위에 예수님의 권세를 행하는 것이다. 어떤 경우에는 전화상으로 하는 것이 직접 사람을 대하고 하는 것에 비해 더 어렵고 시간도 오래 걸린다. 전화상의 시도를 포기해야 했던 적도 있었다. 전에 사역했던 사람을 그다음에 전화상으로 사역하는 것이 전혀 모르는 사람과 전화상으로 처음 사역하는 것보다 쉽다. 내가 처음 전화로 축사를 시도했을 때, 귀신은 도망갈 수 없게 되자 욕을 하기 시작했다. 귀신은 거만하게 잘난 척하면서 "너는 나를 잡아낼 수 없을 걸!"이라고 말했다. 그러나 조금 후에 귀신의 목소리가 변하면서 "이런 일은 정말 질색이야!"라고 내뱉었다.

우리가 사람을 대면하고 하든지 전화상으로 하든지간에 귀신을 대적하여 사역에 성공하게 하시는 분은 성령이시다. 그러나 전화상으로 하는 사역은 어떤 일이 일어나는지 시각적으로 볼 수 없는 단점이 있다. 만일 귀신들이 말을 못하거나 전화기를 떨어뜨리게 하면, 사역받는 사람이나 귀신들의 주의를 다시 집중시키기 어려운 단점이 있다. 전화를 통해 사역하는 것이 바람직하지는 않지만, 시도해볼 만한 가치는 있다.

25. 동물도 귀신들릴 수 있는가? 그렇다. 예수님은 군대라 이름하는 귀신들을 돼지 떼에게 보내셨다(눅 8:26-38). 네살 난 남자 아이를 위해 사역한 적이 있다. 그 아이에게는 벽을 향해 뛰어가게 하는 귀신이 들어 있었다. 그 아이에게는 똑같은 행동을 하는 고양이가 있었다. 우리는 그 아이와 고양이에게서 귀신을 쫓아냈다. 어떤 여인은 자기의 애완용 잉꼬에게 귀신이 들었다는 의심이 들어서 그 새에게 가르쳐준 적이 없는 재주를 부리라고 명령하면서 귀신들렸는

지의 여부를 시험해보았다. 잉꼬는 즉시 주인의 명령대로 했다. 여인은 잉꼬에게 귀신이 들어있음을 알아차리고, 그 새에게서 귀신을 쫓았냈다고 한다.

귀신은 동물 속에 거할 수 있다. 그리고 동물을 통해서 사람에게 영향을 끼치기도 한다. 마술을 하는 사람이나 그와 비슷한 일에 종사하는 사람이 자신이 사용할 목적으로 동물을 귀신들리게 하기도 한다. 아니면, 동물을 소유한 사람과 접촉하다가 동물도 귀신들리는 경우가 있다. 사탄을 숭배하는 자들은 자기가 해치려는 사람에게 귀신들린 동물을 애완용으로 주거나 팔아 그를 위험에 노출되게 한다.

만일 어떤 동물에 귀신이 들은 것 같은 의심이 들면, 질문 22에서 언급한바 이방 신에게 바쳐진 물건이나 저주받은 물건에 하듯이 사역하면 된다. 권세를 가지고 귀신이 힘을 못쓰게 하고, 떠나라고 명령하라. 귀신이 떠났다고 생각되면, 예수님의 능력으로 그 동물을 축복하라. 이렇게 해도 귀신이 떠나지 않으면, 동물을 없애는 게 좋다.

26. 귀신이 사람의 음성을 통해 말할 때 느낌은 어떤가? 제2장에서 언급한 대로, 귀신은 자신이 들어가 있는 사람을 완전히 사로잡지는 못한다. 그런데도, 사람들은 귀신이 자신을 통해 이야기하면 원래 있는 것보다 더 큰 힘을 쓰게 된다고 두려워한다. 성령의 능력 아래 일할 때는 두려움을 느낄 필요가 없다. 성령께서 사역을 주도하시기 때문이다. 그러므로, 사역 받는 사람은 귀신이 말하게 하든지, 언제 말하게 하든지를 주관할 수 있다.

귀신들로 인해 고통당하던 여인을 사역한 적이 있었다. 내가 대적할 때 그녀 안에 있는 귀신들이 대답하기 시작하면, 그 여인은 기겁을 했다. 그녀는 내가 귀신들과 대화하는 것을 막았다. 그녀가 예수님 편에 있기보다 귀신들 편에 있었으므로 나는 그녀를 도와줄 수 없었다. 많은 경우에 사역 받던 사람이 "너는 귀신이 이야기하는 것을 들으려 하지 않는구나"라고 말하기도 한다. 이렇게 말하는 이유는 귀신들이 이처럼 불손한 언어를 내게 직접 함으로써 사역 받는 사람이 나에게서 사역 받는 것을 그만두게 하려는 것이다.

사람 속에 있는 귀신이 대답할 때, 사람들은 그 대답을 실제 소리로든지, 아니면 머릿속에서 오는 어떤 인상을 통해 듣는다. 이런 현상은 두 가지 요인에 기인한다. 하나는 귀신의 힘의 정도이고, 또 다른 하나는 사역 받는 사람이 귀신이 말하는 것을 얼마나 기꺼이 허락하는가 하는 것이다. 위에서 언급한 여인을 포함하여 어떤 사람들은 자기 속에 어떤 존재가 있다는 사실로 인해 매우 혼란스러워한다. 그래서, 그들은 제법 강한 귀신이 말하는 것도 내리 눌러 버린다. 그러나 일단 그들이 다른 존재가 있으나 우리가 그 존재에게 권세와 능력을 발휘할 수 있다는 것을 인식하게 되면, 그들은 사역에 협조한다. 약한 귀신은 사람의 소리를 사용할 만큼의 힘을 갖고 있지 않을 수 있다. 이럴 때 귀신은 사역 받는 사람에게 어떤 인상이나 느낌을 주고, 또 사역 받는 사람은 그 인상이나 느낌을 사역팀에 전달해서 서로 의사가 소통되도록 한다.

귀신들이 대답하기 시작하면, 사역 받는 사람은 어떤 것이 자신의 말이며 어떤 것이 귀신의 말인지 혼동하기도 한다. 그래서 나는 사역 받는 사람에게 떠오르는 생각이나 인상을 모조리 내게 말하라고 부탁한다. 어느 것이 귀신의 말이며, 어느 것이 사역 받는 사람 자신의 말인지는 내가 가려낸다. 우리 모두에게 이런 것을 구별하는 것은 그리 어려운 일이 아니다. 이런 방법으로 우리는 귀신과 충분히 의사 소통을 할 수 있다. 귀신이 사역 받는 사람의 목소리를 이용하여 직접 이야기하는 것인지, 아니면 사역 받는 사람이 받은 인상이나 느낌을 자신의 목소리로 이야기하는 것인지 알 수 있다.

이렇게 귀신들과 대화할 때, 사역받는 자신이 방관자가 된 듯한 느낌을 갖는다. 그의 입을 통해서 말이 나가지만 그의 마음을 통한 것은 아니기 때문에 그는 방관자처럼 자신의 말을 들을 수 있는 것이다. 그는 자기의 입을 통해 나온 말을 그 듣고 나서야 말한 사실을 인식하고 알게 된다.

27. 귀신을 쫓아낼 때 변화가 즉시 이루어지는가? 귀신이 쫓겨났어도, 온전한 치유가 이루어진 게 아니고, 부분적으로만 치유된 것이다. 우리는 사람을 전인적으로 다루어야 한다. 특히 감정적, 영적 쓰레기 처리는 온전한 치유에 매우 중요하다. 하나 혹은 그 이상에서 자유로움을 얻는다는 것은 어떤 사람이 하나 혹은 그 이상의 귀찮은 일을 해야 한다는 것을 의미한다.

사역받는 자신이 새로 갖게 된 느낌에 적응해야 하는데, 그 적응이 항상 원활하게 잘 되는 것은 아니다. 때로는 귀신이 활동하던 중요한 부분이 그 사람의 감정을 억압한다. 이런 경우를 당한 사람에게는 귀신에게서 놓이는 것이 평화와 기쁨을 느끼는 동시에 고통을 느끼는 것을 의미한다. 이런 느낌은 그에게 익숙하지 않은 것이어서 마음을 아프게 할 수도 있다. 이런 느낌은 문제가 없어지기는커녕 오히려 무언가 잘못된 것이 아닌가 하는 인상을 준다. 사역자는 축사 사역 받는 사람에게 이런 반응이 있을 수 있다는 것을 알려 주어야 한다.

이책 3장에서 언급한 적이 있는 제니퍼는 어려서부터 머릿속에서 어떤 소리를 들으며 살았다. 그녀는 우리의 사역을 받은 후에 그 소리가 사라졌기 때문에 매우 기뻐했다. 그녀는 귀신의 소리를 들으면서 자신을 비판하고 조롱했었는데, 그 증상이 없어진 것이다. 그러나 제니퍼는 자신이 어떤 결정을 내리는 데서 어느 정도 머릿속에서 들리던 귀신의 소리에 의존하고 있었음을 알게 되었는데, 그 도움이 없어진 사실을 발견하고 당황했다. 그녀는 결정을 내리는 데 새 방법을 모색해야 했다. 그래서, 그녀는 매우 힘들어했고, 때로는 자신에게 "도움이 되었던" 귀신의 소리를 다시 듣기를 원했다.

불편을 느끼고 때때로 괴로워하는 것은 아직 귀신에게서 자유로움을 받지 않았기 때문일 수 있는데, 이때 남아 있는 쓰레기를 다루어야 한다. 하나님의 길은 진리의 길이다. 사탄의 길은 속이는 길이다. 귀신은 사람들을 속이기 위해 사람 속에 숨어 있으면서, 훼방하는 사람이나 자신의 정체를 밝히는 진리에 직면하는 것을 싫어한다. 치유를 위해 하나님과 함께 일하는 것은 동의하지 못할 진리를 드러내는 것인데, 이때 자주 문제가 발생한다. 예를 들면, 어떤 사람이 사역 받는 동안에는 귀신을 없애야 한다는 진리를 받아들였지만, 새로 드러난 진리로 인해 엉망진창이 된 기분이 되어 괴로워할 수도 있다. 이런 일은 밖에서 방해하는 귀신의 장난에 의한 것이다.

축사 사역과 내적 치유를 하는 우리는 사역 받는 사람이 새로운 생활 방식에 적응하는 데 갈등을 겪고 있을 때, 그들과 함께할 수 있어야 한다. 때로는 축사 사역 자체보다 이러한 기간을 넘기는 것이 더 어려울 수 있다. 어떤 여인은 "나 자신에 대해 위기감을 느낍니다. 내가 누구인지 모르겠습니다"라고 말했다. 그녀는 오랫동안 거짓말과 함께 살아왔기 때문에 자신의 과거에 있었던 끔찍했던 진실을 인식하고 수용하는 것이 혼란스럽고 고통스러웠다. 그녀와 늘 함께 있었던 거짓말은 그녀를 잘못되게 하였고, 그녀가 진실을 대면하지 못하게 했었다. 그러므로, 이런 보호막 없이 사는 것이 그녀에게는 매우 힘든 일이었다. 귀신은 삶의 어떤 부분이나 인간관계를 파괴하려 한다. 예를 들면, 귀신이 사역받은 사람의 영적 성장을 방해하므로 그 사람이 성숙하지 못한 상태가 될 수 있다. 쓰레기와 귀신들이 없어진 후에 사역받은 사람의 성장을 도모하는 데 문제가 되는 것들(사역 받은 사람이 이런 문제를 예전에는 부정했어도)을 직면해야 한다.

사람들과의 관계, 특히 가까운 친척들 간의 관계를 재정립해야 한다. 셀리는 하나님의 은혜로 귀신에게서 자유함을 받았다. 그녀가 자유함을 받고 수주일 후 그녀의 상사는 그녀를 불러서 두 가지 질문을 했다. "당신에게 무슨 일이 일어났습니까?"와 "그런 상태가 계속될까요?"였다. 그런데 지금 셀리는 함께 일하는 사람들과의 관계, 남편과의 관계, 그리고 삶에서 만나는 대부분의 사람들과의 관계 형성에 어려움을 겪고 있다. 사람들과의 관계를 원만하게 갖는 것은 그렇게 쉬운 일이 아니다. 자세한 것은 제10장의 〈난제 14〉를 참고하라.

28. **다중인격을 다룰 때 진짜 인격이 자신 속에 있는 다른 인격들을 자유롭게 해 줄 수 있는가?** 이에 대한 대답은 "보통은 그렇지 못하다"이다. 각 인격에서 따로 귀신들을 쫓아내야 하므로, 각 인격은 별도로 내적 치유를 받아야 한다. 한 몸에 거하는 여러 인격이 모두 귀신들려 있는 것은 아니다. 그러나 귀신들은 가능한 한 분열을 시도한다. 귀신들은 인격들을 따로 떼어 놓는 일에 적극적이다. 사역자가 금하지 않으면 귀신들은 축사 사역 중에 인격들을 서로 바꿔 가면서 방해한다. 이해하기가 쉽지 않지만, 다중인격을 가진 사람은 각 인격 속에 독립적인 의지, 생각, 감정을 품고 있고, 독립적인 경험을 갖고 있다. 예를 들면, 한 인격은 그리스도께 헌신되어 있는 반면, 다른 인격은 격렬하게 그리스도와의 관계를 부정하고 있을 수도 있다. 이런 인격적 장애를 가진 사람 속에 있는 각 인격 속에는 처리해야 할 쓰레기가 있다. 각 인격이 따로 예수님께 인도되어야 하므로, 나는 제일 먼저 각 인격을 예수님께 인도한다.

한 인격 속에 있는 우두머리 귀신을 다룰 때 가끔 그 우두머리 귀신이 다른 인격 속에 있는 귀신들을 지배하는 것을 알게 된다. 그래서, 나는 우두머리 영의 지배를 받는 모든 귀신에게 우두머리 귀신에게 붙은 후에 나가라고 명령한다. 제3장에서 언급한 테레사의 경우에 보호자라 불리는 영을 그녀의 진짜 인격에서 쫓아낼 때, 나는 그 휘하의 영들을 모두 데리고 나가라고 명령했다. 보호자 영은 테레사의 진짜 인격에서 떠날 때 진짜 인격이 아닌 다른 인격들 속에 있던 졸개 귀신들도 데리고 나갔다. 그러나 후에 진짜 인격이 아닌 다른 인격들 중 한 인격 안에서 다른 보호자 영이 발견되었고, 그 영은 따로 다루어졌다.

모든 질문이 대답을 필요로 하는가?

그렇지 않다. 그러나 이 장에서 내가 답한 것들과 이 책에 있는 모든 것이 여러분을 축사 사역으로 이끄는 데 충분한 것이 되기를 바라고 기도할 뿐이다. 축사 사역에 참여하게 되면, 그 사역을 통해 여기에서 언급한 질문이나 또 다른 질문들에 대해서 새로운 답을 얻을 것이다. 그리고 새로운 질문을 하는 자신을 발견할 것이다. 바람직한 것은 사역자 자신이 새 질문에 답도 할 수 있게 되는 것이다.

저자 후기

내적 치유나 축사 사역에 관한 세미나를 끝낼 때 반복해서 듣는 질문은 "이제 어떻게 해야 하나?"이다. 사람들은 자신이 듣고, 관찰하고, 새롭게 알게 되고, 귀신을 대적하는 일에 도전을 받은 데 이어 다음에는 어떻게 해야 할지 걱정한다.

부활하신 예수님은 제자들에게 나타나셔서 평안으로 축복하신 후 "아버지께서 나를 보내신 것 같이 나도 너희를 보내노라"라고 말씀하시고, 제자들을 향하여 숨을 내쉬며 성령을 받으라고 말씀하셨다(요 20:19-22).

이 말씀은 왜 예수께서 이 세상에 오셨는지 생각하게 한다. 하나님 아버지께서 예수님을 이 세상에 보내어 이루려 하셨고, 예수께서 우리가 계속하기를 원하시는 사역은 과연 무엇인가? 예수님은 사역 초기 고향 마을인 나사렛 회당에서 말씀을 읽으실 때 이미 이에 대한 대답을 하신 바 있다: "주의 성령이 내게 임하셨으니 이는 가난한 자에게 복음을 전하게 하시려고 내게 기름을 부으시고 나를 보내사 포로된 자에게 자유를 눈 먼 자에게 다시 보게 함을 전파하며 눌린 자를 자유롭게 하고 주의 은혜의 해를 전파하게 하려 하심이라 하였더라"(눅 4:18-19).

예수님은 가난한 자, 포로된 자, 눈 먼 자, 눌린 자에게 복음을 전하러 오셨다. 복음은 사람을 자유롭게 하고, 회복시키고, 구원에 이르게 해준다.

예수님은 지상에서의 사역이 끝나갈 때 우리에게 그가 한 대로 하라는 임무를 부여하셨다. 우리가 예수님의 명령을 깊이 새겨 예수께서 하신 일을 하기를 바란다. 예수께서 명하신 일은 분명하다. 예수님보다 더 나은 본이나 지도자를 찾을 수 없다. 예수께서 주시는 능력과 권세보다 더 큰 능력과 권세를 우리는 가질 수 없다. 그러므로, 우리는 이미 적어도 무엇을 해야 하며, 어떻게 해야할지 이해하고 있다. 문제는 예수님의 명령에 순종하느냐 아니면 불순종 하느냐이다.

나는 여러분이 예수께서 명하신 일을 하는 제자가 되도록 돕기 위해 영적인 통찰과 실제적인 접근 방법을 제시하였다. 그리고 축사 사역에 대한 무지와 두려움을 없애는 것과 귀신들림에 대한 건전한 이해를 갖는 것을 언급하였다. 이 책이 이러한 문제를 다루는 데 참고가 되어서 여러분이 사역을 시작할 수 있게 되기를 기도한다.

나의 견해와 내가 제시한 접근 방법이 완전무결한 것이라고 말할 수 없지만, 이 지침을 따라 일하면 적어도 사탄과 그의 왕국이 심히 두려워하리라는 것은 분명하다. 사탄은 사람들이 이러한 통찰을 갖고 도전하기 시작하는 것을 매우 싫어한다. 특히 우리가 그들의 정체를 드러내고, 그들이 하는 일을 밝혀내는 것에 분노한다. 그러므로, 사탄은 우리가 이러한 사역에 발을 들여놓는 것을 방해하려 하고, 또 이런 사역에 관심을 두지 않거나 반대하도록 유도할 것이다.

우리가 알지 못하는 동안 악한 영들은 활동 범위를 확대해가면서 우리가 사는 이 미국 땅에서도 마음놓고 일하고 있다. 이런 사실을 일깨워주는 사역에 우리가 등을 돌린다면 악한 영들은 매우 기뻐할 것이다. 특히 사탄은 그리스도인들은 귀신들릴 수 없다고 생각하는 것을 좋아한다. 사탄의 책략은 명확하다. 만일 우리가 악한 영들이 활동하지 않고 그리스도인을 해칠 수 없다고 믿는다면, 우리는 그들에게 두려운 존재가 아니다.

사탄은 우리가 귀신들린 사람을 자유롭게 해주는 것은 대단히 영적이고 큰 은사를 받은 사람만 할 수 있는 특수한 사역이라고 생각하는 것을 좋아한다. 사탄은 예수께서 우리에게 주신 권세와 능력을 깨닫고 사용하는 것을 무슨 수를 써서라도 막으려 한다.

이런 사실에 입각해 볼 때, 여러분의 견해는 어떤가? 만일 여러분의 견해가 예수께서 원하시는 대로 하는 바른 것이어도, 사탄은 아는 것을 실천에 옮기지 못하려고 갖은 방해를 시도할 것이다. 내가 많은 귀신에게서 들은 바에 따르면, 귀신들은 우리가 그들을 내버려두기를 원한다. 어떤 귀신은 "왜 너는 와서 날 괴롭히느냐? 내가 이 여자 남편에게 너를 초청하지 말라고 했는데…. 나는 이 여자를 끝장내 주려던 참이었다"라고 말했다.

많은 사람이 이 분야의 사역에 대해 의심을 품고 있다. 내가 말하는 것의 대부분이 사실일 수 있다는 것을 믿지 못할 수도 있다. 그러나 많은 사람들의 문제는 믿음 자체가 아니라, 그 믿음에 따라 행하기를 주저하는 것이다.

이 책은 그리스도인이 실제로 축사 사역 하는 것을 도우려고 쓰인 책이다. 많은 그리스도인 형제 자매들이 귀신들려 고생하고 있다. 그들은 자신의 문제가 정확히 무엇인지조차 모르고 있지만, 어쨌든 자신이 겪고 있는 고통에서 놓이기를 간절히 원하고 있다. 그러나 사탄은 귀신들린 우리 형제 자매들이 자유로움을 받을 수 있다는 것을 알지 못하게 하거나, 문제가 다른 것이라고 믿도록 속이거나, 아니면 축사 사역 받는 데 대해 공포감을 느끼게 한다. 우리 중 누군가가 귀신들린 사람이 가진 고통을 이해하고 담대히 하나님의 구원과 치유를 위해 접근하지 않는 한, 그들은 고통에서 벗어날 수 없다. 하나님은 여러분이 귀신들려 고통당하는 형제 자매들을 위해 일하기를 원하신다. 하나님은 여러분이 예수님의 권세를 사용하여 포로 된 자를 자유롭게 해주기를 원하신다. 다음은 여러분이 담대히 전쟁에 나가는 데 필요한 사항이다.

(1) 우리가 영적 전쟁터에 살고 있음을 인식하라. 우는 사자처럼 두루 다니며 삼킬 자를 찾고 있는 수많은 악한 영들이 있는 어둠의 왕국은 존재한다(벧전 5:8). 우리는 지금 적의 점령 지구에 살고 있으므로, 자신을 지키지 않으면 패한다. 우리는 귀신들린 형제 자매들의 자유로움을 위해 적을 공격해야 한다. 그렇지 않으면, 형제 자매들을 잃게 된다.

(2) 기도하라. 하나님께 담대함을 달라고 기도하라. 함께 일할 사람들을 보내 달라고 기도하라. 사역할 기회를 달라고 기도하라. 함

께 사역할 사람들과 같이 모여 이 사역을 감당하는 데 필요한 적절한 권세, 능력, 통찰력, 인내하면서 일할 수 있는 끈질김 등을 달라고 기도하라. 그런 후에 적을 공격하여 승리하라.

(3) 정기적으로 축사 사역을 하는 우리와 여러분 사이의 주된 차이점은 은사가 아니라 경험이라는 것을 인식하라. 그리스도인인 우리는 모두 예수님의 권세를 갖고 있다. 우리 모두에게 다양한 은사가 주어졌다. 모든 사람이 아니지만, 우리들 대부분은 축사 사역에 쓰일 은사를 가지고 있다. 우리에게 있는 성령이 여러분에게도 있다. 다시 말해, 여러분은 사탄의 왕국 전체가 가진 것보다 훨씬 큰 능력을 가지고 있다. 그러므로, 자기에게 있는 성령의 능력을 힘입어 악한 영들을 대적하고, 그들이 주는 고통과 억압에서 벗어나야 한다.

(4) 사역하면서 실수할 수 있다. 실수 않는 것이 좋지만 실수하기도 한다. 처음에는 사역하는 것이 어색하고 실수할 위험이 있어도 믿음으로 밀고 나가야 한다. 하나님은 믿음으로 순종할 때 만나주신다.

(5) 의심하는 마음이 들거나 불확실한 문제가 있어도, 그 때문에 사역을 중단하지 말라. 우리 모두 이런 문제를 가지고 있다. 나 역시 많은 경우 스스로 "정말 그런이 일어난 것일까?"라고 질문하면서도 축사 사역을 계속해 왔다. 처음 사역을 시작할 때 비해 지금은 이런 질문을 덜하지만, 아직 많은 질문을 스스로에게 하곤 한다.

(6) 우리를 사용하려 하시는 능력의 주님이 우리 편이 되어 함께 일하신다는 것을 확신하라. 다른 편인 악한 영들의 왕국은 거짓, 공포, 허세 등을 이용하여 일한다. 예수께서 이미 승리하셨으므로, 우리가 할 일은 전쟁에서 포로 된 자들을 구하여 자유롭게 해주는 것이다.

(7) 축사 사역이 항상 쉽게 할 수 있는 것이라고 생각하지 말라. 때로 쉬울 수도 있지만, 그렇지 않을 때도 있다. 궁극적으로 전쟁에서 이길 수 없음에도 불구하고, 사탄은 몇몇 싸움에서 승리를 거두기도 한다. 그러므로, 우리가 전쟁에서 항상 이기는 것은 아니다. 완전히 이해할 수 없는 일이 일어난다는 것을 어쩔 수 없이 인정해야 할 때도 있다.

(8) 하나님의 능력과 사람의 의지, 그리고 우리의 기도와 인내가 잘 조화될 때 영적 자유로움을 얻을 수 있음을 알아야 한다. 고통받는 사람이 악한 영들이 붙어 있는 문제를 기꺼이 다루면서 악한 영들을 대적하고, 사역하는 사람들이 시간이 얼마가 걸리든지 인내하면서 하나님과 함께 사역한다면 승리는 보장되어 있다.

(9) 사역하는 사람이나 사역 받는 사람 모두 하나님이 매우 실제적인 분이시며 가까이 계시는 분이심을 기억하라. 이미 언급한 바 있지만, 우리 스스로의 힘으로는 할 수 없다는 사실을 인정하고 예수님과 함께 계속 일하면, 놀라울 정도로 성장하게 된다. 예수님과 함께 일할 때 여러분의 영적 생활은 풍성해질 것이다.

이 사역을 실행하라. 갇혀 있는 자를 놓아주라. 포로 된 자에게 자유를 주라. 예수님이 앞으로 도래할 왕국에서만 아니라, 오늘도 왕 중의 왕이시요, 만유의 주이심을 사람들이 알고 경험하게 하라.

모든 사람이 담대함을 갖고, 효과적으로, 지혜롭게 사역하는 자가 되기를 축복한다. 그리고 예수께서 하셨던 축사 사역을 여러분도 하도록 명령을 받은 대로 사역하는 자가 되기를 축복한다(요 14:12). 또한 사역할 때, 예수님과 가까운 관계를 갖고 일하기를 바란다.

참고문헌

American Psychiatric Association. *The Diagnostic and Satistical Manual of Mental Disorders* (third ed.), 1980.

Anderson, Neil. *Victory over the Darkness* (Ventura, CA: Regal, 1990). *The Bondage Breaker* (Eugene, OR: Harvest House, 1990).

Arnold, Clinnton E. *Ephesians: Power and Magic* (Cambridge: Cambridge Univ., 1989).

Basham, Don. *Can a Christian Have a Demon?* (Monroeville, PA: Whitaker House, 1971). *Deliver Us from Evil* (Old Tappan, NJ: Revell, 1972, 1980).

Bernal, Dick. *Curses* (Shippensburg, PA: Companion Press, 1991).

Birch, George A. *The Deliverance Ministry* (Cathedral City, CA: Horizon, 1988).

Blue, Ken. *Authority to Heal* (Downers Grove, IL: InterVarsity, 1987).

Bubeck, Mark. *The Adversary* (Chicago, Il: Moody Press, 1975). *Overcoming the Adversary* (Chicago, Il: Moody Press, 1984). *The Satanic Revival* (San Bernardino, CA: Here? Life, 1991).

Cabezas, Rita. *Des Enmascarado* (Published prevately in Costa Rica)..

Chandler, Russel. Understanding the New Age (Irving, CA: Word, 1988).

Dickason, C. Fred. *Demon Possession and the Christian* (Chicago, Il: Moody Press, 1987).

Foster, Ricahrd. *Celebration of Discipline* (New York, NY: Harper & Row, 1978).

Friesen, James. *Uncovering the Mystery of MPD* (San Bernardino, CA: Here? Life, 1991).

Garrett, Susan R. *The Demise of the Devil* (Minneapolis, MN: Fortress, 1989).

Garrison, Mary. *How to Conduct Spritual Warfare* (Hduson, FL: Bos 3066, 1980).

Gibson, Noel and Phyllis. *Evicting Demonic Squatters and Breaking Bondages* (Drummoyne, NSW, Australia: Freedom in Christ Misnistries, 1987).

Good News Bible. The Bible in Today? English Version (Nashville, TN: Nelson, 1976).

Goodman, Felicitas D. *How about Demons?* (Bloomington, IN: Indiana Univ., 1988).

Green, Micahel. *I Believe in Satan's Downfall* (Grand Rapids, MI: Eerdmans, 1981).

Greenwald, Gary L. *Seductions Exposed* (Santa Ana, CA: Eagle? Nest Publications, 1988).

Groothuis, Douglas R. *Unmasking the New Age* (Downers Grove, IL: InterVarsity, 1988).

Hammond, Frank and Ida Mae. *Pigs in the Parlor* (Kirkwood, MO: Impact Books, 1973). *Domon & Deliverance in the Ministry of Jesus* (Plainview, TX: The Children's Bread Ministries, 1991).

Harper, Michael. *Spiritual Warfare* (Ann Arbor, MI: Servant, 1984).

Kallas, James. *The Satanward View* (Philadelphia, PA: Westminster, 1966). *Jesus and the Power of Satan* (Philadelphia, PA: Westminster, 1968).

Kelly, Bernard. *The Seven Gifts* (London: Sheed and Ward, 1941).

Kinnaman, Gary D. *Overcoming the Dominion of Darkness* (Old Tappan, NJ: Revell, 1990).

Koch, Kurt. *Between Christ and Satan* (Grand Rapids, MI: Kregel, 1962, 1971). *Occult Bondage and Deliverance* (Grand Rapids, MI: Kregel, 1970). *Demonology Past and Present* (Grand Rapids, MI: Kregel, 1973). *Occult ABC* (Grand Rapids, MI: Kregel, 1966).

Kraft, Charles H. *Christianity with Power* (Ann Arbor, MI: Servant, 1989). *Inner Healing and Deliverance Tapes*(Intercultural Renewal Ministries, Box 2363, Pasadena, CA 91102).

Larson, Bob. *Satanism* (Nashiville, TN: Nelson, 1989).

Linn, Dennis and Matthew. *Healing Life's? Hurts* (New York, NY: Paulist Press, 1981).

MacMullen, Ramsey. *Christianizing the Roman Empire* (New Haven, CT: Yale, 1984).

MacNutt, Francis and Judith. *Pratying for Your Unborn* Child (New York: NY: Doubleday, 1988).

Mallone, George. *Arming for Spiritual Warfare* (Downers Grove, Il: InterVarsity, 1991).

McAll, Kenneth. *Healing the Family Tree* (London: Sheldon Press, 1982).

Montgomery, John W., ed. *Demon Possession* (Minneapolis, MN: Bethany, 1976).

Murphy, Ed. *Spiritual Warfare*. A Tape series with workbook. (Milipitas: Overseas Crusades, 1988). "From My Experience: My Daughter Demonized?" in *Equipping the Saints,* (Vol 4, No 1, Winter 1990, 27-29).

Nevius, John R. *Demon Possession* (Grand Rapids, MI: Kregel, 1894, 1968).

Payne, Leanne. *The Healing Presence* (Wheaton, IL: Crossway, 1989).

Peck, M. Scott. *People of the Lie* (New York, NY: Simon & Schuster, 1983).

Penn-Lewis, Jessie. *War on the Saints* (9th ed). (New York, NY: Thomas E. Loew, 1973).

Peretti, Frank. *This Present Darkness* (Wheaton, IL: Crossway, 1986). *Piercing the Darkness* (Wheaton, IL: Crossway, 1989).

Powell, Graham and Shirley. *Christian Set Yourself Free* (Westbridge, B.C.: Center Mountain Ministries, 1983).

Pullinger, Jackie. *Chasing the Dragon* (Ann Arbor, MI: Servant, 1980). *Crack in the Wall* (London: Hodder and Stoughton, 1989).

Reddin, Opal, ed. *Power Encounter* (Springfield, MO: Central Bible College, 1989).

Rockstad, Ernest. *Demon Activity and the Christian* (Andover, KS: Faith & Life Publications). *Triumph in the Demons Crisis* (Cassette series, Andover, KS: Faith & Life Publications, 1976).

Stanford, John and Paula. *The Transformation of the Inner Man* (So. Plainfield, NJ: Bridge, 1982). *Healing the Wounded Spirit* (Tulsa, OK: Victory House, 1985).

Scanlan, Michael and Randall J. Cirner. *Deliverance from Evil Spirits* (Ann Arbor, MI: Servant, 1980).

Shaw, James D. and Tom C. McKenney. *The Deadly Deception* (Lafayette, LA: Huntington House, 1988).

Sherman, Dean; *Spiritual Warfare for Every Christian* (Seattle, WA: Frontline, 1990).

Shuster, Marguerite. *Power, Pathology, Paradox* (Grand Rapids, MI: Zondervan, 1987).

Subritzky, Bill. *Demon Defeated* (Chichester, England: Sovereigh

World, 1985).

Sumrall, Lester. *Demons: The Answer Book* (Nashville, TN: Nelson, 1979).

Tapscott, Betty. *Inner Healing through Healing of Memories* (Kingwood, TX: Hunter Publishing, 1975, 1987).

Unger, Merill. *Biblical Demonology* (Chicago, IL: Scripture Press, 1952). *Demons in the World Today* (Wheaton, IL: Tyndale, 1971). *What Demons Can Do to Saints* (Chicago, IL: Moody Press, 1977).

Wagner, C. Peter. *Engaging the Enemy* (Ventura, CA: Regal, 1991).

Wagner, C. Peter and F. Douglas Pennoyer, eds. *Wrestling with Dark Angels* (Ventura, CA: Regal, 1990).

Warner, Timothy M. *Spiritual Warfare* (Wheaton, IL: Corssway, 1991).

White, Thomas B. *The Believer's Guide to Spiritual Warfare* (Ann Arbor, MI: Servant, 1990).

Wimber, John. *Power Healing* (San Francisco, CA: Harper & Row, 1987).

Worley, Win. *Diary of and Exorcist* (Lansing, IL: Bos 626, 1976).